# 원칙의 윤리에서 여성주의 윤리로

## ─ 자기성실성의 철학 ─

허 라 금  지음

# 원칙의 윤리에서 여성주의 윤리로

## — 자기성실성의 철학 —

허 라 금   지음

철학과 현실사

# 머리말

    이 책이 출간되는 데는 오랜 시간이 필요했다. 일을 끝내 치우기보다는 그대로 옆에 남겨두길 좋아하는 개인적인 성향 탓인지도 모르겠다. 하지만 나는 그 이유를 이 글의 주제에 대한 나의 관심이 계속 살아 변화했기 때문이란 점에서 찾고 싶다.

    성장기에까지 거슬러 올라가는 철학에 대한 나의 관심은, 돌이켜보면 서로 다른 윤리적 판단으로 일어나는 인간적 갈등에 대한 관찰로부터 왔다. 내가 속해 있었던 교회에서도 가정에서도 학교에서도 일반 사회에서도, 내가 속해 있는 어느 곳에서든 무엇이 옳으냐에 대한 입장의 차이가 있었고, 이런 차이가 항상 크고 작은 그룹의 성원들 사이에 심각한 위기를 만들어내는 원인이 되곤 했다. 그런 입장의 차이는 자신의 인격을 건 것인 만큼, 한걸음도 물러설 수 없는 전선을 형성하면서 해결 불가능해 보이는 대치를 계속하는 경우도 많았다. 관계를 위태롭게 하는 이들 대치 관계에 서 있는 각 주장들은 나름대로의 합리적 이유들에 의해 비슷한 정도로 뒷받침되는 것처럼 보였고, 동일한 사안에 대해 엇갈리는 이들 입장의 차이는 나에게는 삶에서 가장 혼란스런 문제로 다가오곤 했다. 그 속에서 윤리학이 나에게 중요한 탐구 영역으로 비추어진 것은 자연스러운 일이다.

철학을 전공하기로 선택했던 것도 결국은 이들 윤리적 질문들에 대한 해결이 당시 나에게 가장 절실하게 다가왔기 때문이었을 것이다. 당시 나에게는 옳고 그름을 둘러싼 이들 서로 다른 주장들을 합리적인 근본원칙 위에서 평정해 줄 것이라는 윤리학에 대한 막연한 기대가 있었던 것 같다. 대학 안에서 윤리학이나 그밖의 이름으로 개설된 과목들을 통해 여러 이론들을 접하면서, 윤리적 입장 혹은 이론들 사이에도 치열한 의견 차이가 있음을 발견하게 되었고, 마침 강단에 소개되고 있던 분석철학의 영향과 더불어, 소위 규범적 이론들로부터 한걸음 뒤로 물러서 도덕의 본성에 대한 메타 윤리적 분석에로 나의 관심은 이동하기도 했다.

도덕을 인습적이거나, 감정에 기초를 둔 것으로 보는 분석에서부터 인간의 실천적 합리성에 기초한 것으로 보는 것에 이르기까지, 수많은 윤리학적 주제에 대한 치열한 분석과 논쟁들을 접하고는, 현실 속에서 일어나는 윤리적 갈등들과 얼마간 거리 두기를 할 여유가 생겼던 것도 사실이다. 비록 애초 윤리학을 통해 기대했던 그 해결은 아니었지만, 갈등의 어느 편에 서야 하는가를 고민하는 것보다는 갈등을 초월해 그 의미를 분석할 수 있는 관찰자로서의 위치를 분석 윤리학은 나에게 제공했기 때문이다.

하지만 여유는 여유일 뿐, 문제의 해결일 수 없었다. 도덕성에 대한 학문적 이해가 현실의 갈등 문제로부터 나를 자유롭게 해주는 것은 아니었다는 말이다. 현실은 우리를 초월적 관찰자에 머물

6

러 있게 두지만은 않기 때문이다. 원하든 원하지 않든, 나의 의지와는 상관없이, 갈등의 당사자가 될 수밖에 없는 현실에서 도덕적 갈등으로 인한 고통은 서로 다른 이들이 관계 맺고 살아야 하는 한, 필연적인 것인지 모른다.

갈등의 당사자로서 경험하는 도덕적 갈등의 대개는 인류 보편적 관점에까지 거슬러 올라가 성찰해 보아야 할 대단한 것도 아니고, 또한 이해관계를 초월한 보편적 관점에서조차 의견일치를 볼 수 없을 만큼 심오한 철학적 세계관의 차이에서 오는 것만도 아니다. 타인과의 관계에서 오는 갈등이든, 내 자신 안에서 번민하게 되는 도덕적 갈등이든, 그것은 대개 '…을 해야 한다'고 부과되는 의무 또는 책임과 관련된 것이었고, 그것은 인간관계의 그물망 속 특정한 지점에 있는 나를 규정하는 구체적인 방식과 관련된 것이기도 하다. 그리고 그 규정 방식은 이 시대 이 사회적 조건들과 내적으로 연결되어 있는 특수한 것이었지, 보편적인 것은 아니었다.

사회에서 자주 일어나는, 동일한 사안을 둘러싼 윤리적·실천적 쟁점 대부분 역시도 살아온 경험, 이해(利害) 관계, 문화적 전통 등의 차이에서 비롯된 것들이라 할 수 있다. 세대 간, 가족 간, 사회적 그룹들 간의, 애증의 형태를 띠든 정치적 형태를 띠든 간에, 궁극적으로 '옳음'과 '그름'의 술어로 표현되는 의견 대립들 역시 그런 차이들에서 비롯된 것임은 마찬가지일 것이다.

그렇다고, 이들 차이에서 비롯되는 갈등을 쉽게 경험적 차원의 의견 대립으로 도덕적 갈등과 구분하고, 진정한 도덕적 탐구는 이들 경험의 특수자(particular) 차원을 넘어선 보편자 관점에서 이루어져야 한다는 주장은 나에게는 별 설득력이 없어 보였다. 소위 '경험적' 차이에서 오는 의견 대립이 모두 경험적 지식에 의해 합리적으로 해결되는 것도 아닐 뿐 아니라, 이들 경험적 차이가 바로 동일한 사안을 달리 보도록 만드는 도덕적 의미를 조직하는 핵심적 요인이라는 것을 그 주장은 간과하고 있기 때문이다.

개인이 겪는 가치의 딜레마가 각기 다른 사회적 원천에서 온 복합적인 가치유산의 표현일 수 있듯, 사회들 간에 일어나는 갈등 역시 대부분 이들 역사적·사회적 전통들과 관련되어 있다. 이들 복합적 유산들은 개인적 경험의 차이들과 얽혀 다중적인 의미지평들을 형성한다. 결국 구체적 개인들의 경험의 역사가 우리를 둘러싸고 있는 의미지평들과 함께 만들어낸 삶의 의미, "무엇을 해야 하는가?"의 대답이 각자에게 또는 세대에 따라, 그룹에 따라 동일하지만은 않기 때문에 갈등은 발생하는 것이라 보는 것이다.

구체적인 도덕적 의미에서 삶의 경험을 따로 분리해 낼 수 없다고 할 때, 삶의 맥락을 이루는 다양한 요소들과 행위자들이 서 있는 지점의 차이들을 고려하지 않는 도덕이론은 애초부터 도덕적 쟁점들에 대한 어떤 실질적인 처방도 제공할 수 없었던 것이었는지 모른다.

다양한 맥락에서 발생하는 도덕적 갈등의 지점에서 무엇을 내가 해야 할지를 안내해 줄 윤리학을 탐구하고자 했던 나의 이런 관심은 왜 내가 이 책에서 도덕원칙을 중심으로 했던 기존 도덕이론으로부터 행위자를 중심으로 한 논의들로 관심을 돌리고 있는지를 설명해 줄 배경이 될 것이라 생각한다. 도덕적 지식을 위한 윤리학보다는 삶을 위한 윤리학으로의 중심 이동을 하고 싶었고, 이런 바람이 이 책에서 무엇을 중심으로 윤리학을 재검토할 것인지, 어떤 방법을 윤리학적 방법으로 취할 것인지의 방향을 결정해 주었다고 할 수 있다. 구체적 맥락 삭제의 일환으로 우리에게 요구했던 몰개인적 태도를 이 책에서 재검토하도록 만들었고, 공평성과 객관성 대신 편파성과 행위의 주체성에 주목하게 만들었다. 추상적 원칙에 기초한 방법 대신 맥락적 경험들로부터 출발하는 윤리학적 방법에 주목한 것도 그 때문이다. 도덕이론은 공평성의 가치를 확보하는 것 못지 않게, 구체적 역사를 갖는 개별 행위자가 스스로의 주인임을 선언하는 목소리들을 어떻게 다룰 것인지에 대해 고민해야 한다는 생각이 바로 이 책에서 자기성실성에 집중하게 했다. 그리고 내가 속해 있는 어느 곳에서든 나를 규정하는 중요한 구분 방식이었던 여성이라는 젠더 주체의 관점에서 여성주의 윤리의 논의를 이끌게 되었다.

문제를 끌어안고 보낸 시간은 길었지만, 그 완성도가 시간의 길이에 비례하는 것은 아님을 이 책이 증명하는 것 같아 출판을 주저한 것이 사실이다. 그렇지만, 그 동안 간간이 발표해 온 윤리학적 주제의 글들 속에서, 표현은 조금씩 다르지만 동일한 주제 의식이 반복되어 나타나고 있었음을 확인하면서, 출판이라는 계기를 통해 개인적으로 이 주제에 대한 일종의 매듭짓기를 할 필요가 있다고 판단했다. 도덕성에 대한 성찰적 작업으로서의 성격을 갖는 메타윤리학적 작업을 이 책을 통해 마무리짓고 구체적인 쟁점들로 뛰어들고 싶은 바람이 출판을 강행할 수 있도록 해주었다. 개인적인 필요가 출판해야 할 최소한의 이유가 되어 준 셈이다.

비슷한 관심을 가지고 있는 이들에게 도움이 되길 바라며, 부족한 글을 출판하도록 도와준 철학과현실사에 감사한다.

2004년 5월

허 라 금

# 차 례

머리말 / 5
들어가는 말 / 15


1장  근대적 지식의 윤리학 : 몰개인적 원칙주의 … 35

1. 칸트의 의무론적 도덕이론 / 37
    1) 보편적 의무 인식으로서의 도덕적 행위성 / 37
    2) 도덕적 관점: 선험적 이성의 관점 / 43
    3) 칸트의 도덕법칙과 도덕적인 삶 / 49
2. 공리주의의 결과론적 도덕이론 / 56
    1) 가치의 극대화로서의 공리주의 원칙 / 56
    2) 도덕판단의 관점: 이상적 관망자의 관점 / 60
    3) 결과주의적 도덕원칙과 도덕적 소외 / 62

2장 삶과 실천적 사유방법 … 73

1. 개인적 도덕성과 도덕원칙 / 77
　　1) 공평성의 원칙과 실존적 모델 / 77
　　2) 도덕원칙과 삶의 가치 / 86
2. 아리스토텔레스의 실천적 사고 / 93
　　1) 판단 중심의 윤리학 / 93
　　2) 실천적 사고: 숙고 / 96
　　　　(1) 상황 파악(aisthēsis) / 96
　　　　(2) 행위자의 성품 / 100
　　　　(3) 실천적 인식 활동의 비형식성 / 103
3. 숙고적 객관성 문제 / 107
　　1) 숙고적 탁월성 / 107
　　2) 판단 중심 윤리학과 기초주의적 객관성 / 109

3장 자기성실성의 윤리 … 116

1. 자기성실성의 도입 / 120
　　1) 자기성실성의 개념 분석 / 120
　　2) 가치 간의 갈등과 인격적 성실성 / 129
2. 자기성실성과 윌리엄스의 행위자 중심 윤리 / 141
　　1) 윌리엄스의 자기성실성 옹호론 / 142
　　　　(1) 행위자의 자아정체성 / 142
　　　　(2) 공리주의의 소극적 책임론 비판 / 148
　　2) 자기성실성 옹호론에 대한 비판 / 156
　　　　(1) 자기성실성의 비합리적 요소 / 158
　　　　(2) '도덕이론과 실천적 적용의 분리'에 근거한 비판 / 162
　　　　(3) 윌리엄스의 행위자 중심 도덕성의 문제 / 171

## 4장 행위자 중심 윤리와 실천적 객관성 ··· 178

1. 행위자 중심 윤리이론 / 179
   1) 세플러의 행위자 중심 이론 / 181
   2) 네이글의 행위자 중심 이론 / 183
   3) 행위자 중심 이유의 반성적 정당화의 한계 / 190
2. 실행의 관점에서 본 도덕적 지식과 객관성 / 195
   1) 실행으로서의 도덕성 / 197
   2) 윤리적 확신 / 207
   3) 수용 가능한 도덕적 객관성 / 216
3. 실행의 윤리에서 본 도덕성과 자기성실성 / 219
   1) 도덕적 당위와 실천적 필연성 / 219
   2) 가치의 다원주의와 자기성실성의 가치 / 222


## 5장 여성주의 관점과 윤리개념의 전환 :
## '도덕성', '자기성실성', '도덕적 주체성' ··· 230

1. 편파성의 윤리 / 231
   1) 어떤 편파성, 누구의 편파성인가? / 231
   2) 도덕성: 권력과 여성주의 편파성 / 237
2. 여성의 도덕운과 자기성실성 / 243
   1) 도덕적 행위성의 남성 전유 / 243
   2) 도덕적 주체와 도덕운 / 248
   3) 여성의 도덕적 자기성실성 / 257
3. 여성의 도덕적 주체성과 여성주의 윤리 / 264
   1) 다중적 자아의 도덕주체와 돌봄의 윤리 / 264
   2) 민주적 관계의 윤리 / 270

6장 실질적 다원주의 윤리를 향하여 … 277

1. 현대 다원주의의 윤리학 / 279
2. 합의의 윤리와 그 도덕적 한계: 배제, 소외, 주변화 / 287
3. 조밀한 개념으로서의 윤리학 / 290
4. 공유하는 이해와 실천적 합리성 / 295
5. 차이와 갈등을 넘어서 / 300


참고문헌 / 305
찾아보기 / 321

# 들어가는 글 *

 

 

도덕성은 삶을 살아가면서 지켜야 할 교통 법규, 학교 규율, 사내 규칙 등 수많은 종류의 규칙들 중 하나일 뿐일까? 도덕성은 단지 인간을 사회적으로 조직하고 통제하려는 일상적이고 정교한 지배 권력의 한 형태일 뿐일까? 도덕성이 개입하고 있는 규율의 성격과 권력의 성격을 인식한 순간 나는 그 규율적 권력으로부터 해방될 수 있는가? 도덕성이라는 '독특한 제도'를 만약 떠날 수 있다면, 그것이 나의 삶을 자유롭게 할 것인가? 이들 우리 시대의 질문

---

\* 책의 전체적 맥락을 제공하고자 시도된 이 "들어가는 글"은 본문에로 안내하는 도입부로 읽히기보다는 책 전반의 논지를 요약하는 글이라고 하는 것이 더 정확할 것이다. 이 글의 의도가 무엇인지를 밝히는 것이 책을 이루고 있는 각 장들 간의 의미 고리를 잡는 데 도움이 될 것이라 생각했기 때문에 논지 요약을 들어가는 글로 대신하고자 했다. 그러나 사용되고 있는 주요 개념들이 익숙하지 않은 독자의 경우에는 이 글이 다소 부담스럽게 읽힐 수도 있다. 따라서 윤리학적 논의에 익숙하지 않은 독자는 이 부분을 맨 마지막에 읽어도 좋을 것이다.

들 앞에서 이 책은 씌어졌다.

윤리적 가치를 제거한 채 삶의 의미가 해명될 수 없다고 믿는다면, 도덕성의 독특함이 무엇이기에 그럴 수 없는 것인가가 해명되어야 한다. 다시 말해, 도덕성이 권력과 무관하지 않은 또는 인간관계를 규율하는 권력의 중요한 구성 요소라는 점을 인정하는 데서 결코 도덕적 논의는 끝나지 않는다는 말이다. 도덕성을 지배 권력이나 경험적 차원의 문제로 접근하는 환원주의적 설명은 도덕성을 선험적이고 보편적인 인간 행위의 법칙으로 설명하는 입장만큼이나 우리의 도덕적 경험과 그 현상의 의미들을 해명하지 못하고 있다.

윤리학이 도덕성의 보편성을 확립하려는 과도한 목표 아래 그것의 경험적 맥락을 사상해 버리고 동시에 그 안에 작동하는 정치적 측면들을 간과해 왔던 것을 부인할 수 없다. 인간 조건의 우연성과 행위의 실존적 측면을 넘어서고자 한 윤리학 안에서의 이성의 과도한 욕망이 바로 최근 맞고 있는 윤리학에 대한 도전을 자초했다고 할 수 있다.

많은 윤리학적 탐구가 도덕적 현실을 제대로 해명하지 못하고 있고, 그래서 도덕성을 근원에서부터 해체해 버리자는 담론이 무성함에도 불구하고 나는, 우리의 삶의 현실 속에 살아 있고 여전히 임의적인 선택 대상이라기보다 불가피한 것으로 다가오는 도덕성의 근원적 성격에 주목하고 싶다. 도덕성이 발휘하는 힘을 인간의 본성이나 본래적 양심 등 선험적인 원천으로부터 도출하는 것도, 단순히 지배 권력에 공모하는 허위의식으로 보는 것도, 일상적인 도덕적 경험과는 거리가 멀다고 보기 때문이다.

도덕성의 탐구가 지속되어야 할 이유가 있다면, 그것은 도덕성이 제도로서만이 아니라 우리 자신의 언어, 의식을 구성하고, 더 나아가 우리의 정체성을 편직하고 있는 핵심적인 의미의 가닥이라는 사실에 있을 것이다. 도덕적 평가와 판단은 의지에 의해 임의적으로 받아들이거나 거부할 수 있는 것이 아니라는 중요한 지점을 놓치지 않는 한, 행위자의 실존적 상황 속에서 도덕성의 성격을 규명해 볼 필요가 있다. 그것은 행위 주체가 도덕성과 갖는 내재적 연결성 위에서 윤리학적 논의를 할 필요가 있다는 것을 뜻한다.

이상의 문제의식 속에서 이 책을 처음부터 끝까지 관통하고 있는 한 가지 물음은 "무조건적인 것으로 경험되는 바, 도덕성이 발휘하는 힘의 성격은 무엇이며, 그것은 어디로부터 유래하는가?"이다. 그리고 그 물음은 근대 및 현대 윤리학에서 비교적 소홀히 취급되어 왔던 '자기성실성'의 가치에 주목하면서 그 대답을 찾아가고 있다.

'자기성실성'이란 자신을 고유한 인격으로 인식하는 행위자에게서 발견되는, 이른바 자신의 삶의 원칙을 지키는 데서 이루어지는 덕을 의미한다. 이것은 행위를 선택하고 그 자신 스스로 그 행위의 책임을 지는 주체성을 내포하는 개념이기도 하다. 이 점에서 '자기성실성'은 칸트적인 도덕개념이라고 할 수 있을지 모른다. 그러나 그 자기성실성은 몰개인적인 차원에 존재하는 보편적 의지자로서의 자기성실성이 아니라 현실 세계에 속해 있는 개인(person) 행위자로서의 자기성실성이라는 점에서 칸트적이지 않다. 자기성실성은 행위를 선택할 때 행위자가 자신의 양심의 소리에 따르고자 할 때 성립하는 것이라 설명해 볼 수 있다. 그 양심의 소리는 '신의 명령'이나 '보편적 도덕법칙'과 같이 외부적인 것으로 주어지는 보편적 이성의 원칙이라기보다는 행위자 자신의 삶의 경험들 속에서 체현된 그 행위자 자신의 특수한 목소리로 이해된다. 그것은 자아의 주장이며, 따라서 진정성에 해당하는 것일 수 있다. 그러나 그것은 소위 변치 않는 본질적 자아의 진정성이 아니라 경험적 자아의 신정성이다. 따라서 그 목소리는 개인적인 욕망, 가치에서 오는 것일 수도 있으며, 문화적 전통에서 유래하는 것일 수도 있으며, 자기 성찰을 통해 삶의 원칙으로 확립한 것으로부터 오는 것일 수도 있을 것이다. 그것은 인류 보편적이기보다 행위자 특수적인 것일 수 있으며, 냉철한 합리성이기보다는 성품적 인성과 밀접히 관련되어 있는 것으로 본다.

자기 목소리에 충실하고자 하는 성실성에 주목하여 윤리적 탐구를 한다는 것은 그 안에 이미 많은 것을 시사한다. 무엇을 중요한 가치로 삼느냐는 그 이론의 입장을 나타내기 때문이다. 그 동안 도덕이론은 자기성실성의 가치에 별 다른 주목을 하지 않아 왔다고 할 수 있는데, 그것은 아마도 자기성실성이 개인의 인격적 차원의 가치라는 데 그 이유가 있을 것이다. 대부분의 철학적 윤리학에서 도덕성의 핵심을 이루는 것은 사회적인 것이지 개인적인 것이 아니라고 여겨지기 때문이다. 특히 근대 이후 대부분의 도덕이론에서 계약, 호혜성, 효율성 등 사회적 관계나 가치에 관련된 개념들이 자주 등장하는 반면, 사랑, 우정과 같이 개인적인 차원의 관계에서 비롯되는 것들은 그렇지 않은 것이 그 좋은 증거라 할 수 있다. 그것들이 인간 삶을 살 만한 것이게 하는 필수적인 것들이라는 점을 누구도 부정하지 않으면서도 그것이 윤리학에서 중심적인 것으로 등장하지 못해 왔다는 것은 따로 해명이 필요할 만큼 이상한 일이 아닌가? 사회적인 덕목이라 할 '정의'는 도덕이론의 주제로 적합하지만, 인격적인 덕목인 '자기성실성'은 수신제가의 고전적 윤리에서나 다루어야 할 전근대적인 것이라 보는 것이 과연 인간의 삶을 향해 열려 있는 윤리학적 태도인가는 의문스럽다.

　내용 소개에 들어가기에 앞서 '자기성실성'이란 용어에 관해 언급해 두어야 할 것 같다. '자기성실성'이 무엇을 의미하는지는 본문에서 본격적으로 다루어지겠지만, 우선 몇 가지 간단히 정리하고 넘어갈 필요가 있다.

　우리말의 '자기성실성'은 영어의 'integrity'에 해당하는 뜻으로 사용하고자 한다. 우리말의 '자기성실성'과 영어의 'integrity' 간에 의미상의 차이가 없는 것은 아니다. 영어에서 그것은 행위자가 인류라는 전체 유적 존재로 분류되어 취급될 수 없는 독립적인 인격(separateness of person)으로서 자신의 고유성을 인식할 때 가지게 되는 주체성을 포함하는 개념이다. 또한 그것은 인격적 통합성을 갖춘 자기 본연성(original wholeness)에 대한 자긍심, 자존심, 위신 등의 뜻이 강하게 배어 있는 개념이다. 인격적 전일성을 강조하기에는 '자기정합성'이 번역어로 적합해 보인다. 이것은 자신의 삶에 책임을 지는 인격적 존재만이 갖게 되는 의식이기 때문에 이런 의식은 구체적으로 그 자신의 삶의 원칙을 스스로 결단하고 그것에 충실하고자 하는 양태로 나타난다고 볼 수 있다.

　물론 이 글에서 포괄하고자 하는 이런 모든 의미에 정확히 해당하는 우리말을 찾기란 쉽지 않다. '성실성'을 고려해 볼 수 있지만, 그것은 단지 정성스럽고 충직하다는 우리말의 '성실성'이 뜻하는 것 이상을 내포하는 개념이다. 우리말에서 '성실한 사람'이란 외부적으로 주어진 규율을 단지 마음을 다해 따르는 사람을 지칭하는 것으로 여겨질 때가 많다는 점에서 맞지 않다. 무엇보다 우리말의

'성실성'은 인격의 개별성을 전제하는 개념인 것 같아 보이지 않기 때문에 그대로 사용하기에는 무리가 있다. 대신 'integrity'를 '자기성실성'이란 말로 사용하는 것도 한 가지 방법이다. 그것은 자기인식을 전제하는 것으로 들리기 때문이다. 또한 단지 어떤 주어진 원칙이나 관습에 맹종하는 것을 의미하지 않으며, '충직성'과는 달리 인간에게만 적용하는 용어로서, 인격적인 개념이라 할 수 있을 것이기 때문이다.

이런 까닭에 이 책에서는 '자기성실성', '자기정합성'을 둘 다 'integrity'와 바꿔 쓸 수 있는 것으로 사용한다. 문맥에 따라서는, 예컨대, 좀더 개인성이 강조되어야 할 문맥과 같은 곳에서는, '인격적 통합성', '인격적 정합성', '인격적 고결성' 등의 용어를 병행하여 사용할 것이다. 더 나아가서 문맥에 따라 가끔 'integrity'를 '도덕적 정합성'이라는 의미로도 사용할 수 있다. '정의' 뿐 아니라 '좋은 삶'의 문제 역시 윤리학의 중심 주제라고 보는 입장에서 볼 때, 자신의 인격적 주체성을 확인하는 자기성실성은 그 자체 고유한 윤리적 가치를 갖는 것이라 보기 때문이다.

## 도덕적 갈등과 자기성실성

성실성의 가치가 어떻게 윤리학에서 취급되었는가는 도덕적 갈등의 문제를 통해 설명해 볼 수 있다. 행위자가 결단한 삶의 가치로부터 오는 내면의 목소리를 어떻게 처리하는가는 갈등의 해결 방법과 연결되어 있기 때문이다. 역사적으로 윤리학에서 이런 종류의 내면의 소리들은 윤리적 선택을 방해하는 것으로 자주 취급될 뿐 진정한 도덕적 갈등을 구성하는 것으로 간주되지 않은 것이

보통이다. 그것은 그저 개인적인 가치로 여겨지거나 더 나아가서
는 인간의 이기성과 관련된 것으로 여겨졌던 것이다. 때문에 자기
성실성을 요구하는 것과 일반적 의미의 도덕적 요구 사이에 갈등
이 있을 경우 도덕적 행위자이고자 하는 자는 반드시 후자를 선택
해야 하는 것으로 이해되었다. 이런 종류의 갈등은 일반적 관점과
개인의 특수한 관점 사이에서 일어나는 것으로 다루어지면서, 이
기주의와 이타주의로 명명되기도 하고 개인적인 동기와 공평성의
문제로 다루어졌던 것이다.

　기존 윤리학 이론들이 갈등의 문제를 분석해 왔던 이런 방법은,
너무나 도식적이어서 도덕적 갈등이 포괄하는 다양하고 복잡한 상
황들에 적용하기에는 그 한계가 뚜렷하다. 우선 생활 속에서 때로
는 사소하게 때로는 심각하게 부딪치는 이런 갈등과 번민의 문제
를 개인적 관점과 보편적 관점이라는 둘 간의 갈등으로 일반화하
여 분석하는 것은 문제를 단순화시키고 있을 뿐 아니라, 갈등을 둘
러싼 복잡한 차원들을 간과한다는 말이다. 그렇기 때문에 이들이
내놓는 처방, 즉 우리가 익히 아는 바 보편적 관점에 개인적 관점
을 종속시키라는 명령은 실제 갈등 상황 속에서 윤리학에 도움을
구하는 이들에게 항상 그렇게 도움이 되는 것은 아니었다. 엄밀히
말해서 그것은 행위자의 문제를 해결하는 것이 아니라 억압하는
방법이다.

　도덕적 갈등이 어느 한 쪽의 도덕적 의무나 선택을 하기 위해서
는 필연적으로 다른 한 쪽의 도덕적 의무나 선택을 저버려야 하는
경우라고 할 때, 개인적 관점을 무조건 보편적 관점에 종속시킬 것
을 요구하는 해결책은 이들 간의 갈등을 진정한 도덕적 갈등으로
보지 않는 것이기도 하다. 왜냐하면, 그 요구는 오직 보편적 관점만

이 도덕적 결정에서 고려해야 할 관점일 뿐 개인적 관점은 도덕적 의미가 없다는 것을 가정함으로써, 개인적 관점에서 요구되는 것들은 이미 도덕적 갈등을 구성하는 한 축이 되지 못하는 것이다. 그리고 이런 처방에 따를 것은 요구하는 도덕이론은 개인적 관점에서 의미 있는 실천적 명령들을 도덕적 가치를 지니지 못하는 것으로 보고 있음을 함의하는 것이다. 즉, 삶의 실천적 의미를 도덕의 본질적 의미로부터 구분하여 배제하는 도덕이해를 표명하는 것이다.

실제로 윤리학사를 훑어보면, 도덕적 갈등에 대한 인식은 일반적으로 "해결될 수 없는 도덕적 갈등이란 존재하지 않는다"는 것이었다. 만약 도덕성이 주어진 상황에서 만족시킬 수 없는 두 가지 명령을 의무로 부과하는 체계라면, 그것은 합리적인 체계라고 볼 수 없다고 여겨졌기 때문이다. 더 나아가서, 그것이 합리적인 체계가 아니라면, 도덕적 판단이란 객관적 시비를 가릴 수 있는 종류의 판단이 아니라 해야 할 것이라는 것이다. 그때 도덕은 더 이상 합리적일 수 없으며, 객관적인 것이라기보다는 주관적인 것이 되어버린다는 것이다. 이런 결론을 우리가 받아들일 수 없다면, 진정한 도덕적 갈등은 없어야 한다는 것이 그들의 생각이다. 우리의 도덕 경험에서 겪게 되는 해결 불가능해 보이는 상황은 현상적인 차원에서의 관찰일 뿐, 도덕에 대한 올바른 이해는 그것이 해결될 수 있음을 보장할 것이라는 것이다. 진정한 의미에서 도덕적 갈등은 없다는 믿음은 도덕을 이성적인 기초를 갖는 것으로, 도덕적 문제를 합리적 이성의 문제로 보고자 했던 서양 사상의 합리주의적 전통에서 공통으로 발견된다.

도덕적인 갈등 상황으로 경험하게 되는 경우의 해결은 여러 가지로 제시되어 왔다. 갈등은 가치 다원성 또는 규범 다원성 때문에 발생한다고 보고, 법칙론자는 단일한 원리에 기초한 도덕체계를, 목적론자는 단일한 가치에 기초한 환원주의적 도덕체계를 세움으로써 이런 도덕적 갈등을 해결할 수 있다고 상정한다. 목적론적 도덕체계를 추구했던 아리스토텔레스나 공리주의는 행위가 추구하는 목적이 궁극적으로 유데모니아나 쾌락임을 통해, 법칙론적 체계를 추구했던 칸트는 실천 이성이 명령하는 도덕의 근본 법칙의 제시를 통해 그 해결을 낙관할 수 있었다. 이런 이유로 전통 도덕이론에서 도덕갈등의 문제는 근본 원칙이나 궁극 가치가 무엇인가를 밝히는 도덕이론의 본래적 임무가 달성되면 원칙적으로 해결될 수 있는 것으로 취급되었다. 따라서 갈등 주제는 도덕이론 안에서 부차적인 것에 지나지 않는다.

그들이 우리의 도덕적 경험 속에 뚜렷이 드러나는 도덕적 갈등의 사실을 그처럼 부정하려 했던 까닭은, 이미 말한 바처럼, 그런 갈등을 인정하는 것은 곧 도덕이 어떤 종류의 비일관성과 비합리성을 갖고 있는 것임을 인정하는 것이라 여겼기 때문이다. 더 나아가서 이런 비일관성 혹은 비합리성은 도덕이라는 체계의 비합리성을 의미하게 된다고 보았다.

그러나 도덕적 갈등이 존재한다는 사실이 도덕체계의 비일관성, 비합리성을 함축하는 것은 아니다. 딜레마는 도덕적 의무들 간에서만 일어나는 것이 아니라 도덕적 의무와 우리가 선을 행할 수도 있는 다른 방식 사이에서, 예컨대 교사가 그들의 직업적 책무(obligation)를 지키는 것과 제자들의 교육 환경을 개선시키기 위해 스트라이크에 참가하는 것 사이에서도 일어나며, 본래적 가치들 안에서의 갈등이나, 어떤 경우에서는 왜 보상이 불가능한가를 설명해 주는 가치의 통약 불가능성 때문에 일어나기도 한다. 따라서 딜레마에 빠진다는 것은 최선이 무엇인지를 분별할 수 없기 때문에 일어나는 것만도 아니고, 상황의 불확정성 때문에 일어나는 것만도 아니다.

더욱 근본적으로 해결 불가능한 딜레마는 가치의 통약 불가능성 때문에, 또는 최선이나 피해야 할 것이 하나 이상일 수 있기 때문에 일어난다. 그렇기에 이런 딜레마는 아리스토텔레스가 생각했던 것처럼 그렇게 실천적 지혜를 갖지 못한 자들만 빠지는 것은 아니다. 실천적 지혜를 갖추고 있는 합리적인 인간도 통약 불가능한 여러 다양한 삶의 가치들을 추구할 수 있다. 이것은 자아 분열의 징표가 아니다. 자신의 삶의 목표를 최종적이고 궁극적인 하나의 목표로 정하고 그 아래 다른 가치들을 서열화하는, 단선적인 체계로 통일하고 있는 자만이 합리적인 정신을 소유하고 있다고 보아야 할 아무런 이유가 없는 것이다. 오히려 그것은 삶을 지나치게 단순화시키는 그림이라 해야 할 것이다. 이렇게 본다면 가치의 딜레마, 도덕적 딜레마란 인간 삶의 상황에 고유하고 본질적인 것이라고 할 수 있다.

어쩌면 우리가 겪게 되는 도덕적 갈등은 자신이 자기 삶의 가치의 원천으로서 결단한(commit) 가치들과 원칙들이 구체적인 상황 속에서 어떤 것에 상대적 중요성이나 우선성을 주어야 할지를 결정해 줄 구체적인 판단의 기준을 아직 발견하지 못하거나 합의하지 못해서가 아니라, 그런 기준이 있을 수 없다는 사실로 인해 발생되는 문제들이다. 이런 사실이 "도덕적 갈등은 어떻든 합리적으로 해결될 수 있다"는 강변들을 공허하게 들리게 할 뿐이다. 오히려 필요한 것은 다른 데 있는 듯이 보인다. 필요한 것은 갈등 해결을 위한 객관적 도덕원칙이 아니라 이들 도덕적 갈등들을 인정하는 것일 수 있다. 그것을 인정한다는 의미는, 그 갈등은 제 3의 기준이나 원칙에 의한 판결에 의해 해결될 수 있는 것이 아니라는 것을 인정한다는 것을 뜻한다.

자신의 생각을 보편적 관점에서 정당화하거나 보편적인 도덕원칙에 일치시킬 것을 요구해 온 고전적 윤리이론이나 진정한 도덕적 갈등은 없다고 본 이론들은 이상의 복잡한 상황 속에 처한 행위자의 도덕적 경험들을 해명하지 못함을 알 수 있다.[1]

현실 속에서 경험하는 많은 도덕적 갈등은 결코 보편적 관점의 요구에 종속시킬 수 없는 개인적인 의무들 앞에서 자주 일어나곤 한다. 또는 보편적 가치에 종속시킬 수 없는 자기 삶의 중심 가치를 이루는 것들 앞에서 일어난다. 그리고 이들 개인적인 의무나 결단한 가치들이 존중할 만한 가치 있는 것들인 상황에서 생기는 것이다. 예를 들면, 토니 모리슨(Toni Morrison)의 소설 『사랑스런 이』에 나오는, 실재했던 흑인 여성 제테(Sethe)의 극단적인 경우가 그것이다. 그녀는 주인집으로부터 탈출한 노예 여성이다. 그녀가 낳은 아이들 중 큰 아이들은 이미 주인이 팔아버려 그녀의 곁을 떠났고, 팔 수 없는 어린 것들만이 아직 그녀의 곁에 남아 있다. 그녀는 자신과 아이들이 더 이상 노예로 살기를 원치 않았기 때문에 탈출을 시도한다. 그녀는 노예 사냥꾼들의 추격을 당하게 되고 결국 그 사냥꾼들의 손이 아이들을 자신의 품에서 낚아채려는 순간에 그녀는 자신의 손으로 자신의 사랑하는 아이들을 죽인다.

---

1) 여기에서 '도덕적 경험'이란 어떤 사건이나 행위 또는 인격에 대한 평가 개념들, 예컨대, '도덕적이다', '부도덕하다', '옳다', '그르다', '좋다', '나쁘다', '덕스럽다' 등등의 술어들로 기술하게 되는 종류의, 어떤 대상이나 행위, 사건, 관계나 인간에 대한 경험을 뜻하는 것으로 사용한다.

"내 아이들을 노예로 살게 해서는 안 된다"라는, 노예로 살아오면 서 갖게 된 그녀의 체현된 무조건적 자기 명령 앞에서 벌어진 일 이다.

제테의 경우는 최근 극심한 경제난 속에서 자신의 아이와 함께 죽음을 선택한 우리 주변의 부모들을 떠올리게 한다. 자식을 소유 물로 여기는 잘못된 인식에서 비롯된 그릇된 살인이라는 취지의 분석이 주를 이루지만, 또 그것이 상당 부분 사실일지도 모르지만, "내 어린 자식을 가족 없이 희망 없는 삶을 비참하게 살게 내버려 두어서는 안 된다"라는, 어버이가 자기 자식 앞에서 지게 되는 무 조건적 명령을 거부할 수 없었을 것이라 여겨진다. 이 경우 "무고 한 생명을 죽여서는 안 된다"는 보편적 원칙 앞에 그의 무조건적 명령을 종속시키라고 누가, 어떤 근거로, 명령할 수 있을지 의문스 럽다.

도덕성의 기초를 선험적인 것에 두지 않는 한, 행위자의 도덕경 험은 도덕성이 기초해야 할 토대가 된다. 따라서 이들 현실 경험들 과 심각하게 어긋나는 이론은 그 자체로서 이론적 완결성은 있을 지 모르나 실천 이론으로서 의심스러운 것이 되고 만다. 물론 현실 행위자들의 도덕적 경험이 무엇이 도덕적인 것인가를 판단할 유일 한 근거도 아니고, 충분한 토대도 아닐 수 있다. 그러나 이들 도덕 적 경험과 유리된 도덕이론은 현실 속의 행위자들을 판결하고 규 율하려는 목적에 봉사하는 사법적이고 행정 관료적 성격의 권위적 인 이론일 가능성이 매우 높은 것이다. 그것은 판단자와 행위자의 구체적인 맥락의 차이를 무시함으로써 결과적으로 판단자의 관점 으로 행위자를 재단하는 위험에 빠질 가능성이 크다.

도덕적 경험으로부터 출발하는 도덕이론은 실천적 맥락 속에 작

동하는 여러 가지 사회적·정치적 측면들과의 관계 속에서 도덕적
행위 주체와 그 행위성을 이해하는 방법을 모색하는 것으로서 경
험을 초월한 이론이 범하게 되는 위험을 피할 수 있다. 제테의 자
기 정체성을 구성하고 있는 무조건적 명령들은 그녀의 삶의 과정
어디에서 비롯된 것인가? 불행한 선택을 불가피한 것으로 지각하
게 한 그 어버이의 상황은 어떤 맥락이었으며, 그들의 무조건적 명
령은 어디에서 유래하는가? 그것은 그녀가 노예제도 속에 있는 노
예 어머니라는 사실, 혹독한 무한 경쟁의 시장 경제 안에서 패배한
빈민이라는 사실과 분리해서 그 선택의 도덕적 의미를 헤아리기
어려울 것이다. 이들 행위자가 놓여 있는 삶의 조건이 도덕 외적인
것으로 취급되지 않고 오히려 중요한 의미의 일부로 파악하는 관
점에서 도덕성에 대한 탐구가 진행되어야 한다고 보는 것이다.

행위자가 취하게 되는 관점들 안에 작동하는 사회적 영향을 무
시한다는 것은 엄연히 실천적 행위자의 정체성[2]의 핵을 이루고 있

---

2) 철학에서 자아정체성(identity)의 문제는 일반적으로 한 개인을 그 개인으
   로 확인해 주는 변치 않는 본질이 무엇인가라는 질문으로 접근되곤 했다.
   그리하여 정체성의 주제는 주로 선험적인 자아를 찾는 형이상학적 탐구나,
   아니면 탈-형이상학적 기초를 마련하고자 하는 심리철학적 논의로 전개된
   다. 그러나 이 같은 정체성 논의는 행위자의 정체성을 논하기에는 지나치
   게 형식적이고 추상적이다. 그것은 과거 행위의 책임을 이후 행위자에게
   지우는 것의 정당성을 확립하려는 관심과 핵심적으로 연결되어 있는 것처
   럼 보인다. 그러나 책임의 문제는 실천적 행위에 대해 가질 수 있는 연구
   관심의 전부도 아니고, 핵심도 아니다. 실천적 맥락과의 관계 속에서 행위
   자를 이해하고자 하는 본 논의는 행위자의 행위의 동기, 이유 등과 내적으
   로 연결된 것으로서의 '정체성' 개념을 의미 있는 것으로 상정한다. 이 때
   문에, 이 책에서 자아의 '정체성'은 경험적으로 구성된 것으로서 이해할
   것이다. 자아의 정체성은 그 개인이 속해 있는 공동체의 규범과 언어 등을
   통해 구성되며, 그 정체성은 변치 않는 본질적인 것에 기초하는 것이 아니

는 사회적인 부분을 간과함으로써 서로 다른 위치에 있는 행위자들 간의 실천적 인식의 차이를 간과하게 된다는 점 또한 이 책에서 강조될 필요가 있다. 그가 누구인가는 그가 속해 있는 공동체의 맥락에서 규정되며, 이 규정은 그 개인이 실천적 선택의 상황에서 무시할 것인가 받아들일 것인가를 임의로 결정할 수 있는 그런 종류의 것이 아니라는 점을 강조할 필요가 있다. 사회적인 조직에서 그가 어디에 배치되어 있는 존재인가는 곧 그가 어떤 위치에 있는 누구에게 무엇을 행해야 하는지, 누구에게 무엇을 요구하고 기대할 수 있는지 등 일련의 책임과 의무 및 내가 어떤 위치에 있는 이에게 무엇을 요구하고 기대할 수 있는 존재인지를 말해 주는 것이다. 이것은 도덕적 행위자 안에 하나 하나의 개별인으로 환원해 버릴 수 없는 또 다른 차원의 자아, 사회적인 구분에 의해 규정된 자아가 기능하고 있음을 의미한다.

도덕적 선택을 숙고하는 행위자들이 실제 서 있는 현실적 맥락을 떠나는 것, 또는 도덕현실 속에 작동하는 다양한 힘들을 '초월'하는 것은 도덕적 행위성의 다층적이고 다면적인 측면들을 무시하는 것이며, 그것은 곧 행위 주체의 차이를 제거하는 것이라는 결론이 도출되는 것이다.

이상의 통찰은 사회적 위치에 따른 경험의 차이가 어떻게 도덕적 행위를 하는 주체를 다르게 구성하는지에 새삼 관심을 돌리게 만든다. 역사적으로 신분과 성별은 동서양을 막론하고 그 사회적 성원성의 등급을 구분하는 중요한 축으로 사용해 왔던 것은 주지

---

라, 자신을 정체화하는 행위자의 자기 인식과 공동체가 그를 누구로 호명하는가 간의 역동적 관계 속에서 성립되는 것으로 이해한다.

의 사실이다. 귀족과 평민, 천민 등등의 신분제도가 무너진 근대 이후 민주사회에서도 여전히 계급, 인종의 구분과 더불어 여성인 가 남성인가는 성원들 간의 관계와 책임과 의무를 달리 규정하는 중요한 구분 원리가 되고 있다. 이런 사실을 주목할 때, 도덕적 행 위성을 논하는 윤리이론이 이런 현실에 작동하는 도덕적 주체의 구성적 측면들을 무시하고 그것을 논했다는 것은 놀라운 일이다. 삶의 현장에 작동하는 이들 구분들을 진지하게 다룰 때 도덕적 행 위성에 대한 이해는 형식적 내용을 넘어설 수 있을 것이라는 점에 서, 도덕적 경험의 차이에 주목하는 여성주의 윤리학을 탐색해 볼 것이다.

## 내용 전개

전체적인 글의 순서는 다음과 같다.

1장에서 근대의 대표적인 도덕이론들을 살펴볼 것이다. 근대적 윤리이론에서는 선험적·보편적 자아로서의 도덕적 행위자만 있 을 뿐 경험적 자아로서의 구체적이고 개별적인 도덕적 행위자는 존재하지 않는 것이 보일 것이다. 이들은 칸트로 대표되는 의무론 적 이론과 공리주의로 대표되는 목적론적 이론으로서, 객관적이고 절대적인 도덕원칙들을 세우는 작업에 우선한 나머지 그 원칙들의 실천적 의미를 소홀히 했던 이론들로 분류될 것이다. 이런 이론들 이 공통적으로 갖게 되는 문제는 그 원칙을 구체적인 도덕판단에 적용할 때, 그 원칙은 종종 행위자에게 지나치게 많은 개인적인 희 생을 요구하게 된다는 것이다. 이것은 칸트나 공리주의자들이 도 덕원칙의 객관성과 합리성을 몰개인적 차원에서 추구하는 공평성에서 찾았기 때문이라고 볼 수 있다. 공평성을 위협하기 쉬운 개인적인 관점은 당연히 도덕적 관점에서 배제되어야 할 것으로 취급된다. 개인적 관점은 특정 가치나 대상, 친밀한 관계에 대한 애착 등에 치우치는 편파성을 갖는 것이기 때문이다. 그러나 우리는 공평성을 도덕성의 핵심 가치로 삼는 도덕이론이 인간의 좋은 삶을 때로는 파괴하기도 하는 측면들을 살핌으로써, 왜 도덕이론이 개인적인 관점을 수용해야 하는지를 설득하게 될 것이다.

2장에서는 도덕성을, 따라야 할 어떤 객관적인 원칙과 같은 것으로 이해하는 대신, 좋은 삶과 구성적인 관계를 갖는 것으로 이해하는 입장을 살펴본다. 그것은 공평성을 확보하기 위한 몰개인적 관점보다는 행위자 자신의 주관적 관점에서 서술되는 행위의 이유들을 통해 먼저 행위의 의미를 이해해야 한다고 보는 논의를 다루게 될 것이다. 이것은 행위를 과학이 설명해야 할 대상이 아니라 일종의 예술로 보는 태도이다. 그것은 행위를 단지 객체로 접근하는 것이 아니라 구체적인 누군가의 인격적 표현으로 접근하고자 하는 시도이다. 이 같은 입장에서 본 도덕성은 행위가 일어나는 실천적 맥락과 분리해서는 접근할 수 없는 것이 된다.

2장 2절에서는 공동체적 맥락 속에서 도덕성을 이해했던 아리스토텔레스의 덕 윤리를 근대 도덕이론의 대안적 입장으로 다룬다. 삶의 가치를 수용하는 도덕성의 이해, 특히 아리스토텔레스의 덕론이 몰개인적 도덕이론의 대안이 될 수 있을지를 검토하는 것이다. 이 같은 입장들은 초월적이거나 관망자적 관점과 대조되는 맥락적이고 실천적 관점에 선다는 점에서 근대적인 것과 대조될 뿐 아니라, 이들은 여성주의 윤리학이 선호하는 윤리적 관점과도 일맥상통한다. 뿐만 아니라 아리스토텔레스적인 실천적 숙고의 부분은 여성주의 윤리학의 방법론을 정교화해 줄 중요한 개념들을 제공해 줄 것이기 때문에 주목할 필요가 있다.

3장에서는 행위자의 특수자로서의 관점을 적극적으로 반영하고자 시도하는 이론들을 찾아볼 것이다. 아리스토텔레스 윤리학에서의 '행위', '행위자', '실천적 지혜' 등의 주요 개념들이 맥락적인 개념들이라는 점에서 몰개인적인 개념들과 구분됨에도 불구하고, 그의 덕 이론에서 그려지는 '덕스런 행위자', '도덕적 행위' 등에 대한 이해 역시 공동체 내 성원들 간의 차이를 초월해 있어 행위 주체의 특수성에 주목하지 못하고 있기 때문이다.

우리는 행위자의 자율성을 삶의 가치를 선택하는 영역에까지 확대해야 한다고 보는 행위자 중심 윤리이론에서 행위 주체의 특수성에 주목하는 논의를 발견하게 될 것이다. 이들이 말하는 '행위자의 자율성'이란 칸트적인 의미의 순수 이성적 의지와 같은 보편적 법칙의 그것이 아니라는 점을 유의해야 한다. 행위자 중심 윤리론자들은 무조건적인 것으로 다가오는 명령을 말하지만 그것을 결코 초월적이고 선험적인 법칙의 명령으로 설명하고 있지 않다는 점에서 도덕적 정합성의 새로운 개념적 전환 가능성을 마련해 주고 있는 것처럼 보인다.

근대 도덕이론의 보편적 행위자 개념이 갖는 한계를 보완하기 위한 한 가지 시도로서 취해진 행위자 중심 윤리이론은 보편법칙에 자신의 의지를 일치시켜야 한다는 근대 도덕이론의 주장을 지나친 것이라 보고 있다. 이 때문에 이들은 자신의 삶의 맥락에서 구성한 개인 행위자의 특수성을 존중하는 방식을 취한다. 즉, 개별 행위자가 자신의 삶에서 무엇을 중요한 가치로 삼는가를 고려하고 그것을 자신의 선택에 반영하는 것을 허용하는 이론을 모색하는 것이다. 이것은 근대적 · 보편적 · 도덕적 행위자가 짊어져야 하는 지나친 도덕적 부담을 해결하기 위한 한 가지 방법이라 할 수 있다. 근대 이론이 추구했던 지나친 자기성찰의 요구로 인해 잃어버린 자기성실성을 회복하려는 것이다. 한편, 그것은 주어진 공동체가 추구하는 가치나 규범이 누구의 가치며 규범인가를 묻게 만드는 아리스토텔레스적인 윤리이론의 문제 역시 넘어서 있다고 할 수 있다.

그러나 행위자 중심 윤리 역시도 보편자 아니면 개별자라는 이분화된 틀 속에서 도덕적 행위자 개념을 이해하고 있다는 한계를 벗어버리지는 못하고 있다. 현실에서 행위자의 위치는 단지 동일한 개개인으로서 자기 위치를 갖는 것이 아니라, 그 개인 행위자의 위치는 성별, 계급, 인종 등등의 차이들이 교차하고 있음을 인정할 때, 도덕적 행위자를 이해하기 위해 이들 차이의 맥락에 대한 이해는 필수이나, 이들 이론 역시 이 점을 간과하고 있다는 점에서 행위자 중심 윤리이론에 머무를 수 없다. 행위자 중심 윤리에 따르면, 비록 공평성의 한계를 벗어난다 하더라도 자신의 삶에 필수적인 정체성을 구성하는 목소리를 따를 수 있으며, 우리가 소중히 여기는 것이나 가까운 이에 대한 편파성을 허용할 수 있다고 봄으로써 구체적 행위자의 존재 가능성에 열려 있는 이론을 제공하고 있지만, 이들은 그 소중히 하고자 하는 욕구나 바람이 왜, 어떻게 형성되었는지에 대한 검토를 하지 않음으로써 마치 개인의 욕구나 소망이 개인에게 우연적인 양, 또는 그저 그렇게 주어진 것인 양 다루고 있다.

4장에서는 기초주의적 객관성을 거부한 윤리학이 어떻게 도덕적 판단의 객관성 또는 도덕적 지식의 가능성을 말할 수 있는가를 살펴볼 것이다. 도덕적 관점을 보편적 관점과 동일시하는 입장에서 항상 맥락주의자에게 제기하는 물음이다. 이것은 맥락주의가 어떻게 주관주의나 상대주의에 빠지지 않을 수 있는가를 묻는 것과도 연결된다. 이 문제는 2장에서 간략히 다룬 바 있으나, 이 장에서는, 버나드 윌리엄스의 논의를 토대로, '실천적 지식의 객관성'이란 의미가 실재, 반실재의 이분법을 넘어선 입장에서 어떻게 재구성될 수 있는지를 살펴본다.

5장에서는 성별, 계급의 차이를 중요하게 고려하는 여성주의 윤리학을 살펴본다. 윤리학사의 모든 도덕이론이 그 시대 그 사회를 대변할 만한 남성 지성인들의 작품이란 점에서 이들 도덕이론은 이들이 살았던 상황과 입장을 반영하고 있다고 볼 수 있다. 남성과 여성의 구분이 엄격하고, 이 구분이 삶의 맥락을 조직하는 중심 축이었던 사회에서 여성은 남성과 다른 존재로서 자신의 의무와 삶의 가치들을 구성해 왔다. 도덕적 자아가 젠더화되어 있던 역사적 맥락을 무시하고 도덕적 행위자를 논해 왔던 윤리학적 방법은 여성의 도덕적 자아에게 침묵을 강요하는 것에 다름이 아니다. 젠더화된 맥락에서 구성된 여성의 도덕적 자아를 가시화하는 작업은 기존 도덕이론이 사실상 보편적, 또는 객관적인 도덕적 진실을 탐색했다기보다는 남성화된 진실을 주장해 왔다는 것을 드러내줄 수 있을 것이다. 현실 행위자들을 둘러싼 맥락의 차이를 무시한 채 몰개인적 공평성이 도덕성의 중심 가치임을 주장할 때 그 공평성은 실은 매우 편파적인 것임을 밝히는 것이다. 이러한 발견을 토대로 5장에서는 '도덕성', '도덕적 주체', '자기성실성' 등 개념들을 비판적으로 재검토한다.

6장은 다원주의라는 시대적 맥락 속에서 여성주의 윤리를 생각해 보기 위해 마련되었다. 이 장은 5장까지 전개된 논지를 전체적으로 요약하는 장으로 읽어도 좋을 것이다. 『다원주의, 축복인가 재앙인가』(철학과현실사, 2003)에 "다원주의 윤리로부터 윤리 다원주의로"라는 제목으로 수록되었던 이 글은 최근 쟁점이 되고 있는 여러 문제들, 예컨대 섹슈얼리티 문제, 생명과학 발전에 따른 생명 윤리의 문제 등등의 실질적인 문제들이 가치 다원주의의 맥락에서 발생한다는 점을 중요하게 인식해야 한다는 점을 강조하는 데서 출발하게 될 것이다. 다원주의의 맥락에서의 윤리학적 탐구는 일치된 합의가 아니라 차이를 중요하게 취급해야 한다는 점, 그리고 차이를 중요하게 보는 윤리학으로 여성주의 윤리학에 주목해야 할 것이란 점을 제시하게 될 것이다.

# 1 장

## 근대적 지식의 윤리학 :
### 몰개인적 원칙주의

도덕을 몰개인적인 것이라 여겼던 이들의 태도는 근본적으로 실천적 이유의 성격과 본성을 이론적 이유의 그것들과 유비시켜 생각하는 데 그 근거를 두고 있다. 이것은 이론 이성을 이성의 모범으로 보는 주지주의적 입장, 즉 플라톤에까지 거슬러 올라가는 길고 오래된 서양 철학적 전통의 산물이라 할 수 있을 것이다. 이런 전통에서 이론 이성은 필연성과 보편성을 갖는 신(神)적인 지식에 가장 근접하는 지식을 얻는 능력으로 묘사된다. 이에 따르면 이성은 학문의 각 분야에서 수학에서 발견되는 것과 견줄 만한 필연성과 보편성을 갖는 객관적 법칙들을 발견하는 능력이다. 마찬가지로 학문의 한 분야인 윤리학에서도 이성적 관점에서 객관적으로 인식되거나 정당화되는 도덕의 근본 원칙을 발견하도록 요구된다.

이론 이성에 의해 보장되는 인식의 객관성은 주어진 실재를 있는 그대로 바라보고자 하는 관망자적 관점을 전제한다. 이 때문에 세계의 있는 바 모습을 보고자 하는 자는 세계와 밀착하기보다는 기리를 유지해야 한다. 다시 말하면, 세계에 대해 개인적으로 가질 수 있는 주관적 의미를 제거하고 넘어서서 세계 그 자체로서 인식해야 한다. 같은 논리에서, 이론적 인식 활동에서 개인적인 특성과 개인적인 이익의 개입은 전적으로 그 활동 목적에 부적절하다. 이론적 인식 활동은 객관성과 공정성을 약속하는 엄격한 몰개인적 관점을 요구하는 것이다. 그리고 이것은 곧 이성적 학문의 요구인 것이다.

이와 같이 학문에 대한 전통적 관념 위에서, 칸트는 도덕적 지식의 가능성과 윤리학의 가능성을 실천 **이성**이 인식한 도덕법칙의 기초 위에 세우고자 한다. 그리고 실천 이성 인식에서 이성적 공평성과 객관성을 유지하기 위해 그는 실천적 인식 주체를 개인의 자연적 경향성을 초월한 엄정한 이성적 관점에 서는 것으로 이해한다. 공리주의자들 역시 윤리학의 학문적 보편성과 객관성을 도덕 판단의 기초가 될 객관적이고 보편적인 도덕법칙 위에 확립하고자 한다. 단지 칸트가 실천 인식의 보편성과 필연성의 근거를 실천 이성의 구조에 두었던 반면, 공리주의자들은 인간적 행위의 본성 및 불가피한 인간 삶의 외적 조건들에 대한 사실 인식 위에서 정당화되는 도덕법칙을 주장한다는 점에서 다를 뿐, 몰개인적 이성에 의해 밝혀질 객관적 도덕법칙이 있다고 믿고 그 법칙을 발견하는 것을 윤리학의 목표로 삼는 점에서 이들은 공통적인 것이다. 이로 인해 이들의 윤리학은 이성에 의해 발견되는 기본 원리를 탐구하는 즉, 원칙 중심적인 특징을 갖게 되었다고 볼 수 있다.

도덕이란 몰개인적 공평성을 그 본질로 한다는 도덕의 본질에 대한 그들의 신념은 법을 통해 구현되는 공적인 도덕성에 대해서는 어느 정도 타당할지 모르지만 도덕성에 대한 전체적 그림으로는 인정될 수 없는 것이다.

이제 몰개인적 관점에 기초한 도덕적 행위성이 이들 이론에서 어떻게 제시되는지를 살펴보고 그것의 도덕원칙이 전제하거나 함축하는 실천적 의미들을 분석해 보기로 하자. 이 분석을 위해 특히 그들의 도덕원칙이 합리적 실천 추론의 원칙으로 타당하거나, 최소한 합리적 실천 원칙과 양립 가능한가를 검토하는 방법을 사용할 것이다. 이를 통해 몰개인적 관점이 삶의 합리적 관점을 포괄하거나 양립 가능한 도덕성 이론으로 성립할 수 있는지를 보게 될 것이다.


## 1. 칸트의 의무론적 도덕이론

### 1) 보편적 의무 인식으로서의 도덕적 행위성

칸트 윤리학의 특징은 어떤 행위의 지침이 어떤 내용을 갖든지 그것이 도덕적인 것이라고 일컬어지기 위해서는 보편성을 갖는 것이어야 한다는 출발점에서 찾을 수 있다. 이는 도덕의 개념 분석을 통해 도덕이라면 만족시켜야 할 개념적 조건을 도출하고 이 조건을 만족시키는 도덕법칙을 구성해 내고자 시도한 그의 전략에서 확인된다. 이 같은 방식을 채택하는 까닭은 모든 인간의 선택적 행위들이 기초해야 할 근본적 도덕원칙을 확립하기 위한 것이다.

칸트가 분석한 도덕개념이란 사람들이 일반적으로 가지고 있는 상식적 도덕관념이다. 그 관념을 칸트는 다음 두 가지 내용으로 분석해 낸다. 도덕의 평가는 기본적으로 행위자의 의도에 대한 것이라는 것과, 그 의도를 도덕적이게 하는 데 본질적인 것은 의무(duty)라는 것이다. 이 분석의 내용을 기초로 그는 도덕적 의무가 무엇인가를 설명함으로써 도덕성 이해에 접근한다. 도덕적 의무란 '경향성'과 대조되는 것으로서 실천 이성이 인식하는 바 이성적인 것이어야 한다고 칸트는 생각한다. 만약 그렇지 않다면 그 의무는 실천적인 의미의 의무와 구분될 수 없을 것이기 때문이다. 예컨대, 대학에 가기 위해 학생이 져야 하는 '열심히 공부해야 할 의무'는 도덕의 본직을 구성하는 의무의 종류가 아님이 분명하다. 칸트는 여기에서 어떤 특정한 실천적 목적 때문에 수락하게 되는 의무와 어떤 특정한 목적과 상관없이 실천 이성의 구조 안에서 무조건적으로 인식되는 의무를 구분한다. 그리고 후자만이 도덕적인 의미의 의무에 해당한다고 본다. 이성적 인식이 보편성에 관한 인식, 곧 법칙에 대한 인식인 한에 있어서, 실천 이성이 인식한 의무란 어떤 특수한 조건과 결부된 의무가 아니라 보편적 의무이어야 한다는 것이다. 다시 말해서 이때 도덕성의 핵심을 이루는 '의무'는 어떤 구체적인 목적이나 구체적인 상황, 특수한 역할 등과 같은 특수성을 완전히 제거한 일반적이고 형식적인 의미의 '의무'이다. 칸트는 그의 『도덕 형이상학 원론』에서, 의무는 경향성과 결과의 모든 고려들을 배제한 것이기 때문에 경험적 내용에 의해서가 아니라 — 도덕법칙에 대한 순수한 존경으로부터 행위하라는 — 순수히 형식적인 조건들로 정의되어야 한다고 말하고 있는 것이다.[1) 따라서 칸트가 실천 이성에 의해 인식된다고 보는 실천 법칙으로서의 보편화의 원리는 경험에 의해 인식되는 종류의 것이 아니라 순수히 선험적으로 인식되는 필연성의 원리이다.

이성이 선험적으로 인식한 도덕법칙은 보편적이고 필연적 법칙으로 주어지는 명령이라는 것이다. 이런 무조건적 명령에 따라야 할 의무는 이성에 의해 인식되는 무조건적 '의무'에 구체적 내용을 채울 길은 없는 것 같다. 그런 의미에서 그것은 내용적으로 빈 개념처럼 보인다. 이제 도덕의 법칙이란 "너의 행위의 준칙이 보편화 가능하도록 행위하라"는 칸트의 정언 명령에서 확인되듯이, 논리적 일관성 혹은 형식적 법칙에 지나지 않는다. 이런 법칙은 어떤 행위를 선택하라고 말함에 있어 구체적인 내용을 담지 않는다. 어떤 의미에서는, 칸트의 도덕법칙은 실제 도덕적 상황에서는 도덕 행위자의 도덕능력에 따라 그 내용이 결정되는 명령 형식에 지나지 않는 것이다.

칸트가 도덕법칙을 전통이나 관습, 또는 성인의 모델이나 종교적 교리와 상관없이 이성적 존재로서의 행위자가 스스로 인식하고 그것에 자발적으로 복종하는 것으로 여겼던 것을 근거로, 그가 구체적인 도덕판단의 차원을 행위자의 고유영역으로 암시했다고 해석되기도 한다. 형식적 도덕법칙을 상황에 적용하여 어떤 내용의 판단을 내리는가는 행위자의 자율적인 판단력에 맡겼다고 볼 수 있다는 것이다. 더군다나 칸트의 도덕철학에서 강조되는 인격 (person)의 존엄성의 측면을 고려할 때 이런 해석은 매우 그럴듯한 것처럼 보이기도 한다. 그러나 이렇게 해석하는 데는 결정적인 한

---

1) I. Kant, *Foundations of the Metaphysics of Morals*, section 1., 15, 16 paragraph.

계가 있다. 그 한계는 바로 칸트가 도덕 행위자를 정의하는 데서 드러난다.

칸트의 도덕이론에서 '행위자'는 이성적 존재로서의 행위자를 지시하는 것이지, 경험적 존재로서의 행위자를 가리키지 않는다. 그것은 행위자의 가치관이나 성품 등을 그 자체로서 도덕적 가치를 지닌 것으로 인정하지 않는다는 것을 의미한다. 이런 의미에서 칸트 도덕철학에서 상식적 의미의 '인격'(person)은 없다. 우리가 상대방의 인격을 존중한다고 말할 때의 의미는 상대방의 특정한 개별성의 가치를 중요한 것으로 인정한다는 의미이기 때문이다. 이 때문에 설리반(Roger J. Sullivan)은 칸트의 도덕체계에는 오직 "개성 없는 인격들"(personless Persons)이 있을 뿐이라고 표현한다.

> 이러한 교설에서 기이한 점은 완전히 비개인적인 추상성이 보다 더 일상적인 사람의 개념, 즉 그들의 우연성과 개별적인 특징들을 갖춘 그런 사람의 개념을 대치해 버리는 그러한 방식이다. 피와 살을 가진 인간 존재는 도덕적 세계에서 사라져버리는 것 같다. 그리고 우리는 플라톤적인 절대 가치들의 세계, 호흡하고 살아 있는 사람들이 거주하지 않는 세계에 있는 것 같다.[2]

따라서 칸트의 도덕법칙은 개인 행위자가 자기의 처지에 따라 해야 할 것을 자율적으로 결정하도록 허용하는 것이 아니다. 보편적 이성인으로서 이성법칙의 빛에 따라 행할 뿐이다. 이것은 다음의 경우를 통해 분명히 할 수 있다. 예컨대, 갑씨가 가족들과 배를

---

2) Roger J. Sullivan, "The Kantian Model of moral-Practical Reason", *The Monist*, 1983, p.95.

타고 어느 섬에 놀러가던 중 배가 사고를 당해 침몰하게 되었다. 그는 헤엄을 아주 잘 치기 때문에 그 자신은 물론 다른 위험에 처해 있는 사람들도 한두 명쯤은 구할 수 있다. 이때 그는 누구의 생명을 구해야 하는가?

칸트의 경우 자녀, 양친, 친척, 동료 간에 대한 특별한 고려들을 도덕적 고려 속에서 인정할 수 있는가? 칸트는 도덕적 고려는 행위자의 기호나 성품 등의 우연적 조건들에 영향받지 않을 것을 요구한다. 가족관계나 친분관계란 도덕 행위자로서의 갑씨에게 있어 우연적 관계일 뿐이다. 갑씨는 아무개의 자식이 아닐 수 있었으며, 아무개의 아내, 아무개의 어머니, 아무개의 동료가 아닐 수 있었기 때문이다. 그렇다면 그는 누구를 구해야 하는가를 도덕적으로 결정할 때, 그는 경험적 존재로서 가지게 되는 마음의 경향성을 따라서는 안 되는 것이다. 프라이드가 말했듯이, 그는 그가 구하는 자가 누구인지 전혀 상관하지 않고 누군가를 구해야 한다. 그것이 그에게 요청되는 도덕의 명령이다.3)

물론 이런 경우 칸트도 그 행위자로 하여금 다른 선택을 하도록 만들지도 모를 중요한 실천적인 이유들이 있음을 부정하는 것은 아니다. 그러나 칸트는 어떤 실천적인 이유들도 도덕법칙의 인식 앞에서는 이성적 행위자가 고려할 행위의 이유가 되지 못한다는 것이다. 그는 실천 이성에 의해 인식되는 객관적 법칙에 대해 이성적 존재가 갖는 존경은 그 어떤 구체적이고 실천적인 가치의 유혹과 자연적 행위의 경향성을 넘어설 수 있다는 것이다. 칸트에게 있

---

3) Charles Fried, *An Anatomy of Values*(Cambridge University Press, 1970), p.227.

어서 도덕적으로 중요한 것은 "위험에 처한 이를 구해야 한다"는 도덕적 명령을 준수하는 것일 뿐, 그밖에 난파된 그 상황의 특수성과 관련된 요소들은 실천적 고려사항에 드는 주변적인 것에 지나지 않는다. 이성적 존재에게 있어, 실천 이성에 의해 인식된 도덕적 요구(moral obligation)는 그 어떤 상황에서도 다른 실천적인 요구보다 절대적이라는 것이다. " '당위'는 '할 수 있음'을 함의한다."('ought' implies 'can') 도덕성의 한계는 없는 셈이다. 도덕적 명령을 넘어서 허용될 수 있는 실천적 이유란 없다는 것이며, 이것이 바로 칸트의 도덕 지상주의적(moralism) 논제이다.

왜 도덕적 명령이 그처럼 절대적이어야 하는지에 관해, 칸트는 '자유스러운 존재로서의 합리적 존재의 본성'이라는 개념으로부터 그 대답을 이끌어내고 있다. 보편화될 수 있는 행위의 법칙을 인식하는 '합리적 존재'로서 그는 동시에 그러한 법칙에 따르고자 의지하는 자라는 것이다. 곧 합리적 행위자란 "목적의 왕국의 입법자인 동시에 시민인 것처럼 행위하고자 한다"는 것이다. 따라서 합리적 행위자의 가장 근본적인 **관심**은 보편적 선에 있으며, "도덕법에 대한 존경이 유일하고도 의심할 수 없는 도덕적 동기이다."4) 무엇보다 이성은 그 본성상 '법칙을 수립하는' 기능을 가지는데, 이성은 우리의 경험세계 뿐 아니라 실천적인 도덕세계에서도 입법자의 역할을 한다는 것이다. 그리고 의지는 의지 자신에서 우러나온 도덕법칙에 스스로 종속되고 기꺼이 따를 때 비로소 자율적일 수 있다는 것이다. 칸트에게 도덕적 행위자란 도덕법칙을 인식하고 그에 따르고자 의지하는 자이다.

---

4) I. Kant, *Critique of Practical Reason*(1788), 1편 section 3, paragraph 10.

## 2) 도덕적 관점: 선험적 이성의 관점

이상의 칸트 윤리학에서 문제가 되는 것 중의 하나는 그 자신의 삶을 사는 개별적 행위자에게 칸트적인 실천 이성의 인식은 행위해야 할 동기를 항상 제공할 수는 없다는 점이다. 도덕적 이유가 그 어떤 실천적 이유보다 이성적 존재에게 중요한 이유라는 칸트의 주장은 개념적인 차원에서 받아들인다 하더라도 그것이 실제적으로도 타당하다고 말할 수 있는가? 실천 이성의 개념 하에서 인식된 도덕적 이유란 이성적 이유들뿐이다. 이때 '이성적'이란 어떤 인간의 주관적 경험과도 상관없을 뿐 아니라 개인적인 특수성과도 상관없음을 의미한다.

우리는 여기에서 다음의 문제에 직면하게 되는 것 같다. 이렇게 순수 이성적인 따라서 몰개인적인 이유가 어떻게 실제 행위자의 행위의 동기가 될 수 있는가? 책임이 귀속될 수 있는 행위는 강제되거나 무의식적인 행위가 아니라 자발적 행위라면, 도덕적 책임을 물을 수 있는 행위 역시 자발적인 행위여야 할 것이다. 그렇다면 이런 도덕적 명령에 따르고자 하는 자발적 동기가 어떻게 가능한가? 이런 도덕적 명령이 개인의 주관적 욕구나 정서를 완전히 배제한 순수 이성적 객관성을 갖춘 법칙으로부터 온 것이라면, 그것은 다른 종류의 실천적 이유 때문에 갖게 되는 행위의 동기와는 전혀 달라야 할 것이다. 실천적인 행위의 동기란 그 행위자의 개별적 특성과 관련된 경향적이거나 욕구적인 것과 관계를 갖는 반면, 후자는 합리적 행위자의 보편적 특징에서 비롯된 합법칙성에 대한 순수한 존경심이라는 동기라고 칸트는 말한다. 칸트의 말대로라면, 도덕적인 행위자로서 행위자가 가질 수 있는 도덕적 행위의 동기란 도덕법칙에 대한 순수한 존경심 이외의 다른 어떤 동기가 아니다. 오직 이성적 존재로서 자신을 인식하고, 그러한 자신이 인식한 이유에 따라 행위하고자 하는 이성적인 이유만이 도덕적 동기가 되는 것이다.

우리는 여기에서 칸트에게 다음과 같이 묻지 않을 수 없다. 그 명령에 복종하고자 하는 자발적인 행위의 동기를 어떻게 개인성을 갖는 경험세계 속 행위자가 가질 수 있을 것인가? 칸트는 이를, 앞에서 지적한 바와 같이, 이성적 존재의 자율성으로 해명했었다. 부연한다면, 인과법칙에 지배를 피할 수 없는 육체적인 욕구로부터 생겨난 행위의 동기는 인과적 요인에 의해 생겨났다는 의미에서 자유스러운 것은 아니라는 것이다. 따라서 이런 인과적 요인에 영향을 받을 수밖에 없는 주관적 행위의 동기와 상관없이 이성적 존재 자신이 인식한 객관적 법칙의 무조건적 명령에 따를 때, 그것이 바로 이성적 존재의 자율성이라는 것이다.

칸트의 이상의 논의는 일견 그럴듯하지만 거기에는 비약이 있는 것 같다. 그는 이성적 능력을 갖는 인간의 측면을 강조한 나머지, 인과적 법칙의 지배를 인간이 완전히 떠날 수 없는 존재라는 평범한 진리를 간과하고 있는 것은 아닌가? 순수 실천 이성적 존재가 인식한 도덕법칙이 객관적이라면, 경험적 존재들을 지배하는 인과법칙 또한 이성이 인식한 객관적 법칙이다. 그리고 인간이 이성적 존재인 동시에 질료적인 존재라는 것 역시, 칸트도 인정했듯, 부인할 수 없는 사실이다. 우리가 이상의 두 가지 사실을 인정한다면, 실천 이성이 인식한 도덕법칙에 따르는 것이 인간 자율성의 실질적인 의미라고 주장하는 칸트의 생각은 지나치게 이성 중심적인 도덕이해라고 평가해야 할 것이다. 다른 관점에서 본다면, 항상 실천 이성의 관점에서 보편화할 수 있는 명령에 따라야 한다는 칸트의 요구는 오히려 순수 이성에의 속박이며 강요이지 인간의 자율성을 인정하는 주장으로 해석되기 어렵다. 인과법칙에 의해 전적으로 지배될 때 그것이 타율적인 것이라면, 이성의 법칙에 의해 완전히 지배되는 것 역시 또 다른 의미의 타율이다. 우리는 욕구나 기호, 자연적 경향성들을 선험적 이성의 명령 앞에 절대적으로 종속시키는 것이 곧 인간적 합리성이라고 믿을 까닭이 없다. 오히려 인간의 부정할 수 없는 두 측면을 조화시키는 선택을 하는 것이 오히려 인간의 합리성 개념에 적합한 것이라 여겨지는 것이다. 칸트가 지나치게 실천적 합리성을 이성적인 것으로 이해했다는 것은 그가 도덕적 가치를 경험적 존재로서 인식하게 되는 가치와는 전혀 무관한 것으로 설명해야 한다고 믿었던 것에서 확인된다. 이성적인 것과 경험적인 것을 서로 배타적인 것으로 구분하는 그 전제 자체의 타당성을 의심해 보아야 한다.

우리는 이제 이렇게 말해도 좋을 것 같다. 칸트에게 있어서 도덕적 관점은 보편자로서의 관점일 뿐 전혀 개별자로서의 관점이 아니다. 도덕적 의지는 바로 그 도덕적 관점에서 선택된 행위를 수행하고자 하는 의지이다. 개별자로서의 내가 하고 싶은 행위의 준칙과 합리적 존재가 따라야 할 보편법칙이 일치하지 않을 경우, 합리적 행위자는 결코 심리적 갈등을 겪지 않는다. 그는 당연히 도덕법칙에 복종하고자 할 것이기 때문이다. 왜 합리적 행위자는 그와 같이 도덕적이고자 하는가라는 질문이 칸트 체계에서 이유를 묻는 질문으로서 무의미함은 이미 언급했다. 이 질문은 어떤 이유가 필요하지 않은 개념적 진리이기 때문이다.

이것은 그가 도덕 행위자를 "도덕법의 입법자이자 동시에 시민"

인 것처럼 행위하는 자라고 말하는 데서도 분명히 확인된다. 입법자는 그 법을 적용받을 시민들에게 가장 공평한 법을 제정하고자 해야 할 것이다. 그러나 그렇다고 해서 합리적 입법자라면 누구나 반드시 순수 선험적 이성의 관점에서 법을 제정해야 하는가? 다시 말해서, 도덕적 관점이 필히 선험적 이성의 관점이어야 한다고 주장할 합당한 근거가 있는가? 갑씨의 경우에서, 개인으로서 그 가족을 구해야 할 의무의 인식이 과연 한 인간으로서 다른 인간들에게 지는 의무 인식보다 어떤 의미에서 덜 필연적이고 덜 보편적인 인식인가? 우리는 이성적 존재인 동시에 경험적 존재임을 부인할 수 없다. 그렇다면 실천적 필연성과 보편성은, 칸트가 생각하듯이, 이성의 전유물만은 아니다. 경험적 존재에게 불가피한 것으로 인식되는 필연적 이유들이 있으며, 최소한 인간들 간의 상호주관성에 의해 확보되는 보편성이 있다. 따라서 도덕인식의 객관성을 보장하는 관점이 반드시 순수 이성의 지점까지 초월해야 할 필요는 없을 것이다.

궁극적으로 우리는 칸트 윤리학에 대해 "도덕을 선험적으로 인식되는 행위의 보편적 법칙으로 이해했던 애초의 출발이 과연 방향을 제대로 잡은 것이었는가?"를 묻게 된다. 칸트는 도덕성을 객관적으로 타당한 법칙으로 개념화하는 데서 출발하고 있으나, 도덕성이 과연 객관적 법칙 하에서 인식되는 이론적 진리와 같은 것인가부터가 의문인 것이다. 도덕이 구체적 상황에서의 행위 선택이나 가치 판단에 관여하는 실천적 문제일 수밖에 없는 한, 도덕적 인식을 몰개인적인 선험적 이성의 관점에서의 객관법칙의 인식으로 이해하려는 윤리학적 관점 자체가 합당하지 않은 것 같아 보인다.

46

실천적 사고는 이론적 사고처럼 단지 있는 것을 있는 그대로 이해하려는 관망자의 관점에서 출발하는 것이 아니다. 오히려 있어야 할 세계에 대한 인식으로부터 출발한다. 있어야 할 당위는 순수 이성에 의해 수동적으로 인식되는 대상이 아니다. 또한 있어야 할 바 세계에 대한 인식이 있는 바 세계의 인식으로부터 연역적으로 도출되는 것도 아니다. 있어야 할 바에 대한 이식은 관망적 태도로부터는 얻어지지 않는다. 오히려 세계에 대한 인식 주관의 개입으로부터 당위적인 세계 인식은 얻어진다.

칸트 역시 실천 이성을 있어야 할 세계를 인식하고 의지하는 능력으로 보았다. 그리하여 실천 이성의 자율성을 강조하고, 존재 인식에서 실천 이성의 우위를 주장했던 것이다. 이와 같은 — 루소의 영향이라 여겨지는5) — 칸트의 실천 이성의 우위적 주장에도 불구하고, 결과적으로 그의 윤리학이 욕구의 생동함을 전적으로 배제하게 된 까닭은 그가 — 기독교적 영향이라 여겨지는6) — 이성적 합리성 이해로부터 아직 벗어나지 못했었기 때문이라는 평가가 가능하다. 따라서 칸트 윤리학에 대한 비판은 궁극적으로 그가 도덕적 관점과 동일시하는 '합리적 행위자 관점'에 집중될 수밖에 없는

---

5) G. J. Warnock, "the Primacy of Practical Reason", 여기에서 워녹은 아리스토텔레스가 이론 이성의 우위를 주장한 것에 반해, 칸트가 실천 이성의 우위를 주장한 것은 그가 그 당시 낭만주의 특히 루소의『에밀』에 영향을 받았기 때문이라고 설명한다. 칸트의 이런 낭만주의적 요소와 그의 윤리학을 특징짓는 합리주의적 요소를 워녹은 칸트 윤리학의 '딜레마'라고 표현하고 있다.

6) 칸트 윤리학이 갖고 있는 기독교적 색채에 대해서는 철학자들 사이에 거의 이론의 여지가 없는 듯하다. 참고. Richard Norman, *The Moral Philosophers*(Oxford: Clarendon Press, 1983), pp.94~123.

것이다.

윌리엄스(Bernard Williams)가 말하고 있듯이, 우리는 "어떤 사람이든 그가 합리적 행위자라면 합리적 행위자로서 합당하게 해야할 것이 무엇인가"를 생각해 볼 수 있지만, "어떤 사람이 합리적 행위자 그 자체(rational agent and no more)라면, 그가 합당하게하게 될 것이 무엇인가"를 의미 있게 말할 수 없을 것이다. 합리적 행위자 그 자체인 존재란 이미 인간은 아니기 때문이다.[7] 칸트의 '합리적 행위자'의 관점이란 어떤 지점에서의 관점인가? 칸트가 말하는 대로 나의 우연적 조건들이 완전히 제거된 순수 선험적인 이성의 관점이란 것이 도대체 어떤 지점인지 상상할 수 있는가? 이것의 상상 불가능성은 단지 우리의 상상력 빈곤 때문이 아니라 '합리적 행위자 그 자체'라는 개념의 불가해성(intelligibility) 때문이라 보아야 할 것이다. 여기에서 우리는 다음과 같이 말할 수 있다. 도덕적이기 위해 만족되어야 할 조건으로서 객관성과 보편성의 요구에는 한계가 있어야 한다.

어차피 도덕적 판단은 행위에 대한 도덕적 평가이다. 그리고 도덕적 평가는 그 대상을 기술하는 '행위자의 문제의식이 이미 개입된 관점'에서 내려진다. 즉 행위의 도덕적 평가의 관점은 가치가 개입된 행위자 개인의 관점인 것이다. 따라서, 합리적 행위자가 행위를 선택하거나 평가할 때 합리적 행위자로서 만족시켜야 할 조건이란 칸트가 요구하는 정도의 절대적 상한 조건은 아닐 것이다.

합리적 행위자로서의 일반적 조건은 그가 어떤 것을 목표하고

---

7) B. Williams, *Ethics and the Limits of Philosophy*(Harvard University Press, 1985), p.63.

그것을 그가 원하는 방식의 행위를 통해 실현하고자 하며 또한 타인에 의해 방해받고 싶지 않아 하며, 자신의 욕구의 범위를 제한해야 할 이유가 있으며 그러한 자신의 욕구를 실현하는 데 객관적인 제약이 있다는 사실을 그 자신의 행위를 선택하는 데 고려하는 자라는 정도일 것이다. 그리고 이러한 고려에서 그가 취하는 관점은 일인칭적 관점을 떠날 수 없는 것이다.[8] 요약컨대, "나는 도덕적으로 무엇을 해야 할 것인가?"라는 물음 앞에 선 합리적 행위자가 항상 '개념적 법칙의 입법자이자 동시에 시민'의 위치에 자신을 세워야 할 필연적 이유란 없다. 자신의 합리적 욕구를 전적으로 무시해야 한다고 볼 이유가 없다. 오히려 자발적인 도덕적 행위의 동기를 위해 행위자의 욕구가 요구된다. 행위자의 욕구를 인정한다는 것은 (칸트가 생각했듯) 도덕적 합리성을 부인하는 것이라기보다는 오히려 이론적 합리성과 구분되는 윤리적 합리성의 특징을 보여주는 것이다.[9]

### 3) 칸트의 도덕법칙과 도덕적인 삶

근본적으로 칸트 윤리학이 갖는 문제의 원인은, 칸트 자신이 도

---

8) B. Williams(1985), pp.54~70. 그리고 일인칭적 관점을 떠날 필요도 없다. 그 관점이 어느 정도 객관성과 보편성을 갖는 관점인가는 오히려 그 개인의 합리성의 정도에 달려 있는 것이지 일인칭적 관점이 정의상 반드시 객관성과 대립되는 종류의 주관적이거나 상대적인 것이라고 상정할 이유가 없는 것이다. 따라서 합리적 행위자가 일인칭적 관점을 떠날 수 없다는 것과 그 관점에서 내려진 판단의 객관성과 보편성의 문제는 별개의 것이다.

9) B. Williams(1985), pp.67~69.

덕의 문제란 어떻게 살아야 하는가의 문제로부터 출발한다고 보지 않았던 데서 찾을 수 있다. 그의 윤리학적 관심은 상식 도덕현상에 대한 체계적 해명 또는 객관적 정당화에 있었던 까닭에 그가 추구했던 도덕원리는 구체적 도덕현상들을 통일시키고 근거 지워줄 이론적·추상적 원리였지 구체적·행동지침적 기능을 하는 도덕규칙은 아니었던 것이다. 이 점이 바로 칸트의 윤리이론의 한계가 된다. 칸트의 윤리학적 관심 자체가 실제적인 데 있지 않았고 이론적인 것에 있었다고 말하는 것이 정당하다면, 칸트의 윤리학이 실천적인 기능에 있어 공허한 것은 어쩌면 당연한 일일지 모른다.

그러나 칸트가 생각했던 것처럼, 과연 도덕이론이 도덕현상에 대해 체계적으로 이해하려는 순수 이론적인 관심의 차원에만 머무를 수 있는가? 도덕이론이 도덕현상에 대한 체계적 이해라고 하더라도, 그 이해의 과정에는 반드시 도덕성에 대한 규정이 선행되어 있어야 한다. 그리고 도덕성에 대한 규정이 일단 주어지면, '도덕이란 무엇인가?'라는 이론적 호기심을 만족시키는 것에만 그것의 역할을 한정시킬 수는 없다. 실천적인 판단을 하는 데에서 그 규정은 실질적으로 작용한다. 도덕이론은 그 이론적 관점을 통해 이미 실천적인 기능을 하는 것이다. 그렇기에 칸트의 도덕개념이 구체적인 실천적인 문제들에 적용될 때 우리의 삶에 어떤 영향을 끼치는지를 묻는 것은 이제 정당하다.

우리는 칸트적 도덕성에 의해 지도되는 실제 세계의 한 인간을 그려볼 수 있다. 그는 도덕적이기 위해 끊임없이 구체적인 개인으로서 갖고 있는 자신의 욕구, 기호, 경향성 등을 억제해야 한다. 대신 **자신**으로서 살기보다는 보편적 이성으로 살기를 끊임없이 의지해야 한다.[10] 그의 이 항존적인 의지는 어디에서 오는가? 칸트는 그것을 도덕적, 즉 이성적 존재 규정에서 찾았다. 그러나 그것은 '도덕적 행위자'라는 개념 정의를 위해 요청되는 형식적 조건이었지 현실 속의 인간이 갖추고 있는 의지는 아니다. 때문에 도덕적 행위자 개념이 요구하는 의지의 형식적 조건이 실질적 의지의 촉발을 보장할 수 없다.[11] '도덕적 행위자'라는 개념적 이상에 충실하고자 하는 의지를 촉발하는 힘이 실제 행위자에게서 항상 유지될 수 있으리라 기대한다는 것은 불가능하다. 이런 구조에서 실제의 행위자는 칸트의 '도덕적 행위자'이기에는 항상 부족한 존재이다.

도달될 수 없는 목표를 달성하라고 명령하는 도덕이 인간의 삶을 지도할 때, 예상되는 인간들의 삶의 양상은 어떤 것인가? 그러한 도덕이 실제적으로 인간의 삶을 어떤 식으로 꾸려 놓겠는가? 여기에서 떠오르는 인간 삶의 상은 분열증적인 삶이다. 마치 완전한 존재 신에 대해 불완전한 인간이 가져야 하는 원죄 의식을 강요하는 종교와 같이 칸트의 도덕은 인간에게 '도덕적 행위자'에 대해 자신의 부도덕성을 고백하도록 강요하는 도덕이다. 다른 말로 한다면, 칸트의 도덕은 구체적인 개인으로서의 삶을 부정함으

---

10) 칸트의 도덕이론이 도덕적 이상을 삼는 이러한 인간상을 울프(Susan Wolf)는 "Moral Saint", *The Journal of Philosophy*, vol. LXXIX, no. 8, 1982, pp.419~439에서 '합리적 성자'(rational saint)라고 부른다. 그녀는 이 논문에서, 우리의 상식이나 일반적 철학이론이 지지할 수 없는 도덕 성자를 이상으로 하는 도덕이론들은 수정되어야 한다는 관점에서 비개인적 도덕이론들이 그려내는 이상적인 인간상의 불유쾌함을 논변한다.

11) cf. E. J. Bond, *Reason and Value*(Cambridge University Press, 1983), pp.9~41; David B. Wong, *Moral Relativity*(University of California Press, 1984), p.83.

로써 개인적인 삶을 가질 수밖에 없는 인간을 소외시키는 도덕인 것이다.

　관련되는 문제로서 또 한 가지 지적할 수 있는 문제점이 있다. 그것은 도덕운(moral luck)의 문제와 도덕적 의무의 갈등 상황에 처한 인간에게 귀속되는 도덕성의 문제이다. 칸트는 『도덕형이상학 원론』에서 분명히 도덕을 운과는 무관한 것으로 보았다.[12) 도덕성은 도덕적 주체의 의지에서 비롯되는, 또는 도덕적 주체의 완전한 자율적인 선택권에서 비롯되는 것이기 때문에 외부적 요인이 개입하여 이루어진 그 선택의 결과는 도덕성의 대상이 되지 못한다고 본 것이다.

　이는 도덕성이 주체적인 행위자 이해 위에 기초해야 한다는 인식을 명백히 하고 있다는 점에서 중요하다. 그러나 이러한 인식이 보편적 정신의 구현체로서의 칸트의 행위자 이해 위에 기초할 때 그리고 이에 따른 그의 의무론적, 또는 규칙 중심적 도덕이해와 결

---

12) 그는 *Foundation of the Metaphysics of Moral*, 1절 세 번째 단락에서 다음과 같이 적고 있다. "선한 의지는 그것이 초래한 것이나 달성한 것 또는 어떤 의도한 목적을 성취할 수 있는 그서의 충분한 능력 때문에 선한 것이 아니다. 선한 의지는 단지 그것의 의지함 때문에만 선한 것이다. 다시 말하면, 그것은 그 자체로서 선한 것이다. 그러므로, 그 자체에 대해 생각건대, 그것은 그것이 일부경향 또는 총체적인 모든 경향에 맞추어서 이루어 놓은 어떤 결과와도 비교할 수 없을 정도로 높게 평가되어야 한다. 설혹, 특별히 불행한 운명에 의해서 또는 매정한 자연의 인색함 때문에, 선한 의지가 그 목적을 달성할 수 있는 힘을 전적으로 결여한 경우에도, 또 최대한의 노력으로도 그 목적한 바의 어떤 것도 성취하지 못한 경우에도, 단지 선한 의지가 (단순히 희망으로서가 아니라 우리 힘으로 할 수 있는 모든 방법을 동원한 것으로서) 남아 있다면, 그것은 그 자체 안에 충분한 가치를 지닌 것으로서, 당연히 보석처럼 빛날 것이다. 유용성이건 비효용성이건 이 가치를 감소시키거나 증대시킬 수 있는 것은 없다."

부되었을 때, 결과적으로 현실적인 행위자의 주체적인 삶을 고통스럽게 만드는 결과를 초래하게 된다.

칸트에 있어서, 도덕적 의무를 명령하는 도덕적 규칙들은 그의 보편화의 원리로부터 도출된 것이다. 그리고 이들 도덕적 규칙은 예외를 인정할 수 없다는 의미에서 **절대적**으로 주어진다. 이러한 그의 도덕규칙에 대한 이해는 구체적인 도덕적인 딜레마의 상황에서 역시 마찬가지이다.

도덕적 딜레마의 상황이란 두 가지 도덕적 의무가 서로 갈등을 일으키는 상황이다. 즉 어느 하나의 도덕적 의무를 다하기 위해서는 어느 하나의 도덕적 의무는 저버릴 수밖에 없는 경우이다. 이 경우에서 도덕적 행위자는 어느 하나의 도덕적 의무를 선택할 수밖에 없고, 이때 그의 도덕적 선택은 다른 하나의 도덕적 의무를 저버리는 선택일 수밖에 없다. 이러한 상황은 행위자 자신의 초래한 상황이 아닌, 그로서는 어쩔 수 없는 비극적인 또는 불운한 상황이었다. 그러나 그러한 상황에 처한 인간이 범할 수밖에 없었던 도덕적 규칙 역시 어떤 이유에 의해서도 그것을 범하는 것이 정당화될 수 없는 절대적 규칙이라는 것이 칸트의 도덕적 체계에서는 부인할 수 없는 사실이다. 때문에 그는 도덕적 잘못을 한 것이다. 그리고 이 잘못은 행위자의 의지의 한계를 넘어서는 상황에 의해 야기된 것인 만큼, 이는 도덕운이라고 말할 수밖에 없는 것이다.

도덕운이 나쁜 행위자는 (어떤 인간이 삶을 살아가면서 이런 도덕적 딜레마의 상황에 부딪히지 않을 수 있는가!) '도덕적 행위자'로서의 자신과의 분열에 부딪힐 것이다. 합리적 행위자로서 의지했던 그의 의지가 동시에 마찬가지로 그가 의지해야 했던 것을 저버리는 의지였던 까닭에 그는 도덕적 의무를 행함 속에서 자신의 도덕적 모순을 시인해야 한다.

　이는 칸트의 도덕성 개념 이해 자체가 '완전한 인간의 도덕적 삶'을 불가능하게 하는 구조임을 드러내 보여준 것이다. 완전한 '선의지'를 갖고 또 그에 따라 사는 사람조차도 (이런 사람이 있는 것이 가능하다 하더라도) 칸트의 도덕적 구조에서는 도덕적 의무를 다하는 삶을 살지 못한다. '선의지'와 도덕적 의무 수행 사이에 삶의 비극적 조건들이 개입되어 있는 것이다. 도덕적 딜레마의 삶의 상황에서, 결국 그의 도덕성 이해는 도덕운에 의한 책임을 도덕 행위자에게만 돌리는, 그리하여 도덕적 죄의식을 벗어날 수 없게 하는 비극적인 삶을 도덕적 행위자에게 운명 지우고 있는 것이다.

　일반적으로 우리는 이처럼 자신이 어쩔 수 없었던 이유 때문에 다하지 못했던 의무에 대해 죄책감을 느끼는 자가 있다면, 그를 분명 정상적인 도덕인이라기보다는 초의무적인 사람이라고 여길 것이다. 이런 사실에 비추어볼 때, 칸트가 요구하는 도덕적 행위자의 삶은 초의무적인 삶으로서 모든 행위자에게 도덕적 행위자 이상일 것, 울프의 표현을 빌리면 도덕적 영웅 또는 "도덕적 광신주의자"[13]가 될 것을 요구하는 것임을 알 수 있다.

　요컨대, 이런 결과의 원천은 칸트가 도덕성의 보편 타당성에 지나치게 집착함으로써 구체적인 개인적 욕구와 경향성 등의 경험들을 도덕성 이해에 있어 사상시킨 데 있다고 보여진다. 그리고 그는 도덕적 관점의 특징이라고 생각되는 공평성을 실천적 사고에서 요구되는 공평성보다 지나치게 형식적인 공평성으로 이해했다. 이것이 그들이 공평성을 몰개인성과 혼동했다고 비판받은 원인이다.

---

13) Susan Wolf, "Moral Saints", *The Journal of Philosophy*, 1982, p.425.

실천적 문맥에서의 공평성은 이론적 공평성과 같은 종류의 것이 아니다. 가치와 관계하는 실천적 문맥은 그러한 가치의 개입을 배제하는 이론적 문맥과 같을 수 없는 만큼, 실천적 공평성은 행위자의 가치 개입을 허용하는 것이어야 한다.

그렇다면, 의무를 위한 의무로 정의되는 이른바 무조건적 선으로 도덕적 가치를 설명하는 대신, 행위의 합리적 동기를 줄 수 있는 경험적 가치로 도덕성을 정의한다면, 이상에서 지적된 문제들 즉, 도덕적 소외 및 개인적 삶과 도덕적 삶의 양립 불가능성이 해결될 수 있을 것인가? 만약 해결할 수 있다면, 우리는 칸트 윤리학의 문제는 도덕적 가치를 선험적 실천 이성에 의해 인식되는 무조건적 선으로 여긴 데 있었다고 결론지어도 좋을지 모른다. 그러나 그것이 실천적 문제를 근본적으로 해결할 수 없다고 한다면, 이제 칸트 윤리학의 문제는 다른 데서 찾아져야 할 것이다. 이를 검토하기 위해, 다음절에서는 객관적인 도덕법칙의 수립이 윤리학의 목표라고 보는 점에서 칸트와 윤리학에 대한 입장을 같이하면서, 경험적 가치에 의해 도덕성을 설명하는 공리주의를 분석해 보도록 할 것이다. 공리주의가 칸트 윤리학이 가질 수밖에 없었던 실천적인 문제들을 피할 수 있음이 확인된다면, 그 문제들은 도덕적 가치를 경험적인 관점에서 인식되는 가치들로 이해함으로써 해결되는 것이라 볼 수 있을 것이지만, 만약 공리주의 역시 칸트와 마찬가지의 문제들을 가지고 있음이 확인된다면, 우리는 실천적 문제의 원인을 이들 윤리학이 가지고 있는 다른 공통점에서 찾아보아야 할 것이다.

## 2. 공리주의의 결과론적 도덕이론

### 1) 가치의 극대화로서의 공리주의 원칙

공리주의자들은 일반적으로 경험주의적 관점에 서서 도덕을 도덕 외적인 것과의 관계 속에서 이해해야 한다고 생각한다. 따라서 선험적 이성의 개념 분석으로부터 정당한 도덕법칙을 얻어낼 수 있다고 생각하지 않는다는 점에서 칸트적인 입장과 대조적이다. 그러나 이들 역시 도덕이론은 객관성과 공평성을 보장하는 몰개인적 관점을 전제한다고 보고 이론적 진리와 같은 도덕원칙을 정립하고자 했다는 점에서는, 칸트주의자들과 기본적 태도에서 다르지 않다.

칸트가 도덕법칙의 보편성과 객관성을 실천 이성의 개념으로부터 도출했던 것과는 달리 그들은 인간의 주어진 본성과 그들에게 주어진 삶의 외적 조건과의 관계를 탐구함으로써 객관적인 도덕원칙을 발견할 수 있다고 믿었다. 칸트가 도덕적 가치의 자율성(autonomous)을 확보하려 했던 데 반해 이들은 도덕적 가치의 타율성(heternomous)을 믿는 것이다. 공리주의의 이론적인 제창자인 벤담 역시 도덕적 가치의 기초를 인간의 심리적 본성에서 찾고 있음을 분명히 하고 있다.14) 이렇게 함으로써, 인간적인 것을 도덕적 가치의 토대로 삼았던 공리주의의 도덕세계에는 최소한 쾌와 고통을 느끼는 경험적 존재로서의 인간이 거주할 수 있게 된 것이다.

그러나 이들은 이런 도덕적 가치의 정의로부터 논리적 비약을

---

14) Jeremy Bentham, *An Introduction to the Principles of Moral and Legislation*(New York: Hafner Publishing Company, 1984), pp.1~2.

하게 된다. 즉 이러한 심리적 본성과 인간이 처해 있는 삶의 상황을 고려할 때, 무엇을 해야 하고 무엇을 하지 말아야 하는지를 결정할 객관적 원칙이란 이런 가치의 극대화 원칙밖에 없다고 주장하는 것이다. 도덕원칙의 사회적 기능을 도덕의 본질적인 기능으로 삼아야 한다는 생각이다. 이런 생각으로부터 출발하는 도덕적 입장에서, 옳음이란 가치의 극대화로 정의된다. 그외에 그 자체 독립적인 도덕적 기준이나 원리는 있을 수 없다.

이들에게 있어 이제 옳은 행위란 제시된 목적을 최대한으로 실현시켜 주는 행위가 된다. 옳음의 개념이 극대화의 개념으로 대치된 것이다. 이런 도덕개념을 갖고 있는 세계에서는 인간 집단만이 보일 뿐 개인은 보이지 않는 것 같다. 개개인의 쾌락과 고통은 전체적인 가치와의 관계 속에서 고려될 뿐, 그 자체가 독립적으로 고려될 가치를 갖지 않는다. 여기에서 논의를 결과주의의 전형이라 할 수 있는 공리주의에 집중시켜 보자.

공리주의는 어떤 행위의 도덕적 가치는 언제나 그것의 결과가 갖는 공리적 가치 안에 있다고 본다. 행위들 및 제도, 법 관례와 같은 것들이 도덕적으로 정당화될 수 있다면, 그것은 그것을 통해 얻어지는 결과가 공리적 가치를 갖기 때문이라고 보는 이론이라는 점에서 결과주의의 한 종류이다. 공리주의에는 여러 구분되는 형태의 이론들이 있지만, 그들이 공리주의라고 불리는 한 그들은 공리주의의 일반 원리인 '악에 대한 선의 최대 균형'을 도덕원리로서 인정한다.[15]

---

15) 여기에서 공리주의적 선을 무엇으로 보느냐, 공리적인 선의 계산을 어떻게 하느냐에 따라 쾌락 공리주의, 질적 공리주의, 이상 공리주의 등등 다양한 입장들이 있을 뿐 아니라, 또한 이 원리가 행위에 적용되는 것인지 규칙에

공리주의의 중심 생각은, 전통적인 용어를 빌어 말한다면, 본래 가치를 갖는 유일한 종류의 것은 사태(states of affairs)이며, 가치를 갖는 것은 무엇이든 그것이 본래적으로 가치 있는 사태 즉, 쾌락을 이끌기 때문에 가치를 갖는다는 것이다. 그러나 분명히 해둘 것은 '사태'란 본래적 가치를 갖는다고 생각될 수 있는 다른 후보들, 특히 행위와 구별되는 것으로 상정된다는 것이다. 예컨대, 의무 그 자체를 위해 수행된 행위가 갖는다고 주장되는 행위 그 자체의 가치는 가치 있는 '사태'에서 배제된다. 만약 그렇지 않다면, 일반적으로 공리주의와 대비되는 입장이라고 생각되는 칸트주의자들의 입장도 일종의 결과주의라고 해야 할 것이다. 즉 그 자체 좋은 행위를 함으로써 행위 자체가 갖는 본래적 가치가 결과되었다고 말할 수 있게 되기 때문이다. 이렇게 된다면 칸트와 같은 입장도 결과주의에 들어올 수 있게 될 것이다. 그러나 이런 식으로 모든 입장을 포괄하게 되는 공리주의의 정식화는 무의미할 것이다. 따라서 공리주의에서 말하는 사태란 행위 그 자체와는 구별되는 것으로 이해된다. 이제 공리주의에서 행위의 가치란 가치 있는 사태를 결과하는 그 행위의 인과적 성질에서 발견될 것이다.

공리주의자들은 도덕법칙이 이러한 본래적 가치를 최대한으로

---

적용되는 것인지 또는 동기에 적용되는 원리인지에 대한 각각의 논의 전개들이 있다. 여기에서 이런 논의들의 정당성 여부를 평가하고자 하지 않는다. 행위의 규범으로 공리주의의 적합성을 평가하고자 하는 현재의 논의를 위해 그러한 세밀한 논의까지 필요하지 않기 때문이다. 이 논의는 공리주의 도덕원리가 행위의 도덕성을 평가하는 규범으로서 갖는 문제를 도덕형식 자체에 초점을 맞추어 비판하고자 한다. 때문에 행위 공리주의가 여기에서의 논의의 대상이 될 것이다. 그러나 기본적인 비판의 효력은 여타 공리주의에도 마찬가지로 미친다.

갖는 사태를 결과할 것을 행위자에게 요구한다고 본다. 따라서 이런 원칙은 어떤 것의 도덕성을 평가하는 궁극적인 기준을 제공한다. 주어져 있는 상황 속에 있는 행위자에게 있어 '옳은 행위'란 가능한 선택지 중에서 본래적 가치로서의 선을 최대로 결과하는 행위 이외의 다른 아무 것도 아니다. 이러한 '옳음'의 개념은 행위자의 주관적인 의도와 상관없이 그 행위의 공적인 결과에 의존하는 평가 개념이란 점에서 객관적인 개념이다.

 "공리주의가 행위나 활동 자체가 갖는 가치를 수용하지 못한다"는 비판을 피하기 위해 좀더 세련된 공리주의가 결과의 가치를 계산할 때 행위 자체의 가치를 어느 정도 반영하여 옳음 개념을 정의한다 하더라도, 여전히 결과론적 '옳음'과 비결과론적 '옳음' 사이에는 분명한 차이가 있다. 이것은 다음에 보여질 윌리엄스의 논의에서 확인할 수 있을 것이다.[16] S가 어떤 특정한 구체적 상황이라고 상정하고, 어떤 특정 행위자에 관련된 다음 진술을 살펴보자.

(1) S에서, 그는 A를 함으로써 옳은 것을 했다.
(2) 사태 P는 그가 실현할 수 있는(accessible) 어떤 다른 사태들 보다 더 좋다
(3) A를 행함 그 자체에 존재하는 사태는 그가 실현할 수 있는 다른 어떤 사태들보다 더 좋다.

 어떤 행위가 본래적 가치를 갖는다는 것을 결과론자들이 인정하는 경우라 하더라도, 그들은 (1) 형태의 진술로부터 (2) 형태의 진

---

16) B. Williams, "A Critique of Utilitarianism", *Utilitarianism for and against*(Cambridge University Press, 1973), pp.87~88.

술이 도출된다고 생각한다. 반면, 비결과론자(non-consequentialist) 들은 (1)과 (2) 간에 어떤 논리적인 관계가 있다고 생각하지 않는 다.[17]

만약 (3)이 이런 경우에서 결과주의에도 해당되는 것이라면, 비 결과론자들은 (3)을 (1)에 의해 함축되는 것으로 여길 것인가? 만 약 그렇다면 결과론자와 비결과론자는 구별되지 않겠지만 실제로 그렇지는 않다. 왜냐하면 첫째, 결과론자들은 그가 (3)을 인정하기 때문에만 (1)을 인정하는 반면, 비결과론자들은 비록 그들이 (1)을 인정하는 경우라 하더라도 (3)을 인정할 수 있어야 할 필요가 없는 것이다. 예를 들어, 비결과론자가 약속을 이행하는 것과 같은 옳은 행위에 관여할 때, 아마도 그는 도덕적인 관점에서 사태를 비교할 아무런 일반적인 방법을 갖고 있지 않을 것이다.

## 2) 도덕판단의 관점: 이상적 관망자의 관점

공리주의가 사태의 본래적 가치를 평가하거나 도덕적 행위를 선 택하는 판단의 관점은 어디인가? 그것은 이상적 관망자의 관점이 다.[18] 도덕판단은 개인의 기호나 감정표현과 같이 주관적인 것이 어서는 안 되며 객관적이어야 하는데, 사태에 대한 객관적 평가를 위해서는 주관적이거나 편파적이지 않은 객관적인 위치에 서야 한 다는 것이다. 즉 도덕판단의 지점은 모두에게 공평무사한 관점이

---

17) B. Williams(1973), pp.87~89.
18) Roderick Firth, "Ethical Absolutism and the Ideal Observer", *Reading in Ethical Theory*, eds. Wilfrid Sellars and John Hospers(Englewood Cliffs, New Jersey: Prentice-Hall, Inc.), p.217.

어야 한다는 것이다. 이들은 도덕판단을 위해 판단자에게 칸트와 같은 선험적 이성의 관점에 설 것을 요구하지는 않지만, 마치 각인의 이해가 첨예하게 갈등하는 문제의 상황에서 공정한 판정을 해야 하는 법관에게 요구되는 것과 같은 종류의 공평무사한 관점에 설 것을 요구한다고 볼 수 있다.

이상적 관망자의 관점에서 바라본 공리주의의 가치는, 칸트의 도덕적 가치와는 달리, 욕구를 만족시키고자 하는 주관적 경향성에서부터 비롯된 것으로서 정감적인 것이다. 이러한 각자의 정감적이고 주관적인 만족의 객관적 가치는 각인(各人)의 만족을 공감할 수 있고 그 만족의 가치를 공평하게 비교 평가할 수 있는 이상적인 관망자에 의해 결정된다. 이상적 관망자의 조건은 동정심 — 흄의 설명에 따르면 그것은 문자 그대로 다른 사람이 느끼리라 생각되는 만족과 쾌락이 우리 자신의 경험 가운데 재현된 것 — 이 강해야 한다는 것이다. 이것은 칸트적인 요구와는 매우 다른 것이다.

칸트의 도덕성은 선험적 이성의 영역이었기 때문에 도덕적 관점에서 정감적인 것들, 동정심까지도 철저히 배제해야 했던 반면, 공리주의는 이러한 정감의 공감이 요구되는 것이다. 자신의 욕구를 전혀 갖지 않는 사람이라면 타인의 욕구와 열망을 이해할 수 없을 것이다. 그래서 증진시켜야 할 가치 있는 것이 무엇인지도 알 수 없을 것이다. 따라서 공리주의에서 도덕적 관망자는 자신의 욕구와 경향성과 열망 등을 일차적으로 가져야 한다. 그리고 그 다음에는 일차적인 자신의 욕구에 의해 방해받음 없이 자신의 욕구와 타인의 욕구를 동등하게 취급해야 한다. 이것이 바로 공리주의가 받아들이는 공평성이다. 이것은 단지 어떤 규칙을 똑같은 상황에서 똑같이 적용해야 한다는 것을 의미하는 칸트적인 규칙 적용의 공평성이 아니라, 자신의 욕구와 타인의 욕구를 제 3의 공평무사한 관점에서 비교해야 한다는 의미의 공평성이다.

칸트의 형식적 도덕법칙이 선험적 이성의 관점에서 인식되었던 반면, 공리주의의 원칙은 공감적 관망자의 공평무사한 관점에서 인식되는 것이다. 항상 도덕적 관점에 서서 행할 것을 선택하고 가능한 한 그것을 수행하는 자를 도덕적인 사람이라고 할 때, 수잔 울프(Susan Wolf)가 말하듯이, 칸트의 도덕적 인간은 순수 이성적 전망에서 실천적 문제를 바라보는 순수 이성인이었던 반면, 공리주의적 그것은 개인 자신의 관점을 초월한 '자비의 성인'이라고 볼 수 있다.[19] 칸트의 도덕세계에 경험적 존재로서의 인간이 거주하지 않았던 데 비해, 공리주의 도덕세계에는 자신을 최소한 자신에게 특별한 존재로 배려하고자 하는 개인적 자아들은 거주할 수 없게 된다.

이제 공리주의에서 "어떤 것이 옳다"는 것은 다음과 같이 재진술될 수 있다. "이상적 관망자의 관점에서 볼 때 사태 P는 그가 이루어낼 수 있는 어떤 다른 가능한 사태들보다 더 좋다." 이런 옳음의 개념이 어떤 실천적 의미를 지니는지를 보자.

### 3) 결과주의적 도덕원칙과 도덕적 소외

어떤 사람이 공리주의의 옳음 개념에 부합한다고 판단한 행위를 한다고 해보자. 그는 도덕적으로 옳은 행위를 한 것인가? 그가 행

---

19) Susan Wolf(1982), p.424.

한 행위가 옳은 행위인지 여부는 그 행위가 어떤 인과적 그물들을 짜내느냐에 달려 있다. 그가 어떤 행위를 의도했었는가는 그 행위를 평가하는 데 하등 고려의 대상이 되지 못한다. 그의 행위는 '행위'로서가 아니라 인과적 세계의 계기적 사태로서 의미를 가지며 그 사태의 결과로서 평가되고 있는 것이다. 과연 이 평가는 질문자의 행위에 대한 평가인가? 그가 선택한 것은 그 행위였을 뿐이며 그 행위가 실제로 결과한 사태가 아니었다. 그가 그 행위를 선택할 때 그 행위의 결과까지도 선택했다 하더라도, 그가 선택한 결과는 그가 목표로 한 예상했던 바의 결과였지 그의 의도나 의지와는 상관없는 실제의 인과적 결과는 아니었다. 이는 행위자가 어떤 이유에서 그런 행위를 했는가가 도덕적 대상이 아니라, 행위자의 제어(control) 범위를 벗어난 요인에 의해 이루어진 결과를 도덕의 대상으로 삼는 것으로, 이것 또한 공리주의가 개입하는 도덕운의 문제이다.

이 문제와 관련하여 공리주의를 분석, 비판하는 윌리엄스는 "공리주의 비판"에서 "공리주의가 상식적으로 인정되는 가치들인 정의 및 자기성실성 등과 불편한 관계에 있다"[20]고 말한다.

공리주의적 행위자가 무슨 계획(project)을 할 수 있겠는가? 공리주의자로서 그는 최대한의 바람직한 결과를 산출할 일반적 계획을 세운다. 그리고 주어진 어떤 순간에 이 계획을 어떻게 그가 해내는가는 그 순간의 인과적 지렛대가 무엇인가의 문제이다. 그러나 그 바람직한 결과는 행위자가 그 계획을 수행함으로써 이루어지는 것도 아니다. 그나 다른 행위자들이 갖고 있는 보다 더 기

---

20) B. Williams(1973), p.82.

본적이거나 하위의 계획들이 있어야 하고, 그 바람직한 결과는 부분적인 그런 계획들의 최대의 조화로운 실현으로 이루어지게 될 것이다.[21]

인간으로서의 내가 무엇을 해야 하는가의 물음과 어떤 인과적 결과로서의 사태를 목적으로 하는 행위를 해야 한다는 대답 사이에는 서로 맞물리지 않는 부분이 있다. 이런 류의 도덕적 명령 또는 권고는 실질적으로 행위를 선택하기 위한 지침으로서 기능할 수 없다. 인식의 한계상, 이 명령에 부합하는 행위가 어떤 것인지 나는 알 수가 없다. 뿐만 아니라, 본래 이 물음은 그런 종류의 대답을 구하는 물음이 아니었다. 무엇을 **해야** 하는가를 물을 때 내가 묻는 필연성은 내가 참여해야 할 나의 의지의 필연성이었지 외부적인 인과적 필연성이 아니었다. 인과적 필연성이 아닌 도덕적 필연성을 물었던 물음이었다. 도덕성을 인과적 성질에로 환원시킴으로써 얻어진 명령은 실천적 목적 하에서의 조건적 명령 이상의 의미를 지니지 못하기 때문에 본래 물음에 대한 대답이라고 할 수 없다.

행위자로서 내가 무엇을 해야 하는가를 숙고해서 선택한다고 할 때, 나는 어떤 결과만을 선택하는 것은 아니다. 오히려 **어떤 방식으로** 그 결과를 이룰 것인지를 선택한다. 어떤 경우에는 결과보다는 삶의 한 방식을 선택하는 것으로서 행위를 선택한다. 즉 행위는 단지 결과를 위한 수단이라기보다 행위자의 삶의 방식의 구체적 구현물로서 의미를 갖는다. 아리스토텔레스가 지적했듯이, "행위 자체가 궁극적 가치이다."[22] 이는 행위의 평가가 그 행위의 결과

---

21) B. Williams(1973), p.110.

를 대상으로 한다면, 그것은 행위를 단지 수단적 가치를 지닌 것으로 이해하는 것으로서, 행위에 대한 올바른 이해라고 할 수 없다. 달리 표현하자면, 이런 인과적 차원의 의미를 갖는 행동을 항상 내 의지에 대한 명령으로서 부여할 것을 고집하는 도덕체계에서는, 결과적으로 내가 도덕적 주체일 수 없게 될 것이다.23) 윌리엄스는 이것을 '도덕적 소외'라고 표현한다.24)

공리주의적 옳음이 행위자의 소외를 요구하도록 만드는 근본적인 이유는 공리주의 이론이 취하는 몰개인적 관점의 측면과 관련하여 관찰되어야 한다. 공리주의는 도덕적 관점은 공평성을 갖는

---

22) Aristotle, *The Nichomachian Ethics*, trans. David Ross(Oxford University Press, 1984), 1140b. 이하 이 책은 NE로 표기한다.

23) 그린(Green)이 말하고 있듯이, 공리주의 안에서 인과적 법칙의 지배로부터 자유한 자율적 선택을 할 수 있는 자로서의 행위 주체 개념이 없다. 결과된 사태가 도덕적 의미를 결정하는 공리주의적 결과주의 아래에서, 행위란 사태를 생산하는 것으로 그 의미를 가지면, 행위자는 그런 행위를 하는 일종의 수단일 뿐이다. cf. Geoffrey Thomas, *The Moral Philosophy of T. H. Green*(Oxford: Clarendon Press, 1987), pp.28~33, pp.235~236.

24) 그는 이를 다음과 같이 말하고 있다. "아주 깊은 차원에서 그 자신이 진지하게 취한 계획과 태도에서 우러나온 그의 행위, 그의 삶의 내용으로서의 그의 행위와 그가 동일시된다는 점이 중요하다. 자신의 계획과 결정 및 인식은 제쳐놓고 공리적인 계산이 요구하는 결정만을 따라야 하는 그런 사람이 되어야 한다는 것은, 총합이 타인의 계획에 의해 부분적으로 결정되는 공리성의 그물에서 나올 때, 어리석은 일이다. 이것은 그의 행위로부터 그리고 그의 행위의 원천인 그 자신의 신념으로부터 그를 진정한 의미에서 소외시키는 것이다. 이것은 그를, 그 자신의 것을 포함해서, 모든 사람의 계획들이라는 입력과 낙관적 결정이라는 출력으로 이루어진 일종의 회로이도록 만드는 것이다. 그리고 이는, 그의 행위와 그의 결정은 그를 아주 근사하게 동일시해 주는 계획과 태도에서 우러나온 것으로서 이해되어야 한다는 점을 무시하는 것이다." B. Williams(1973), pp.116~117.

지점이어야 한다는 상식적 관념에 기초한다. 도덕적인 가치가 개인적인 관점에서 평가된다면, 그것은 객관적인 평가일 수 없다고 보는 것이다. 나의 개인적 관점에서의 사태의 평가와 다른 어떤 개인적 관점에서의 평가가 서로 다르다면, 그러한 평가의 관점은 주관적인 것으로서 옳고 그름의 객관성을 보장할 수 없다는 것이다. 따라서 도덕적 관점은 이미 앞에서 본 것처럼 이상적 관망자의 관점으로서, 그러한 개인성을 초월하는 지점, 자신과 각 개인을 동일한 하나로 볼 수 있는 공평한 지점, 탈개인적인 지점이어야 한다는 것이다. 여기에서 공리주의는 **극단적인 공정성**을 재현한다. 이런 극단적 공정성이 바로 공리주의를 다른 이론들보다 더 진지하고 이타적으로 고양된 자비로운 도덕적 입장을 표현하고 있는 것으로 오해하게 만드는 원인이라고 볼 수 있다.

칸트에서 예를 들었던 갑씨의 경우를 다시 생각해 보자. 이 상황에서 이상적 관망자는 어떤 방식으로 자신이 해야 할 최선의 행위를 추론할 것인가? 그는 자신이 그의 가족을 구하고자 하는 열망을 타인의 동일한 종류의 열망과 동등하게 고려해야 한다. 그리고 그러한 열망의 만족을 최대화해 줄 선택을 해야 한다. 이것은 그러한 열망을 가장 많이 받고 있는 자, 예컨대 가족이 없는 자보다는 가족이 있는 자를, 그리고 가족이 적은 자보다는 가족이 많은 자를, 또는 여러 사람들에게 필요한 사람을 기왕이면 구해야 한다는 것을 의미한다. 이것이 과연 가치의 공평한 고려인가?

이것이 진정 올바른 도덕적 태도인가? 이들의 도덕에서 요구하는 공평성은 무엇을 위한 공평성인가? 공리주의는 행위의 옳고 그름을 모든 개인적 관점으로부터 중립적인 기준인 **모든 사람의 복지 증진의 최대화라는 기준**에 의해 평가하기 때문에 개인의 복지나 이익, 더 나아가서는 도덕적 자율권에 의해 표상되는 개인의 인격의 존엄한 가치마저 그 앞에서 무시될 수 있을 뿐 아니라 무시되어야 한다. "내가 도덕적으로 무엇을 해야 하는가?"를 결정하는 상황에서 공리주의는 어떤 종류의 행위자 자신의 관점 개입도 허용하지 않는 것이다.

공리적인 가치 계산에서 행위자 자신의 복지가 다른 이들의 복지와 달리 취급되어야 할 이유가 없다. "모든 이는 하나로 계산될 뿐, 어느 누구도 그 이상으로 간주되지 않는다." 공리적 관점에서 모든 이들의 복지는 똑같은 가치를 갖는 것이다. 이러한 극단적인 평등주의가 도덕적 결정의 과정에서 행위자에게 몰개인적인 관점을 요구한다.

몰개인적인 도덕 관점은 행위자로 하여금 그 자신의 복지에 대해 냉정한 태도를 취할 것을 요구한다. 그 자신에 대한 특별한 배려는 허용되지 않는다. 행위자는 그 자신의 계획들, 즉 그 자신의 삶의 의미나 목적에 대한 결단으로부터 내려진 기획들을 타인의 그것들과 같은 것으로 취급해야 한다. 칸트가 도덕적 관점을 경험적 존재로서의 행위자 관점을 초월한 순수 실천 이성적 존재로서의 관점을 취함으로써 몰개인적 관점의 도덕적 전망을 고수했던 반면, 공리주의는 주관적 가치의 관점을 초월한 객관적 가치의 관점 아니면 지극히 제한된 상호주관적 관점만을 도덕적 관점으로 삼고 있는 것이다. 여기에서 '지극히 제한된'이라는 의미는 공리주의가 고통과 쾌락과 같은 상호주관적 성질만을 가치의 객관적 담지물로 보고 인격이 자존감이라든지 인격의 자율적 의지와 같은 좀더 고차적인 상호주관적 현상들을 가치의 담지물로 보지 않았다는 뜻이다. 이런 점에서 그들이 인정했던 고통과 쾌락마저 그 공통의 경험 주체인 개인들이 제거된 추상적인 것이 되어버린다.25) 이 것은 공리주의가 몰개인적인 공평성을 요구하고 있다고 말할 수 있다. 공평성이 도덕의 주요 특징이란 점을 부인할 수 없지만, 그렇다고 공리주의자들이 요구하는 정도의 엄격한 공평성일 필요는 없어 보인다.

이 때문에, 파이퍼가 정리하고 있듯이, 공리주의는 행위자를 삼중으로 그 자신의 행위로부터 소외시키는 도덕적 구조라고 비판받는 것이다. 즉, 행위를 결정할 때 행위자 자신의 관점으로부터 떠날 것을 요구함으로써 발생하는 '도덕적 행위 선택에 있어서의 행위자 소외', 행위의 결과로써 행위의 도덕성을 판결하는 데서 초래되는 '도덕적 평가나 책임으로부터의 행위자 소외', 그리고 자신을 일부라고 할 수 있는 가까운 인간관계들로부터 소외시킨다는 것이다.26)

이러한 공리주의의 몰개인적 관점이 실제의 상황에서 엄청난 비극을 초래할 수 있음을 우리는 토마스 네이글(Thomas Nagel)의

---

25) 공리주의자들이 인간의 본성에 대한 이해로부터 도덕적 가치를 이끌어내고자 했던 출발 자체는 칸트적인 형식성을 극복한 것이라고 평가할 수 있다. 그런데 그들은 도덕적 원칙을 구체적인 인간이 욕구하는 가치있는 것들을 극대화하는 것이라고 규정함으로써 가치의 극대화를 위해 개개인의 욕구를 무시해도 좋다고 하게 된 것이다. 가치는 사실상 개별적인 특정 인간이 욕구하는 바와 별개일 수 없음에도 불구하고, 설정된 가치는 공리주의에서 이제 구체적인 개인의 욕구를 지배하는 그 자체의 독립적인 권위를 갖는 어떤 것이 되어버린 것이다.

26) Adrian M. S. Piper, "Moral Theory and Moral Alianation", *The Journal of Philosophy*, 1987, p.103. 이 논문은 이런 소외 문제를 들어 공리주의를 비판하는 입장들이 공리주의 이론 자체에 대한 비판이 될 수 없다는 주장을 담고 있다.

"전쟁과 학살"이라는 논문에서 충분히 확인할 수 있을 것이다.27) 예컨대 다음과 같은 상황을 가상해 보자.

중요한 정보를 갖고 있는 적군의 장교를 포로로 잡았다고 하자. 그 정보는 여러 아군의 생명과 무고한 시민들의 생명이 달려 있는 것이라고 해보자. 그러나 그는 어떤 위협과 회유에도 그 정보를 자백하지 않는다고 해보자. 이때 그로 하여금 입을 열게 하기 위해 그의 어린 딸을 잡아와서 그의 앞에서 고문하는 것은 정당한가? 공리적인 관점에서 보면, 그렇게 함으로써 여러 사람의 생명을 구할 수 있다면, 그 고문은 허용될 수 있는지 여부가 문제되는 것이 아니라 오히려 그 고문은 행해져야(ought) 한다. 즉 이때 그러한 고문을 하지 않는 것을 옳지 않다고 말하는 것이다. 이러한 공리주의 논리가 확대될 때 절대적으로 금지되어야 할 종류의 행위도 없고, 도덕이란 이름으로 행위자에게 요구하지 못할 것도 없게 될 것이다.

이것은 공리주의의 지나친 강요성(demandingness)을 드러내 준다. 우리는 일반적으로 도덕이 우리에게 요구할 수 있는 것에는 어떤 한계가 있어야 한다고 느껴왔다. 그리고 그 한계는 구체적인 상황에서 행위자의 판단의 자율성을 확보해 주는 최소한의 경계 앞에서 그어져야 한다고 생각한다. 위와 같은 상황에서의 고문은 분명 공리적 계산상 합리적인 것일 것이다. 상식적으로도 그 고문을 비난할 수 없을지 모른다. 그러나 그렇다고 하더라도 도덕이 우리에게 그 아이를 고문하라고 요구할 수는 없어야 할 것이다.

---

27) Thomas Nagel, "War and Massacre", *Mortal Questions*(Cambridge University Press, 1979), pp.53~74.

이제 우리는 본래의 문제로 돌아가 보자. 그 문제란 **도덕적 소외**의 문제와 도덕원칙에 따르며 사는 삶이 과연 **좋은 삶**인지를 묻는 것이었다. 이제 그 대답은 부정적인 것으로 드러났다. 그리고 그 문제의 원인은 도덕적 가치를 무엇에서 찾았느냐에 있었다기보다, **몰개인적인 공평성**을 도덕의 본질로 삼는 그들의 도덕관념에 있었다고 해야 할 것이다.

왜 우리는 도덕의 이름으로 명령되는 그들 요구를 부당하다고 여기는가? 그것은 몰개인적 가치의 극대화를 위해 행위자의 삶의 가치들을 무시하고 있기 때문이다. 그렇다면 도덕이론은 몰개인적 가치의 극대화와 상관없이 인정되어야 할 삶의 기본적 가치들이 있다는 것으로부터 출발해야 할 것이다. 또한 이런 삶의 가치들은 선험적인 실천 이성에 의해 인식될 수 있는 가치들도 아니기 때문에 도덕적 탐구는 보편적으로 인식되는 도덕법칙과 상관없이 인정되어야 할 개인적인 삶의 이유들이 있음을 받아들이는 데서부터 출발해야 할 것이다.

순수 이성적이라는 의미이든 몰개인성을 의미하는 공평성이든 간에 도덕은 공평성을 전제하며, 도덕원칙이 실천적으로 항상 가장 중요한 원칙이라는 근대 도덕이론들의 믿음과 공평성보다 더 중요한 행위의 규범이 있다는 믿음들 간의 논쟁이 새로운 것은 아니다. 베커(L. C. Becker)가 지적했듯이,[28] 대화편 『유티프론』에서 소크라테스가 젊은 유티프론이 자신의 아버지를 살인자로 법정에 고소하려는 것에 대해 놀라움을 표시하는 데서 이미 이 논쟁은 사

---

28) Lawrence C. Becker, "Impartiality and Ethical Theory", *Ethics*, vol. 101, no. 4, July 1991, p.698.

사되고 있다고 할 수 있다. 이 문맥은 도덕원칙의 적용이 본질적으로 사회적 통념과 분리될 수 없는 인습적인 것(conventional)이라는 입장에 서는 소크라테스와, 도덕은 본질적으로 그 원칙의 공평한 적용을 전제한다는 젊은 유티프론 입장 간 대비를 보여주는 것이다. 동시에 이는 공평성을 도덕의 가장 기본적 조건으로 보는 유티프론과 공평성보다 더 도덕에 본질적인 제한을 가하는 요소들 — 이 예에서 보여지는 아버지와 아들의 혈연관계 — 이 있다는 소크라테스의 입장 차이를 보여준다.

베커는 이런 논쟁들의 복잡한 양상을 대략 세 가지 큰 흐름으로 정리하고 있다. 첫째, '도덕의 기본적인 조건으로서의 공평성'과 개인은 본질적으로 천부적인 권리(duty-free resourse)와 자유를 갖는다는 '자유주의적인 도덕적 삶의 개념' 간의 논쟁이 있다. 둘째, 이 문제는 도덕적 숙고, 도덕판단, 도덕적 관점의 본질과 관련하여 나타나는데, 도덕적 숙고가 우리 자신의 것이 아닌 관점을 채택할 것을 요구한다는 주장과 이런 주장이 수많은 문제를 갖는 — 초능력적인 공적을 요구할 뿐 아니라 탈개인화되고 소외된 의식의 형태를 조성한다는 문제를 갖는 — 것이라는 비판 간의 논쟁이 있다. 셋째, 아리스토텔레스적인 인간 선에 대한 개념이나 도덕적 덕, 좋은 삶과 마찬가지로 가까운 개인적인 관계와 공평성은 양립하기 어렵다는 문제이다. 이 글에서는 두 번째와 세 번째 문제들이 주로 다루어진 셈이다.

근대 및 그 전통을 잇는 근대 윤리학에서 간과되어 온 편파성의 도덕적 의미에 대해서는 최근 관계적 맥락의 윤리적 중요성을 인식하는 여성주의 입장에서 본격적 논의를 전개하고 있으며, 일반 윤리학자들 사이에서도 최근 연구 주제로 탐구되고 있다. 이들의 입장의 스펙트럼은 상당히 넓어 도덕적 행위자의 주체를 개인주의적 원자로 보는 자유지상주의적 입장에서부터 사회적으로 구현된 주체로 보는 공동체주의 입장에 이르기까지 다양하다. 도덕성과 편파성의 관계에 대한 좀더 자세한 논의는 뒤에 가서 다루게 될 것이다.

## 2 장

# 삶과 실천적 사유방법

1980년대 이후 서구 윤리학 논의의 두드러지는 특징을 어떤 이들은 '아리스토텔레스 윤리학의 부활'이란 말로 표현하곤 한다. 그것은 칸트 이후 계몽주의의 합리적 전통의 주도적 흐름 안에서 숨죽이고 있던 고대적인 논의가 다시 살아났다는 의미일 것이다. 윤리학을 자연과학을 모델로 하는 엄격한 체계화 작업으로 이해했던 근대 윤리학에 대한 반성적 시각을 일깨운 글로 앤스콤의 "근대 도덕 철학"을 꼽을 수 있다.[1] 앤스콤(G. E. Anscombe)은 이 글에서 자연과학적 체계를 모델로 하는 근대 윤리학은 자연히 원칙 중

---

1) G. E. Anscombe, "Modern Moral Philosophy", *Collected Philosophical Papers*, vol. III(University of Minnesota Press, 1981), pp.26~42.

심적인 구조를 취하게 된다는 점을 지적한다. 이런 원칙 중심적 체계 안에서 도덕원리는 보편성과 필연성을 확보하기 위해 형식적인 것이 되게 된다는 것이다. 형식적 도덕원리의 확립은, 애초 기대했던 것과는 달리, 구체적인 도덕판단의 시비를 가려줄 수 있는 실천적인 역할을 보장하지 못함은 물론, 원리를 구체적으로 상황에 적용시켜 올바른 실천적 결론을 연역해 낼 수 있으리라는 합리적 전통의 믿음이 실은 허구적 이상일 뿐이었음을 드러냈다고 평가한다.

그녀는 원칙 중심적 입장으로부터 덕 중심으로의 윤리학적 전환의 필요성을 지적한다. 그녀가 이런 전환이 필요하다고 보는 까닭 역시, 앞장에서 살펴보았던 바와 같은, 근대적 합리성에 기초한 논의들에 대한 비판적 인식으로부터 출발하고 있다. 그녀가 전환의 방향으로 설정하고 있는 덕 중심 윤리학이란, 사실 상당한 유산을 갖고 있다는 점에서 그 출발이 불안한 것만은 아니다. 그 유산은 다름 아닌 아리스토텔레스로까지 거슬러 올라간 긴 역사를 갖고 있는 것으로서, 덕 중심 윤리의 부활을 주장하는 철학자들은 그들이 근대 윤리학의 문제를 상당 부분 해결해 줄 입장이라는 기대를 갖고 있는 것이다.

흥미롭게도 앤스콤이 제안하고 있는 덕 윤리의 실천적 방법론은 여성주의자들이 선호하고 있는 방법론과도 상당히 유사하다. '달리 있을 수 있는 것'에 관여하는 실천적 학문으로 윤리학의 성격을 파악하는 아리스토텔레스는 구체적이고 개별적인 것들에 대한 지식을 실천적 인식의 출발점으로 삼는다는 점에서 형식 세계 대신 경험 세계 속에서 윤리학을 세우고 있으며, 이는 근대 도덕철학자들과 대조되는 점이다.[2]

그는 윤리적 진리는 주어진 상황에 대한 파악으로부터 **중용점**을 찾는 것이라고 이해한다. 즉 도덕적 진리란 구체적인 상황 속에서 발견되는 개별적 판단의 문제인 것이다. 이렇게 되면, 윤리적 진리란 구체적인 삶의 맥락을 떠나서는 이해될 수 없는 것이다. 존재의 진리를 탐구하는 자는 기계적 이성이 탁월하면 되지만, 윤리적 진리는 풍부한 삶의 경험 없이 얻을 수 없다. 연륜이 깊은 이들의 지혜가 요구되는 것도 이 때문이다.

이곳에서 윤리학은 세계에 적용될, 이 세계의 여건과 독립해서 성립하는, 원리의 발견을 목표하지 않는다. 오히려 자신이 처해 있는 상황 속에서 무엇이 최선으로 보이는가를 통해 실천적 진리를 인식한다. 실천적 진리란 외부로부터 내부에(from the outside-in) 적용될 진리가 아니라, 내부로부터 외부로(from the inside-out) 향하는 진리인 것이다.3) 따라서 이런 진리를 탐구하는 윤리학은 추상적 논의, 반성적 논의에만 매달려 있을 수 없다. 오히려 구체적으로 우리가 무엇을 삶 속에서 중요하다고 생각하는지 우리의 경험이 무엇을 원하는지, 더 나아가서 구체적인 상황 속에서 우리가 무엇을 도덕적이라고 여기며 반응하는지가 논의의 주제가 된다.

구체적 상황 속에서의 판단을 중심으로 하는 윤리학은 도덕성에 배어 있는 구체적 요소들과 그 상황에 반응하는 인간의 합리 외적 요소들에 배타적이지 않다는 점에서 근대 윤리학과 구별된다. 이론적-법 판결적 모델로서의 윤리이론이 아니라, 맥락-발견적 모델로서의 윤리를 전개시키고 있는 것이다. 이것은 윤리적 사유를 어떤 상황에도 적용될 수 있는 참된 도덕적 진리(법률)를 확보하고

---

2) 아리스토텔레스(최명관 역), 『니코마코스 윤리학』, 제6권(서광사).

3) 이 용어는 맥도웰(John McDowell)의 것이다. cf. John McDowell, "Virtue and Reason", *The Monist*, 62, p.330.

그 진리를 개별 상황에 적용하는 방식(판결), 즉 위로부터의 사유 (top-down reasoning)로 보는 것이 아니라, 그 반대로 아래로부터 사유(bottom-up reasoning)가 진행되는 것으로 보는 입장이다. 이 때 행위자는 그가 속해 있는 공동체 속에서 그 공동체를 구성하고 있는 실행들에 참여함으로써 그 공동체 성원들과 함께 어떤 삶이 살 만한 가치가 있는 것인지, 어떤 것이 추구할 만한 가치로운 것 인지 등등에 대한 이해를 공유하고 있는 이들로 상정된다. 그리고 행위자는 그 실행의 맥락 속에서 주어진 사태들의 의미를 파악하 며, 그 의미 위에서 공유하고 있는 도덕 규범과 원칙들을 인식하고 실천한다.

이 장은 근대 원칙 중심적 윤리이론에 대해 제기되었던 비판점 들, 즉 몰개인주의가 결과하는 실천적 맥락 무시의 문제, 공평성의 원칙에 따르는 도덕적 소외의 문제, 도덕지상주의가 갖는 지나친 요구의 문제 등등이 덕 윤리의 모델을 통해 극복될 수 있을지를 타진해 보는 부분이다. 이를 위해 먼저, 행위의 선택 모델로서 근 대의 공평성 원칙에 기초한 인식 이론적 모델 대신 실존적 모델을 대안으로 살펴보게 될 것이다. 이것은 자연스럽게 행위에 대한 평 가 모델은 그 행위에 대한 행위자의 의도를 밝혀주는 일인칭적 기 술을 중요하게 고려해야 한다는 주장으로 연결되며, 이어서 이 주 장을 아리스토텔레스의 실천적 사유 모델인 숙고(deliberation)에 적용하여 해석해 볼 것이다. 이것은 존재에 대한 이론적 사유와 달 리, 가변적 상황 속에서 이루어지는 실천적 사유가 왜 원칙 중심의 위로부터의 사유가 아니라 판단 중심의 아래로부터의 사유가 되어 야 하는지를 분석적으로 밝혀줄 수 있을 것이다.

## 1. 개인적 도덕성과 도덕원칙

### 1) 공평성의 원칙과 실존적 모델

몰개인적 관점을 도덕적 관점으로 삼아야 한다는 생각은 "도덕 원칙이 실천원칙과 구분되는 점은 그것의 공평성과 보편성에 있다"는 매우 견고하게 구축된(entrenched) 관념에 근거하고 있음을 앞장에서 살펴보았다. 이러한 관념에서 공평성이란 도덕행위의 실행(practice)에서 주체와 객체의 상호교환 가능성을 요구한다. 도덕적 관점에서 어느 누구도 특별한 위치를 갖지 않는다. 왜냐하면 도덕적 규칙은 모든 경우들에 보편적으로 적용되어야 하기 때문이다. 여기에서 보편성과 공평성의 관계를 분명히 할 필요가 있다.

도덕규칙의 보편화 가능성의 조건은 두 가지로 분석할 수 있다. 하나는 논리적 조건으로서의 그것이고 또 다른 하나는 도덕적 조건으로서의 보편화 가능성 조건이다. 논리적 의미의 보편화 가능성 조건은 일관성의 조건이다. 즉 도덕규칙은 비슷한(relevant) 모든 경우들에 똑같이 적용되어야 한다는 조건이다. 이것은 바로 헤어(R. M. Hare)가 도덕언어 '당위'(ought)의 분석을 통해 내린 보편화 가능성의 원리이다.4) 그러나 로크(D. Locke)가 지적했듯이, 논리적 의미의 보편화 가능성 조건에 의해서는 도덕규칙이 무도덕적(non-moral) 규칙들로부터 특별히 구분되지 않는다.5) 어떤 종류

---

4) R. M. Hare, "Universal Prescriptivism"(reprinted from *Freedom and Reason*), *Readings in Ethical Theory*, 2nd edition, eds. Wilfrid Sellars and John Hospers(Prentice Hall, Inc., 1970), pp.501~516.

5) Don Locke, "The Trivializability of Universalizability", *Readings in*

의 규칙이건 모든 규칙은 적어도 비슷한 모든 경우들에 똑같이 적용될 수 있어야 할 것이기 때문이다. 그러므로 이런 의미의 보편화 가능성 요구는 도덕규칙만이 갖는 특징이 아니라 일반적 규칙이 따라야 할 것이다. 따라서 그것은 도덕적 판단이나 도덕적 행위의 원리가 만족시켜야 할 상위의 조건 또는 메타 윤리적 조건이라 할 수 있다. 반면, 보편화 가능성의 도덕적 의미는 특별한 이해관계의 배제, 모든 도덕 행위자들에 대한 평등한 대우, 차별 금지를 함축하는 공평성의 요구이다. 이것이 도덕적 규범으로서의 보편화 가능성 요구이다.

그러나 공평성의 조건이 도덕적인 규칙이라면 반드시 만족시켜야 할 필요조건이란 생각은 정확한 것인가? 이 공평성이 몰개인성을 전제하는 것이라면, 그러한 생각은 잘못이다. 왜냐하면 이러한 생각은 도덕성의 근본적인 측면들을 이루는 다른 부분들에는 적용될 수 없기 때문이다. 도덕성이 공평성이라는 본질적 특성을 갖는다고 이해하는 도덕관이 사회적 존재로서의 인간이 지켜야 할 의무, 책임, 옳음 등에 대한 이해를 제공함은 부정할 수 없다. 그러나 도덕성은 단지 사회적 차원의 공평성에 의해 포괄될 수 없는 인격, 성품, 덕, 개인적인 삶의 차원의 문제와 관련을 갖는다는 것 역시 부인할 수 없다. 다시 말해서 도덕성은 내가 사회를 위해 무엇을 해야 하는가, 무엇을 하는 것이 사회적 정의를 이루는 것인가, 무엇이 인간이 해야 할 의무인가의 문제뿐만이 아니라 "나는 어떻게 살아야 하는가"라는 질문과 적절한 연관이 있어야 한다. 예컨대,

---

*Ethical Theory*, pp.517~528(also in *The Philosophical Review*, LXXVIII, Jan. 1968, pp.25~44).

어떤 삶을 선택할 것인가는 일반적이라기보다는 개인이 지향하는 가치와의 관계 속에서 찾아져야 할 차원의 질문이다. 구체적인 개체의 삶을 의미 있게 하는 것들이 모든 사람들의 삶의 원칙으로 보편화 가능하다는 의미의 강한 공평성의 조건을 만족시켜야 할 필요는 없다.

이렇게 볼 때, 몰개인적 관점을 취하는 근대 도덕이론들이 도덕성의 본질에 대한 이해에 있어 지나치게 사회적 공평성에 편중했다는 비판은 적절하다. 도덕은 모든 이에게 적용할 수 있는 당위만을 요구하는 것이 아니라 개인의 좋은 삶을 위한 선택이기도 한 것이다. 분명히 몰개인적 공평성을 도덕원칙의 필요조건으로 삼는 근대 도덕이론들은 도덕성의 일면만을 강조하는 오류를 범하고 있는 셈이다. 칸트의 입장이 도덕성을 지나치게 객관화시키려 한 경우라면, 공리주의의 입장은 도덕성을 지나치게 사회화한 경우이다. 앞장에서 언급했듯이, 이들의 지나친 객관화와 사회화는 도덕성을 일반적이고 엄밀한 체계로 이론화하고자 하는 의도에서 비롯된 것이다. 그것은 결과적으로 도덕규칙의 관념을 지나치게 단순화하고 일반화함으로써, 다시 말해 현실 속의 인간 행위가 놓여 있는 다양한 맥락을 제거함으로써 실질적인 도덕적 경험들을 소외시키는 데로 이어졌던 것이다.

공평성의 원칙과 개인적인 (삶의) 원칙들 간의 대비는 행위자 모델의 차이에서 좀더 확연히 드러난다. 공평성의 관점에서 원칙을 선택하는 행위자는 칸트의 정언 명령 "목적의 왕국의 입법자로서 행위하라"와 벤담의 『도덕과 입법의 원리』에서도 확인되듯이 법률 제정자와 동일시된다. 반면, 개인적 관점에서 행위 원칙을 선택하는 행위자의 모델은 실존적인 모델이다. 컥스(John Kekes)가

지적한 바와 같이,

　　고전적 도덕 이론가들은 자주 도덕성을 삶의 예술(art)이라고
이야기하곤 했다. … 개인적 도덕성은 예술가의 창작물과 비슷하
다. 즉 창조된 것이 바로 그 자신이다. 도덕적 삶은 그 자신이 상
상적으로 이해한 이상적 관념(conception)을 실현하고자 하는 시
도이며, 자신의 이상이 요청하는 종류의 인격(person)으로 자신을
만들어가려는 시도이다. … 예술가가 그의 소재에다 하나의 비전
을 새겨 넣듯이 그렇게 도덕적 행위자는 그 자신에게 좋은 삶의
비전을 부과한다(impose). 그리고 예술가의 비전이 그가 그의 문
화와 전통으로부터 전수받은 것과 그가 창조적으로 그 자신에게
기여한 것과의 결합물인 것과 마찬가지로, 좋은 삶의 이상은 문화
와 전통 및 개인이, 그에게 주어진 재능과 환경 속에서, 만들어낸
것과의 혼합물이다.6)

실존적인 도덕의 관점에 볼 때, 공평한 관점만을 허용하는 도덕
이론이 얼마나 편협한 도덕관을 표현하고 있는지는 부연할 필요가
없다. 문제는 그 이론이 행위자에게 도덕적 처방을 해줄 수 없다거
나 도덕적 명령을 내릴 수 없다는 데 있는 것이 아니다. 심각성은
실제로 그들 공평성의 처방이나 명령이 처방으로서의 기능을 전혀
할 수 없는 개인적 행위자의 실천적 상황이 있다는 점 자체를 간
과하고 있다는 데 있다. 그들은 그 같은 상황에서 절규하는 행위자
의 물음이 무엇을 묻고 있는지 그 의미조차 파악할 수 없는 체계
인 것이다.

---

　6) John Kekes, "Morality and Impartiality", *American Philosophical Quar-
　　terly*, vol. 18, no. 4, 1981, p.298.

개인의 특정한 조건들을 고려하지 않고는 이해될 수 없는 도덕적 영역이 있다는 것을 인정하는 것이 무엇보다 중요하다. 물론 그 영역에서도 옳고 그름의 술어가 의미 있게 사용될 수는 있다. 만약 개인적인 차원에서 이해되어야 할 의미의 영역에 도덕적 술어가 적용될 수 없다고 한다면, 그것은 도덕적 주관주의 내지 도덕적 상대주의의 길로 빠지게 될 것이다.[7] 그렇기에 우리는 다음 물음에 대해 답을 찾아야 한다. "공평성의 관점에서 주어지는 도덕적 원칙이 적용될 수 없는 개인적 실천적 영역이 있다면, 그 영역에 해당하는 선택이나 행위의 도덕적 의미는 어떤 차원에서 이해되어야 하는가?"

이 물음은 뒤에 가서 자세히 다뤄지겠지만 우선 다음 한 가지만 생각해 보자. "보편화 가능한 도덕원칙의 적용이 부적절한 경우의 도덕적 의미는 어떤 점에서 찾을 수 있는가"라는 질문이 그것이다. 이에 대한 나의 대답은 비교적 간단하다. "이들 개인적인 판단이나 선택들 역시 도덕적인 개념들을 사용하여 평가할 수 있다. 단, 그 평가는 그 개인의 비전이 무엇인가에 대한 이해 없이는 내려질 수 없다"는 것이다. 그것은 또 다른 차원에서 요구되는 공정성일지 모른다. 그의 비전에 대한 선이해 위에서 비로소 판단의 대상이 되고 있는 행위가 어떤 의미의 행위인지를 제대로 분별할 수 있기 때문이다. 몰개인적 관점에서도 이런 선이해의 필요성을 긍정할

---

7) 이 경우 행위의 옳고 그름에 대한 판단 내지 지식보다는 그 행위의 실존적 의미를 이해하는 것이 더 중요하다고 말할 수 있다. 단, 실존적 의미 이해가 중요하다는 점을 인정한다는 것이 곧 개인적 결단 차원의 선택이나 행위에 도덕적 판단을 하는 것이 불가능하다거나 무의미하다는 것을 의미하는 것이 아님은 분명하다. 따라서 여기에서는 인식론적 관점에서 초점을 맞추어 논의를 진행하고자 한다.

수는 있다. 그러나 그들은 그 비전 역시 몰개인적 관점에서 보편화
할 수 있는 것으로 제한하리라는 점에서 그런 제한을 지나친 것이
라 보는 나의 입장과는 거리가 있다.

개인적 차원에서 선택하는 원칙을 도덕적이게 하는 특징에 대해
좀더 자세히 살펴보자. 그 특징은 그 개인과 그 원칙 간의 관계에
서 발견되는 내적 정합성에서 찾아져야 한다는 것이 나의 입장이
다. 행위를 선택한 개인은 이미 그 나름의 가치관과 기질, 성품 등
에 의해 기술될 수 있는 정체성을 갖는 개체 인격(person)일 것이
다.

예를 들어, 그는 가능한 여러 선택지들을 고려하면서 숙고할 것
이다. 그리고 숙고의 과정에서 그는 여러 원칙적인 이유들 역시 고
려하게 될 것이다. 그리고 그가 가장 중요하게 여기는 것에 근거해
서 그의 선택은 결정될 것이다. 이때 왜 그 이유가 중요하다고 할
수 있는 것인지에 대한 정당화를 그에게 요구할 수 있을 것이다.
그는 자신이 왜 그 원칙에 결단하게 되었는지를 자신의 숙고의 과
정을 이야기함으로써 대답할 수 있을 것이다. 그러면 또다시 그 숙
고의 정당성에 대한 정당화 요구를 요구하게 될지 모른다. 그러나
분명한 것은 이러한 정당화가 무한히 계속될 수 없다는 사실이다.

어느 지점에서 우리는 더 이상 정당화가 필요 없는 최종 이유에
도달하게 될 것이다. 즉, "왜 그 이유 때문인가?"라는 질문에 굳이
대답해야 한다면, "그것이 바로 나이기 때문이다"라는 말 이외에
다른 대답을 찾을 수 없는 지점이다. 이 지점에서의 이유 주장은
"나는 내 삶의 목적을 선택하는 가치 주체이다"를 선언함으로써
정당성을 갖는 것이다.[8] 이때 그 이유는 더 이상 정당화의 대상이
아니다. 단지 그 이유의 주장은 "나는 그 이유를 지각하지 않을 수

없었음"을 의미하는 불가피성으로 이해되어야 한다. 이와 같은, 그 원칙과 그와의 관계에서 보여지는 불가피성이 그 원칙을 다른 종류의 원칙들과 구분시켜 주며, 그가 그 원칙에 따르는 것을 허용하게 해준다고 할 수 있다. 물론 이 주장은 삶의 원칙을 선택할 수 있는 합리적인 인격을 전제하는 우리의 맥락에서 이해되어야 한다. 만약 그것이 전제되지 않는다면, 이 주장은 합당하지 않을 것이다.

불가피한 것으로 지각되는 것이 도덕적인 이유일 수 있기 위해서, 헤어가 생각했던 것처럼, 반드시 보편화 가능성의 조건을 만족시켜야 하는 것 같지는 않다. 다른 사람들 역시 자신과 같은 상황에서 그 이유에 그와 같은 중요성을 부여해야 한다고 믿지 않으면서도, 그 이유를 다른 어떤 이유들보다 중요하게 지각할 수 있다. 그리고 진지하게 그 지각에 의해 어떤 행위를 했다면, 그 행위를 누구도 부도덕한 것으로 판결할 수 없을 것이기 때문이다.

이상의 입장은 몰개인적 도덕성과 달리, '도덕성의 우선성 조건'을 만족시키는 데서 무리가 없다. '도덕성의 우선성 조건'이란 실천적 사고에서 도덕적 이유가 가장 중요하게 고려되어야 한다는 요구이다. 비록 어떤 행위를 해야 할 다른 좋은 이유가 있다 하더라도 그것이 부도덕한 것이라면 그 행위는 하지 않아야 한다는 우리의 상식적 생각을 반영한 것이다. 예컨대, 거짓말이 나의 명예와 부를 지켜줄 수 있는 경우라 하더라도 그것이 부도덕한 것이기 때문에 해서는 안 된다는 것이 그것이다. 이것이 소위 도덕성의 형식적 조건으로 간주되는 '우선성'(overridingness)이다.

---

8) cf. Dennis W. Stampe, "The Authority of Desire", *The Philosophical Review*, XCVI, no. 3, July 1987, pp.335~381.

실천적 사고가 행위 또는 행위의 의도 결정을 그 결론으로 하는 추론이라고 형식화해 놓고 본다면, '우선성'이 실천적 영역에서 실질적으로 의미하는 바는 행위의 선택에 있어 인격적인 행위자에게 우선적 동기를 제공하는 이유라는 뜻으로 해석된다. 주어진 어떤 이유가 다른 이유들에 대해 우선하는지 여부는 그것이 그 행위자에게 가장 강한 동기를 제공하는지 여부로 판단할 수밖에 달리 다른 기준이 없다. 그리고 이때 '가장 강한 행위의 동기'란 불가피한 이유로 행위자가 그것을 인식하는 데에서 수반되는 동기이다. 불가피한 이유의 인식에 수반하는 동기라는 점에서 그것은, 외견상 동일해 보이는, 순간적인 충동적이고 무반성적인 동기와는 구별된다.

몰개인적 관점의 도덕이론들이 (그들이 요구했던) 도덕성의 우선성 조건을 만족시키기 어려운 이유는 그들의 도덕원칙은 합리적인 개인 행위자가 그것에 항상 최우선성을 자발적으로 부여하기에는 맹목적이고 지나친 것이었기 때문이다. 이것 역시, 보편적이거나 일반적 관점에서 정당화되는 원칙에만 관심을 집중한 나머지, 현실의 구체적 상황과 상호작용하는 개체 인격의 동기나 동기 구조 등을 충분히 검토하지 못한 결과라 할 것이다. 이들은 우선성의 원칙과 개인 현실과의 거리를 메우기 위해 그들은 도덕지상주의(Moralism)를 주장하게 되는 것이다. 왜 도덕이 다른 이유들보다 중요한 이유인가에 대한 설득력 있는 해명을 하는 것이 아니라, 도덕지상주의 논제에 호소하는 것이다. 이런 까닭에, 그들의 이론 안에서 도덕적 동기의 문제는 항상 부차적이고 주변적인 것으로 취급되었고, 그 해결도 기껏해야 인간 행위의 이중적 동기 구조를 위계적으로 상정함으로써 확보해 내거나(칸트) 외부적인 제재에 의한 강요가 아니면 학습이나 세뇌에 의한 조작적인 방식(공리주의)을 통해서 확보할 수밖에 없었다.

합리적 행위자에게서 행위 구속의 정당성을 인정받지 못할 원칙을 제시하는 도덕이론은, 그들이 주장하듯이 단지 이론 외적인 실패가 아니라 이론 자체의 실패라고 할 수 있지 않을까? 왜냐하면, 그들이 도덕의 형식적 조건으로 삼는 우선성의 조건을 스스로 확보할 수 없지 않은가? 나는 이러한 실패의 근본 원인을 그들이 도덕성과 삶의 가치를 연결시키지 못한 데서 찾는다. 그들의 도덕원칙(또는 도덕적 기준)에 의해서는 가치 있는 삶이 무엇인지를 설명하는 데 실패했기 때문에 윤리이론으로서 역시 실패한 것이다. 이것을 스토커(Michael Stocker)는 다음과 같이 적고 있다.

> 근대 도덕이론들은, 아주 드문 예외의 경우를 제외하고는, 오직 이유나 가치 및 그 정당화만을 다루어왔다. 이들은 동기 및 동기의 구조 그리고 윤리적 삶의 제한 조건들을 검토하는 데 실패했다. … 통합된 방식으로 선을 이루는 것을 불가능하게 만듦으로써 그들은 윤리이론으로서 실패작이다. … 좋은 삶의 한 표지는 그의 동기와 그의 이유 또는 가치들 간의 조화이다. 어떤 이가 자신이 가치를 두는 것 — 즉 좋다거나 옳다고 믿는 것 — 으로 인해 움직여지지 않는다면, 그것은 영혼의 질병을 의미한다. 마찬가지로 그를 움직이게 하는 것에 그 자신이 가치를 두지 않는다면, 그것 역시 병적인 징후이다. 이를 '도덕적 분열증'이라 한다. 이유와 동기 간의 분열증은 보통 의지박약, 우유부단, 죄책감, 회한, 자기-기만, 합리화, 자신에 대한 분노 등의 경우에서 관찰된다. … 이러한 통합성 없이 어떻게 인간의 삶이 좋거나 나쁘거나 할 수 있는지 상상하기조차 어렵다.[9]

개인적 관점을 수용하는 도덕이론은 도덕성의 행위자 자발적 구속력을 자연스럽게 확보할 것이다. 그가 자신의 삶의 비전으로 결단한 원칙은 그 자신의 자발성으로부터 출발한 것이기 때문이다.

단지 어떤 사람의 행위나 삶이 외부적으로 주어지는 의무 원칙이나 기준에 비추어 올바른 것이었는지가 결정되는 것이 아니라, 인격적 존재로서 그 자신이 가치를 두는 것에 얼마나 충실했는가 또는 그 자신이 충실했던 가치에 그 자신이 얼마나 가치를 두었는가가 중요하다. 이것이 바로 좋은 삶을 의미하는 도덕적 성실성(integrity)이 될 것이다.10)

## 2) 도덕원칙과 삶의 가치

앞절에서 우리는 몰개인적인 관점에서 인정되는 원칙만이 '도덕성'을 구성하는 의미의 전부라고 해야 할 근거가 없음을 논의하였다. 그런 종류의 당위 원칙 또는 의무 기준이 도덕성의 전부라고 상정할 때, 그것은 행위자의 관점을 지나치게 무시하게 되고, 행위자를 소외시키는 결과를 낳게 되는 것이다. 더 나아가서 그것은 우리의 도덕적 삶을 구성하고 있는 행위, 동기, 삶, 성품 등등의 도덕

---

9) Michael Stocker, "Schizophrenia of modern ethical theory", *The Journal of Philosophy*, vol. 73, no. 14, 1976, p.453.

10) 의무나 원칙 중심적 논의에서 최근의 개인의 권리에 대한 논의로의 이러한 전환을 베리(Brian Berry)는 쿤의 패러다임 전환이 영미 도덕 및 정치 철학자들의 글 속에서 일어나고 있는 것이라고 말한다. Brian Berry, "Review of Charles Fried's Right and Wrong", *Yale Law Journal*, vol. 89, 1979; Rolf Satorius, "Utilitarianism, Rights, and Duties to Self", *American Philosophical Quarterly*, vol. 22, no. 3, 1985, p.241.

적 가치를 제대로 다룰 수 없는 것이다. 개인적 관점을 중요하게 고려하는 입장이 우리의 도덕적 평가 경험과 부합하는 것임은 다음과 같은 행위 판단에서 두드러진다.

자신의 예술 활동을 위해 그의 가족과 친지들이 살고 있는 조국을 떠나 타히티 섬으로 간 고갱의 경우를 보자. 우리는 고갱을 부도덕한 사람이라고 말할 것인가? 그가 비록 가족을 위해 지어야 할 의무를 저버리는 행위를 선택했지만 그의 선택을 부도덕한 선택이라고 평가해야 하는가는 도덕적 논의에서 그렇게 확정적인 것 같지 않다.11) 그렇다고 결과론자가 주장하듯, 그의 그러한 선택이 그 선택 때문에 당해야 했던 그의 가족들의 고통의 무게를 능가하는 본래적 가치를 이 세계에 가져왔기 때문에 그가 옳았다고 할 수는 없을 것이다. 만약 그가 옳았다고 하더라도, 그 이유가 그가 할 수 있는 선택의 범위 안에서 본래적 가치의 양을 최대로 증가시켰다는 사실에 있는 것은 아니다. 만약 결과주의자의 주장대로라면, 똑같은 선택을 했지만 고갱과 같은 예술적으로 위대한 작품을 남기지 못하고 결과적으로 이 세상에 불행의 양만 늘린 예술가의 선택은 부도덕하다고 말해야 할 것이다. 이는 동일한 종류의 행위나 선택이 도덕적이기도 하고 부도덕하기도 하다는 모순적인 평가를 인정해야 하는 까닭에, 선택에 대한 평가 체계로서 부적합하다.

---

11) 일반적인 우리의 관행적 도덕원칙에 의하면, 그의 행위는 부도덕한 것이라 평가될 수 있을 것이다. 그러나 윤리학적 논의에서는 그의 선택을 부도덕한 것으로 보지 않는 것 같다. cf. Thomas Nagel, "Moral Luck", *Mortal Questions*(Cambridge University Press, 1979), pp.24~38; Bernard Williams, "Moral Luck", *Moral Luck*(Cambridge University Press, 1981), pp.20~39.

이 간단한 예에서 우리가 주목해야 할 점은 행위의 도덕적 평가에 있어서 그 행위의 기술은 제3자 관점에서의 기술만으로는 부적합하다는 것이다. 그 관점에서는 도대체 그 행위에 대한 여러 기술 중 적합한 기술이 어느 것인지 결정할 수 없다. 예를 들어 고갱의 행위에 대한 기술은 '가족을 떠난 행위', '타히티 섬으로 간 행위', '예술에 전념한 행위' 등등 가능하다. 이들 모두 고갱의 행위에 대한 기술로 틀린 것이 아니지만, 그 행위 기술 각각에 대한 도덕적 판단은 동일하지 않을 것이다. 여기에 어느 기술이 도덕적 평가에 적합한 기술인지를 결정해야 할 필요가 있게 된다. 그러나 이상의 기술 중 어느 것도 행위 기술의 관점으로 다른 것에 대해 우위적 관점이라고 내세울 수 없다. 모두 동등한 제3자의 기술들로 이 중 누구의 관점이 특히 우선하는지를 결정할 만한 차이가 없기 때문이다.

그렇다고 해서 공적인 관점에서 판단된 행위의 가치가 그 행위에 대한 도덕적 평가일 수 있는가? '도덕적 판단의 대상으로서의 행위' 기술의 적합성을 논하기 위해서는 우선 '도덕적 판단의 대상으로서의 행위'가 무엇인지부터 가늠하는 것이 순서이다. 도덕적 판단 대상으로서의 행위란 무엇인가? 그것은 단순한 인과적 사건 대상과 구분되어야 하며, 행위 사건이 인과적 사건과 구분되는 이유는 행위 사건의 원인이 단지 인과적 원인이 아니라는 점에서 찾아져야 한다고 볼 수 있다.[12] 이것은 물론 인과적 원인과 구분되는 원인 개념으로서 행위자 개념을 전제한다. 인과적 원인과 구분

---

12) Davidson Donald, "Agency", *Essays on Actions & Events*(Oxford University Press, 1980), pp.43~62.

되는 원인으로서의 행위자 개념이란 무엇을 의미하는가? 그 핵심은 행위자의 자율성에서 찾아져야 할 것이다. 행위자는 무한한 인과적 계열에 속하는 하나의 고리가 아니라 인과율로부터 자유로운 존재로서 개념화된다.13) 그는 그러한 의미에서만 주체로서의 행위자일 수 있을 것이다. 이상의 논의로부터, 도덕적 평가 대상으로서의 행위를 기술하는 데 있어 그 행위의 의도적 내용이 포함되지 않는 한 그 행위의 기술은 최소한 도덕적 평가 대상으로서의 행위 기술로서는 부적당하다는 결론을 이끌어낼 수 있겠다.

행위자 자신의 관점에서 기술된 행위 기술이란 곧 그 행위의 의도 진술이다. 의도는 일반적으로 욕구와 믿음으로 분석된다.14) 고갱의 경우 예컨대, "좋은 예술작품을 만들고 싶다"는 고갱의 욕구(목적)와 "그 목적을 달성하는 최선의 길은 타히티 섬으로 가는 것이다"는 그의 믿음이 그의 의도적 내용이며, 타히티 섬으로 가게 한 행위의 동기이다. 따라서 도덕적 판단의 대상이 되는 고갱의 행위는 이상의 의도 진술을 내용으로 한 행위 기술이 될 것이다. 즉

---

13) 이런 행위자의 개념화는 궁극적으로 칸트 이후 도덕이론에서 널리 받아들여지는 일반적 전통이라고 할 수 있다. 이 문제와 관련하여, 특히 Richard Taylors는 도덕적 책임의 개념이 행위자 개념과 분리될 수 없는 것임을 보여준다. cf. Richard Taylor, "Action and Responsibility", *Action Theory*, eds. Myles Brand and Douglas Walton(D. Reidel Publishing Company, 1976), pp.293~310.

14) 이러한 의도 분석은 최근 행위 이론에서 가장 일반적인 것이다. 그러나 의도 분석에 대한 논의는 아직 다양하다. 여기에서는 어떤 특정한 의도 분석에 개입할 필요는 없다. 이 논의를 필요한 것은 의도적 내용이 있다는 것만 확인할 수 있으면 충분하다. cf. D. Davidson, "Actions, Reasons and Causes", *Essays on Actions & Events*(Oxford University Press, 1980), pp.3~20.

도덕적 평가의 문맥에서 "훌륭한 예술작품을 만들기 위한 최선의 길을 취함"이 그 행위의 올바른 기술인 것이다.

이상의 논의는 도덕적 판단의 대상이 되는 행위는 사회적인 관점이나 제3자의 관점에서 기술된 행위라기보다는 일차적으로 행위자 자신의 관점에서 기술된, 즉 의도 진술을 포함해야 한다는 것, 그리하여 행위에 대한 도덕 평가가 그것의 공적 의미에 의해 전적으로 결정되어서는 안 되며 그것의 사적인 의도를 충분히 고려하는 선에서 이루어져야 한다는 것을 보여준다. 이로부터 우리는 좀더 진전된 다음의 논의로 나갈 수 있다.

고갱의 경우에 대한 도덕적 평가는 다음과 같이 이해해야 한다. 행위에 대한 더 적절한 기술은 그 행위자의 의도와의 관계 하에서 기술된 것이라는 위의 전제에서 볼 때, 고갱의 행위는 일차적으로 예술에 전념하기 위한 수단으로 취해진 행위이지 그의 가족을 떠날 것을 의도한 행위는 아니다. 물론 그가 직접적으로 의도한 것은 아니라 하더라도 그의 선택의 결과 그의 가족이 버림을 받은 것은 사실이다. 그리고 그 사실의 인과적 원인이 그의 행위인 한, 그의 행위를 평가하는 데 그 결과를 고려하지 않을 수 없다는 주장도 일리가 있다. 그러나 여기에서의 논점은 그 주장이 갖는 일면적인 타당성을 부정하려는 데 있는 것이 아니라, 행위를 도덕적으로 평가할 때 그 행위의 적극적 의도를 보다 더 기본적인 것으로 주목해야 한다는 점을 주장하는 데 있다.

이때 훌륭한 예술작품을 만들고자 하는 그의 욕구 또는 목적은 그에게 있어 아마도 삶을 사는 이유가 되는 그런 목표 또는 가치일 것이다. 그가 그것을 왜 자신의 인생의 목표로 삼았는가에 대한 일반적 관점에서의 정당화나 합리화를 그에게 요구할 수 없다. 이

런 상황에서 가족을 부양할 의무는 초견적 의무(prima facie duty)
일 뿐이다. 즉 그것은 초의무이다.15) 그가 그 자신의 삶의 목적보
다 가족에 대한 의무에 더 충실해야 한다고 할 수 없기 때문이다.
이들 중 어떤 것에 더 충실해야 하는가는 보편화의 문제가 아니라
그의 사적 자율성(private autonomy)의 문제인 것이다. 어떤 의무
의 원리나 기준도 이러한 사적 자율성을 침해할 수 없다고 여겨진
다.16) 다시 말해서 가족에 대한 그의 의무를 위해 그 자신에 대한

---

15) 여기에서 Trianosky의 다음 논의를 참고해 볼 수 있을 것 같다. 공적인 의
   무 판단이 행위의 도덕성을 평가하는 데 부적절한 경우들이 있다. 여기에
   서 의무 판단이란 의무의 원리에 의한 판단을 말한다. 의무의 원리는 의무
   적인 행위를 그것을 수행하는 것이 요구되고 그것을 하지 않음이 금지되
   는 행위로서 규정한다. 그리고 이를 하지 않은 것에 대해서는 당연히 비난
   이 뒤따른다. 하지 않은 것에 대한 변명이 행위자로서의 적절한 반응이 되
   는 행위이다. 이 원리를 적용하여 행위를 평가하는 것이 부적당하게 보이
   는 것은 그 행위가 개인적 선택의 성격이 강한 경우들이다. 예컨대, 삶의
   방식과 연관된 행위의 선택이라든지, 특수한 개인적 관계와 관련된 선택
   이라든지 등등의 경우이다. 이러한 영역은 의무의 영역은 아닌 것 같다.
   이런 경우에 속하는 행위들에 대한 도덕적 평가는 덕의 원리나 기준에 의
   해 내려지는 것이 적당하다. 이것이 초의무적인 평가의 원리이다. 초의무
   적인 행위란 그것의 수행이 권유되긴 하지만 요구되지는 않으며 그것을
   행하지 않음이 금지된다기보다는 허용되는 행위라고 정의된다. 이런 행위
   에 있어 그것을 하지 않음에 대해 비난한다거나 변명하는 것은 부적절하
   다. 이런 종류의 행위에 대한 판단은 '덕의 판단'(aretaic judgement)이라고
   부를 수 있다. cf. G. W. Trianosky, "Supererogation, Wrong doing, and
   Vice: On the Autonomy of the Ethics of Virtue", *The Journal of Philo-
   sophy*, 1966, pp.26~40.
16) 만약 누군가가 이런 사적 자율성이 허용되어야 할 도덕적 이유가 없다고
   주장한다면, 그는 아마도 도덕이 몰개인적인 가치의 극대화나 사회적인
   가치를 위해 개인의 행복이나 개인의 자기성실성을 희생시킬 수 있다는
   도덕관에 개입하고 있어야 한다. 그러나 이것은 지나치게 몰개인적 도덕

의무를 포기하라고 요구할 수 없다. 이때 그가 가족을 위해 자신을 희생하기로 했다면, 그는 의무 이상의 행위를 선택했다고 해야 할 것이다.

이상의 결론은 옳은 행위를 일반적인 관점에서만은 정의할 수 없다는 것이다. 행위의 도덕성은 행위자의 특수성을 고려하는 범위 안에서 판단되어야 하며, 이 같은 이유 때문에 일반적 관점에서 정당화되는 도덕적 기준이나 의무에 의해 구체적인 행위의 도덕성을 평가하려는 시도들은 시정되어야 한다. 이에 따라 다음과 같은 주장을 할 수 있다. 도덕은 인간의 삶과 행위를 평가하고 또 행위의 이유를 제공하는 인간 삶에서 실천적 의미를 가지는 것이라는 사실을 전제할 때, 도덕은 개인적 관점에서 볼 때 타당성이 인정될 수 있는 것이어야 한다. 이것은 도덕이론이 도덕의 본질을 개인적인 가치와 전혀 무관한 것으로서 정의할 수 없다는 것을 함의한다. 사실상 도덕을 개인의 주관적 가치와 전혀 무관한 어떤 것으로 개념화하고자 했던 동기는 칸트의 영향이라고 생각된다.

그리스 사상에서 보여지는 도덕개념은 개인적인 가치와 무관한 것이 아니다. 특히 아리스토텔레스는 합리적 욕구를 갖는 행위자의 행복한 삶을 위해 필요한 덕목들에 의해 도덕이 무엇인가를 구체화한다. 용기, 절제, 관후와 같은 성품의 덕으로서 도덕은 이해된다. 그는 이런 성품의 덕을 갖춘 사람이 도덕적인 사람이며 그는 행복한 삶을 살 수 있다고 믿는다. 다음 절에서 좀더 구체적으로 근대 도덕이론의 지나친 몰개인성을 보완할 수 있는 윤리이론으로

---

개념이라고 보는 것이 이 논문이 취하는 기본 입장이다. 이에 대한 좀더 자세한 논의는 다음 장에서 다룰 것이다.

서 아리스토텔레스의 덕-중심 윤리학이 제 기능을 다할 수 있는지 살펴보도록 하겠다.


## 2. 아리스토텔레스의 실천적 사고

### 1) 판단 중심의 윤리학

근대 도덕이론에 의해 정의된 '규칙 지배적이고 사회-중심적인 도덕성 개념'의 지나친 몰개인성을 시정하는 데 매우 가치 있는 원천을 제공하는 아리스토텔레스의 도덕이론을 살펴보자. 아리스토텔레스의 윤리학과 근대 도덕이론과의 차이는 근본적인 것이다. 이런 차이는 몇 가지의 대비에 의해 드러날 수 있을 것이다. 먼저, 이것은 그들 사이에 보이는 윤리학에 대한 입장의 차이에서부터 짐작할 수 있다. 근대 윤리학자들은, 마치 물리학이나 경험과학이 모든 물리적 현상이나 경험적 현상을 설명해 줄 객관적이고 확실한 물리법칙이나 경험법칙을 발견하여 구체적인 물리학적 판단이나 경험적 판단의 진위를 가리고 그 진리의 객관성을 보장하듯이, 윤리학 역시 구체적인 도덕판단의 진위와 객관성을 근거 지워줄 근본적인 윤리원칙이 무엇인가를 밝히는 학문으로 생각하였다. 반면에 아리스토텔레스는 윤리학의 실천적 목적을 강조하여, 윤리학은 인간 행위의 궁극 목적인 행복을 위한 학문이라고 정의하고 윤리학적 탐구는 인간의 진정한 행복과 그 행복한 삶을 위한 지혜의 본질을 밝히는 데 있다고 여겼다.[17)]
아리스토텔레스는 윤리적 지식을 불변하고 보편적인 대상적 지식으로 생각한 플라톤을 비판하면서 오히려 윤리학은 구체적이고 변화하는 개별 대상의 지각에서 도덕적 진리를 파악하는 학문이라 여긴다. 일반 존재의 학문이 이성에 의해 직관된 존재의 일반 법칙에 의해 개별 대상에 관한 지식을 가질 수 있는 것과는 오히려 반대인 셈이다. 그는 구체적인 행위들에 관한 학문인 윤리학은 변화하는 구체적인 대상에 대한 인식으로부터 출발해야 하며, 따라서 윤리학은 개연적인 학문이라고 주장한다. 윤리학이란 근본적으로 보편적이고 필연적이고 객관적인 법칙에 의해 지배되는 엄밀 과학이 아니라는 것이다. 이것은 수학이나 물리학과 같은 이론 학문을 윤리학의 모범으로 삼았던, 다시 말해서 이론 이성을 실천 이성의 모델로 하고자 했던 도덕이론들과는 매우 다른 전통이라 생각된다.

윤리학에 대한 이들 견해의 차이가 그들의 윤리학적 탐구의 방향에 영향을 미쳤다고 볼 수 있다. 근대 도덕이론들은 구체성이 제거된 일반 법칙으로서의 윤리적 원칙을 발견하는 것이 윤리학의

---

17) 윌리엄스(1983)는 '도덕성'(morality)과 '윤리'(ethics)를 구분해서 사용하고 있다. 그는 '도덕성'은 모든 도덕적 행위에 보편적으로 적용 가능한 도덕적 근본 원리들과 규칙들을 정식화하고자 하는 시도라고 정의한다. 이런 시도는 행위 그 자체 혹은 행위의 결과를 중요하게 취급하면서, 보편적 관점에서 이들 행위나 행위의 결과를 정당해해 줄 원리를 찾고자 하는 것이다. 이런 의미의 도덕성은 플라톤의 주지주의적 전통에서 비롯하는, 정당화를 추구하는 근대 도덕이론 체계들을 가리킨다. 반면 윤리는, 'ethos'에서 기원하는 'ethics'라는 말 자체가 시사하듯이, 행위자의 성품, 혹은 행위자의 인격의 문제를 중심으로 한다. 이때 행위자는 문화적으로 전통적으로 체화된 존재로 취급한다. '윤리'에서 핵심적 개념은 '덕' 혹은 '성품적 탁월성'이며 그것은 개인적 헌신, 신념, 애착 등을 중요한 고려사항으로 삼는다는 점에서, 도덕성보다 훨씬 포괄적인 개념이다. 그러나 이 책에서는 이들 개념을 구분하여 사용하고자 하였으나, 그 구분을 엄격히 고수하지는 않고 통상적 용례에 곳에 따라서는 같은 의미로 사용하였다.

목적인 것처럼 여긴 나머지, 구체적인 도덕판단에 대한 탐구를 부수적인 문제쯤으로 여기는 것이다. 로렌스 불룸(Lawrence Blum)이 지적하고 있듯이,[18] '원칙 중심적인 전통'(principle-based traditions)은 일반적으로 구체적인 상황에서의 도덕판단이 갖는 특수한 측면들을 지나쳐버리거나 미처 인식하지도 못했던 것이다. 그리하여 그들의 이론들은 (1) 규칙이나 원리들을 어떻게 적용할 것인가의 문제와 (2) 주어진 상황의 모습을 도덕적으로 의미 있는 모습으로 인식하는 문제들을 다루지 않고 있는 것이다.[19]

이에 반해 아리스토텔레스는 오히려 구체적인 도덕판단들의 그 특수성(particularity)을 일차적인 중요성을 갖는 것으로 강조한다. 소위 '판단 중심적 윤리학'인 것이다. 행위가 발생하는 구체적인 맥

---

18) Lawrence Blum, "Moral perception and Particularity", *Ethics*, vol. 101, no. 4, July 1991, pp.701~725.

19) 라모어(Charles Lamore)가 지적하고 있듯이, 근대의 원칙 중심적인 도덕이론들이 도덕판단의 문제를 전혀 다루지 않았던 것은 아니다. 칸트 역시 규칙과 구체적인 상황 사이를 연결해 줄 어떤 것이 필요하다는 것을 인식했으며 이를 '판단력'이라 부르고 있는 것이다. "판단은 규칙 하에 소환하는 (subsuming)하는 능력이다. 즉 어떤 것이 주어진 규칙 하에 들어오는 것인지 아닌지를 분별하는 능력인 것이다. … 이해력이 특출한 사람이라도 천부적인 판단력을 원할 수 있다. 그는 추상적인 보편성을 파악할 수 있지만, 아직 구체적인 이 경우가 그 밑에 들어오는 것인지 여부를 분별할 수 없을 수 있는 것이다."(Immanuel Kant, *Critique of Pure Reason*, trans. L. W. Beck(New York: St. Martin's Press, 1965), p.177: A133~A134) 그러나 분명한 것은 칸트가 이러한 능력에 관한 문제를 윤리학의 주요 탐구주제로 삼지 않았다는 것이다. 그는 "판단력이란 훈련될(practiced) 수 있는 독특한 재능이지, 결코 가르쳐질 수 있는 것이 아니"라 보며, 윤리학은 이런 훈련의 문제를 다루지 않는다고 보기 때문이다. cf. Charles Larmore, *Pattern of Moral Complexity*(Cambridge University Press, 1987), ch.2.

락 속에서 그 행위의 특수한 의미를 파악하는 과정과 함께, 그리고 그 과정을 통해 원리에 대한 이해를 가질 수 있는 것이지, 칸트가 생각하듯이 행위의 보편적 원리를 직관한 다음 그 원리를 구체적인 판단에 응용하는 것이 아니라는 것이다. 이에 따라 아리스토텔레스 윤리학에서 강조되는 실천 이성의 능력은 보편적으로 성립하는 (도덕)법칙을 직관하는 능력이 아니라 구체적인 상황의 도덕적 의미를 직관하는 이성이며, 또한 올바르게 (실천) 추론하는 이성이다. 즉, 개연적인 대상을 실천적인 목적과의 관계 속에서 파악하고 해야 할 행위를 올바로 추론하여 선택하는 이성인 것이다. 이제 윤리학은 올바른 실천 목적에 대한 탐구로부터 시작해서 그 목적을 달성하는 올바른 실천 추론에 관해 탐구를 하는 학문이 된다. 이것은 실천적인 선택의 문제나 실천 추론이 윤리학의 본질과는 거리가 있다고 여겼던 칸트적 도덕이론들과도 좋은 대조를 이룬다.

이상의 견해를 바탕으로 그는 도덕적인 사람이 갖추어야 할 지적인 능력을 숙고적 탁월성이라고 여기고 있다. 다음에서 도덕적인 사람이 필수적으로 갖추어야 할 숙고의 탁월성을 이해하기 위해 먼저 숙고(deliberation)가 무엇인지를 살펴보도록 하겠다.

## 2) 실천적 사고: 숙고

### (1) 상황 파악(aisthēsis)

인간을 포함해서 동물들을 움직이게 하는 것은 무엇일까? 아리스토텔레스에 따르면,[20] 운동은 감각 지각(sense perception)을 갖

---

20) Aristotle, *De Anima*, 특히 414, 427~434.

춘 동물에서만 일어나지만 그렇다고 감각 지각이 운동 발생에 충분한 것은 아니다. 운동은 상상력을 필요로 한다. 상상은 영혼의 한 부분으로 감정(emotion)을 일으키며, 주어진 대상을 즐거운 것이나 고통스러운 것으로 지각할 것을 요구한다. 그러한 지각이 있을 때 운동 역시 일어난다. 동물을 움직이는 것은 욕구(orexis)의 기능이다. 욕구는 목적하는 대상을 가지며, 그 대상은 좋거나 나쁜 것으로 지각된 어떤 것이다. 그런데 상상이 잘못된 것일 수 있기 때문에 욕구는 잘못을 범할 수 있다. 따라서 욕구의 목적 즉 욕구의 대상은 진정 좋은 것이거나 좋아 보일 뿐인 것이거나 둘 중 하나이다. 욕구의 기본적인 단계에서는 숙고적 요소는 없다. 따라서 아리스토텔레스에 따르면, 행위의 가장 원초적인 형태는 현존하는 대상이 즐거운 것으로나 고통스런 것으로 단지 지각되었기 때문에 일어난 행위이다. 행위에 대한 설명을 요청한다면 그 행위자가 자신의 현존하는 욕구를 언급하여 설명하게 될 행위가 바로 이런 행위의 종류에 해당할 것이다.

그러나 모든 행위가 위의 기본적인 구조에 의해 설명되는 것은 아니다. 이 점을 인정하는 아리스토텔레스는 운동에는 욕구 이외에 또 하나의 원천 곧 이성(nous)이 있다고 말한다. 이는 움직이게 하는 것은 욕구의 기능이라고 했던 그의 앞에서의 말과 맞지 않는 것처럼 보인다. 그러나 아리스토텔레스는, 이미 언급한, 무합리적 욕구와 합리적인 욕구의 구분에 의해 이를 해결한다. 즉 계산적인 상상의 과정을 포함한 합리적 욕구에 의해 일어난 행위가 있다는 것이다. 이러한 계산적 상상에 의거한 합리적 욕구는 본능적 욕구와는 달리 현존하는 대상이 아니라 미래의 것을 그 욕구의 대상으로 한다. 그렇지만 단지 미래의 대상을 즐겁거나 고통스런 것으로 상상하는 것만으로 사람이 그러한 욕구에 의해 행동하게 되지는 않는다. 만약 미래의 어떤 고통이 자신의 능력으로 피할 수 없는 것이라면, 그는 그 고통을 피하기 위해 어떤 행위를 하고자 하지 않을 것이다. 이 때문에 그 대상은 행위에 의해 얻어지거나 피할 수 있는 것이어야 한다. 이것이 의미하는 바는 합리적 욕구로부터 출발하는 행위는 숙고의 과정을 갖는다는 것이다. 숙고는 행위에 의해 이루어질 수 있는 수단들에 관한 것이기 때문이다. 여러 가지 가능한 수단들이 있다면, 숙고는 그 중 어떤 것이 가장 최선의 것인지를 결정한다(NE, 1112b). 그러한 욕구로부터 행위하기 위해 마지막으로 요구되는 조건은, 행위자가 그 목적하는 대상을 얻거나 피하기 위한 수단을 지금 쓸 수 있다는 사실을 깨달아야 한다는 것이다. 이것은 또 무엇을 의미하는가? 이는 그러한 행위는 상황에 대한 지각을 필요로 한다는 의미이다. 수단이 지금 강구될 수 있느냐 없느냐는 현재 상황에 대한 지각의 문제이기 때문이다(NE, 1113a).[21]

합리적 행위는 숙고한 선택과 상황에 대한 구체적 지각을 요구하는 것이다. 이 상황에 대한 지각이 숙고의 출발이 될 것이다. 실천적 추론으로서 숙고는 일종의 행위의 결정 과정(decision procedure)이다. 그리고 그 숙고는 구체적인 상황 안에서 진행되는 실제적인 사고 과정이다. 때문에 숙고의 출발은 구체적 상황 파악으로부터 출발해야 한다.

이론 인식이 제일 원리에 대한 이성의 인식으로부터 출발하여

---

21) 아리스토텔레스의 행위론에 관한 이상의 논의는 Norman Dahl의 *Practical Reason, Aristotle, and Weakness of the Will*(Minneapolis: University of Minnesota Press, 1984)의 내용(pp.25~26)을 참고.

구체적인 경우에 이르는 것과는 역의 방향을 이룬다. 이론 인식의 제일 원리는 증명의 대상일 수 없거니와 이렇게 또는 저렇게의 가능적 고려의 대상일 수 없기 때문에 그것의 파악은 연역적 이성에 의해서도 아니요, 숙고적 이성에 의해서도 아니다. 그것은 직관적 이성(nous)에 의해 파악될 수밖에 없다. 이는 '달리 있을 수 없는' 필연성에 대한 인식이기 때문에, 이 제일 원리는 필연적 보편적 명제이다. 이제 이 제일 원리는 학적 증명의 대전제로서, 설명되어야 할 구체적인 대상이나 사건을 제일 원리에 포섭되는 예화로서 이해하도록 보장한다.

이처럼 이론 이성이 제일 원리에 대한 인식으로부터 출발하여 개별 대상에 대한 학적 인식에 이르게 하는 것과는 대조적으로, 숙고는 직접적이고 구체적인 것에 대한 파악으로부터 출발하여, 그렇게 파악된 대상에 적용될 보편 원리를 찾아내는 순서로 진행된다. 전자가 위로부터의 사유 방식(top-down reasoning)이라면 후자는 아래로부터의 방식(bottom-up reasoning)인 것이다. 실천 이성의 추론적 부분이 숙고이기 때문에, 이론 이성의 연역적 추론 구조와 대비되는 실천 이성의 특징이 곧 숙고의 특징이 된다. 그리고 숙고의 대상이 되는 개별 대상은 필연성의 존재의 대상이 아니라, 이렇게도 저렇게도 될 수 있는 개연성의 상황이란 점에서 이론 이성이 관계하는 개별 대상과도 구분된다.

개별 존재에 대한 인식은 존재의 제일 원리에 의해 연역적으로 도출되는 인식이라는 점에서, 그 인식의 출발은 제일 원리에 있다. 그러나 실천 이성의 인식은 오히려 개연적인 상황으로서의 대상 파악에 의해 실천적인 의미가 결정된다. 예를 들어보자. 북극성의 움직임에 대한 개념적 이해를 얻을 수 있으려면 북극성의 움직임에 적용되어야 할 천체의 원리가 이미 파악되어 있어야 한다. 즉, 별의 움직임에 관한 천체의 법칙들을 알아야 한다. 반면, 실천의 대상을 이해하는 데 있어서의 상황은 그와 같지 않다. 실천적 맥락에서 대상의 의미는 객관적으로 결정되어 있지 않다. 그 대상을 어떻게 기술하느냐는 행위 주체의 문제의식에 달려 있다. 그리고 그 기술에 따라 그렇게 기술된 대상에 적용되어야 일반 원리나 규칙들이 결정된다. 따라서 천체의 원리에 의해 별의 움직임의 의미가 결정되는 순서와는 반대로, 문제의식을 갖는 행위자의 지각이 그 지각된 대상에 적용될 원리나 규칙을 결정하는 것이다. **도덕판단에 있어 구체적 대상에 대한 지각이 어떤 도덕 규칙이나 규범보다 더 기본적이고 우선적이라는 주장이 여기에 근거를 두고 있는 것이다.** 따라서 실천 인식의 출발은 상황에 대한 개별 인식이다.

## (2) 행위자의 성품

개별 대상의 인식이 일반적 실천적 진리를 드러낸다고 할 때 그것이 무엇을 의미하는지를 다음의 논의를 통해 좀더 자세히 밝혀보자. 여기에서 먼저 숙고의 출발적 제재가 되는 상황에 대한 이해가 숙고의 성격을 이해하는 데 선행되어야 하겠다. 숙고가 발생하는 상황은 전후 맥락을 갖는 특정 상황으로, 그 상황에 대한 반응으로서 "나는 무엇을 할 것인가?"라는 물음을 스스로에게 던지게 되는 상황이라 할 수 있다. 또한 이 상황은 목적이 이미 주어져 있고 그 주어진 목적을 달성시키는 방법만이 문제되는 계산적 상황과 다르다. 이 상황은 위긴스의 표현을 빌리면,

숙고적 상황에서 나는 내가 원하는 것에 대해 지극히 모호한

기술(extremely vague description) — 좋은 삶, 만족스런 직업, 유익한 휴일, 즐거운 밤 — 밖에 할 수 없다는 것이 특징적이다. 그리고, 문제는 이것을 얻는 데 인과적으로 효력 있는 것이 무엇인지를 모른다는 데 있는 것이 아니라, 무엇이 진정 원하는 것을 만족시켜 줄 것에 대한 적합하고 동시에 실제적으로 실현 가능한 내역(specification)으로서의 자격이 있는 것인지를 알지 못한다는 데 있다.[22]

여기에서 위긴스는 많은 숙고들이 주어진 목적에 대한 최선의 수단을 발견하려는 시도가 아니라, 사실은 주어진 상황에서 그 목적의 의미를 가장 잘 구체화하려는 노력임을 말하고 있다.

예를 들어 다음과 같은 경우를 구성해 보자. 건강이 좋지 않은 어떤 사람 '갑'이 백화점에서 친구를 만나기로 했다. 약속시간보다 조금 일찍 약속장소에 나간 갑은 친구를 기다리는 동안 백화점 진열대 위에 놓여 있는 인삼 제품을 보았다. 갑은 인삼이 기력을 보강하는 데 좋은 식품이라는 것을 상기했다. 그는 자신이 기력을 보강해야 할 건강 상태에 있다는 판단 아래 그 인산 제품을 사기로 결정했다.

여기에서 갑은 그 자신의 건강이 문제가 되는 전후 맥락을 갖는 상황에 있었다. 그런 전체적인 배경 위에서 그가 갖게 된 관심의 틀이 있었기 때문에, 그는 백화점에서 친구를 기다린다는 특정 목적을 갖는 상황이었음에도, 그리고 수많은 물품들과 사람들이 볼 만한 여러 가지 것들을 연출하는 가운데서도, 하필 그 인삼 제품을

---

22) David Wiggins, "Deliberation and Practical Reason", *Essays on Aristotle's Ethics*, ed. Amelie O. Rorty(University of California Press, 1980), p.228.

**지각**했던 것이다. 그는 그것을 지각하자 그 구체적 지각 내용에 해당하는 일반 원리를 상기한다. 그리고는 그 일반적 원리와 자신과의 관련성을 도출한다. 그리하여 그 상황에서 그가 행할 것을 결정한다. 이때 그 결정의 내용은 구체적 또는 특수적(particular)이지만(예 : 나는 이에 이 제품을 사기로 한다), 그것은 우연적 성질의 것은 아니다. 물론 건강보다는 타인의 고통에 더 큰 관심을 갖고 있던 '을'이라는 사람이 있었다면, 그는 그 백화점에서 열리고 있던 불우이웃돕기 바자회가 의미 있게 눈에 들어왔을 것이고, 그 지각은 그로 하여금 기부금을 내기 위해 바자회장 쪽으로 발걸음을 옮기게 했을 것이다. 물론 고객이 그 자리에 있었다면 그는 그 상황을 좋은 미술 용품들을 구입할 수 있는 절호의 기회로 파악했으리라 자연스럽게 상상할 수 있다.

이 예에서 우리가 확인할 수 있듯이, 숙고에서 가장 중요한 출발은 구체적 맥락에서의 상황 파악(aisthesis)이라는 점을 유의해야 한다. 맥락 인식이 원칙 인식에 선행하는 것이다. 궁극적으로 도덕 판단은 이 상황 파악에 달려 있는 것이다. 더 나아가서 이 상황 파악은 판단 주체인 행위자의 관심과 별개일 수 없는 하나인 것이다. 그리고 행위자가 그의 일반적 관심이나 삶을 추구하는 그의 방식이나 경향성(이것은 다름 아닌 행위자의 성품인데) 등에 의해 개별화될 수 있다고 볼 때, 그의 판단은 궁극적으로 이것에 의존한다고 볼 수 있는 것이다. 이것이 곧 상황 파악은 행위자의 성품에 의존한다는 말이 뜻하는 것이다.

우리는 여기에서 그 상황에 대한 어떤 지각 능력이 최선의 것인지를 말할 수 있는가? 만약 그럴 수 있다면 그 근거는 무엇이며, 그것은 어떤 기준에 의해 비교될 수 있는가? 우리는 이 물음을 위해 실천적 인식 활동의 본질에 대해 언급할 필요가 있다.

### (3) 실천적 인식 활동의 비형식성

상황 파악은 직관적 파악이다. "이것은 인삼 제품이다"라는 지각적 판단은 논증적 인식도 아니고 보편적 인식도 아니며, 달리 있을 수 있는 것에 대한 판단도 아니라는 점에서 그것은 학적 인식도 이론적 인식도 숙고적 인식도 아니다. 또한 그것은 단순히 육체적 감각도 아니다. 아리스토텔레스는 그것을 "감각적 지각과 구분되는 지각"이라 말한다. "나는 무엇을 할 것인가?"에 대한 대답의 출발적 기초를 마련하는 지각은 이 상황에서 고려해야 할 더 중요한 특징이 무엇인가에 대한 행위자의 실천 인식의 틀을 전제한다는 점에서 감각적 지각과는 분명히 구분된다. 이때, 인식의 틀과 지각 내용 사이에는 내적 연관이 있다. 여기에서 한 가지 중요한 사실이 드러난다. 숙고에 의한 행위의 선택은 숙고자의 사람됨을 드러낸다는 사실이다.[23]

여기에서 전제되는 실천 인식의 틀은 곧 세계를 실천적으로 유의미한 대상으로 파악하는 눈(틀)이다. 이는 스타우트(J. Stout)가 지적하고 있듯이, 칸트의 오성 범주와 같은 보편적이고 불변하는 선험적인 이론 인식의 틀과는 전혀 다른 것이다. 칸트에게 이성 인식이란 현상적 자료에 선험적인 인식 형식이 적용되어 구성되는

---

23) 실제의 실천적 사고에서 실천적 개념의 틀과 지각의 내용은 구분되지 않는다. 다시 말해서 '여기에 인삼이 있음'으로 그 상황의 실천적 의미를 개념화하는 지각과 그렇게 지각하게 하는 개념적 틀은 어떤 것이 원인으로 작용하여 어떤 것을 결과하는 관계라기보다는 그 둘은 동일한 동전의 양면으로 이해하는 것이 옳을 것 같다.

것으로 설명된다. 그의 인식론은 인식의 형식(틀)과 내용 간의 엄격한 구분이 전제되는 것이다. 불변하는 인식의 틀이 흘러가는 잡다한 현상(내용)들에서 의미를 구성하는 구조이다. 이에 반해, 실천 인식의 틀은 삶 속에서 형성되고 변화한다. 다시 말해서, 실천 인식은 형식-내용이 구분되는 인식이 아니라, 기존의 인식이 새로운 상황에 대면해서 자기 수정과 반응을 통해 새로운 인식을 형성하는, 그리하여 인식 자체가 인식의 틀 자체(의 반영)를 구성하는 구조의 인식이다.24)

실천 인식의 틀은 이론 인식의 틀과는 다음과 같은 점에서 상호 구분된다. 이론 인식은 주어진 세계의 이해인 반면, 실천 인식은 있어야 할 세계의 이해와 관계하여 현재를 파악하고 해야 할 것과 하지 말아야 할 것을 결정하는 것이다. 때문에 이론 인식은 최종적으로 판단을 내리지만 실천 인식은 명령을 내린다(NE, 1143a 8~10)

또한 이론 인식의 틀이란 이론적인 특징을 갖는다. 실천적 인식의 틀과 비교되는 이론적 특징이라 함은 체계성과 그 체계의 고정성 또는 안정성을 의미한다. 이에 비해 실천 인식의 틀은 고정되어 있지 않다.25) 우리의 실천적 상황은 고려해야 할 새로운 요소들의 연속적 발생의 진행 속에 놓여 있기 때문에 지금 여기에서 마련한 개념적 틀은 포섭해야 할 대상들의 변화하는 경계를 따라 시간 속

---

24) Jeffrey Stout, *The Flight from Authority ― Religion, Morality, and the Quest for Autonomy*(University of Nortre Dame Press, 1981), ch.12.
25) 바로 이 점이 성품의 변화 가능성을 설명해 준다. 성품이란 행위자의 정체성을 이루는 것으로서 그 자체가 변화하는 것이다. 이것은 성품의 덕으로서 정의되는 도덕적 덕이 훈련과 교육에 의해 형성되는 일종의 습관이라고 보는 아리스토텔레스의 견해와 일관되는 것이다.

에서 계속해서 수정되고 달라진다. 따라서 실천적 개념의 틀은 체계적 완결성을 가질 수 없으며 고정성을 가질 수도 없다. 때문에 이론 인식에 있어서는 상당한 정도로 체계화되고 고정된 개념의 틀에 의해 구체적 대상에 대한 인식이 이루어지는 반면 실천적 인식에 있어서는 그렇지 않다. 그러므로, 실천 인식으로부터 이론 인식이 구분되는 차이점은 그 개별성과 보편성의 차이에 있다.

여기에서 다음과 같은 질문이 자연스럽게 떠오른다. 이처럼 우연성과 개별성을 그 본질로 하는 실천 이성이 과연 보편성을 갖는 윤리학의 기초로서 자격을 가질 수 있겠는가라는 의문이 그것이다. 다시 말해서, 실천적 사고 자체(숙고)가 실제 경험을, 그리고 행위자가 직면하는 상황을 수학적 논리나 학적 인식과 같이 재구성하거나 개괄하여 의미를 제공하지 않는다면, 그리고 하나의 완결되고 일관성 있는 체계를 구성할 수 없다면, 우리는 어떤 의미로 그러한 실천적 고려들을 받아들여야 하는가? 윤리적 판단이나 추론은 그저 행위자의 상황에 따른 우연적이며 임의적인 소견들에 불과한가?

이런 우려는 지나치게 비관적이다. 왜냐하면 이론적 개념 체계와 비교할 때 실천적 인식의 체계가 덜 엄밀하다고 해서 그것이 곧 어떤 질서도 없는 것이라는 극단적 의미로 내달을 필요가 없기 때문이다. 오히려 우리는 이런 특징을 긍정적인 관점에서 보아야 할 것이다. 이에 대해 "우리의 이상과 가치 구조의 비결정적이며 비완결적인 특성이야말로, 한정된 예측과 상상력을 갖고 무규정적이며 무한한 우연의 영역에 직면해야 하는 유한한 존재에게 있어서는, 인간적인 자유와 실천적 합리성 그 자체를 구성한다"[26]고 적극적 주장을 펴는 위긴스에 나는 동의한다. 고정되어 화석화된 지식 체계로서의 인식 윤리학 대신, 살아 진행하는 과정으로서의 실천적 사고의 특징이 자유로운 합리적 행위자의 자율성을 표상하는 것이라고 적극적으로 이해할 수 있다.

이제까지의 논의를 정리하면, 숙고는 도덕적 사고를 포함하는 실천적인 합리적 사고 활동이다. 숙고란 행위자의 상황 파악으로부터 출발하여 그 상황에 알맞은 행위의 원칙을 적용하고, 이로부터 해야 할 행위, 즉 자신의 행복(궁극 목적)을 실현하는 데 가치 있는 행위를 선택 결정하는 사고의 과정으로 서술할 수 있다. 그러나 실천적 사고의 비형식성 때문에, 어떤 주어진 상황에서, 그 상황에서 최선인 숙고가 어떤 것인지를 결정할 **형식적** 기준은 없다.[27] 다시 말해서 인삼을 사기로 한 '갑'의 숙고와 기부금을 내기로 한 '을'의 숙고 중 어떤 숙고가 더 나은 것이라고 말할 수 있는 형식적인 기준은 없다. 건강도 갑의 행복을 위해 가치로운 것이며, 타인에 대한 사랑도 삶의 행복을 위해 마찬가지로 중요한 것이다. 그 상황에서 행복의 구체적인 의미로 이들 중 어느 것을 지각하는 것이 최선인지를 객관적으로 판결해 줄 형식적 기준은 없는 것이다.

---

26) D. Wiggins(1980), p.234.
27) D. Wiggins(1980), p.234. 앤스콤 역시 숙고의 문제를 단순한 추론의 문제로 보는 것은 적합하지 않다고 말한다. 그녀는 아리스토텔레스가 제시한 실천 추론의 예들을 분석하면서 숙고는 논증적인 추론과는 구분되는 비형식적 추론임을 분명히 한다. 형식적인 관점에서 볼 때, 숙고는 사실상 '추론'이 요구하는 형식성을 만족시키기에는 너무 느슨하기 때문이다. cf. G. E. Anscombe, "Thought and Action in Aristotle", *Aristotle's Ethics: Issue and Interpretations*, eds. James J. Walsh and Henry Shapiro (Belmont, California: Wadsworth Publishing Company, Inc., 1967), pp. 56~69.

## 3. 숙고적 객관성 문제

### 1) 숙고적 탁월성

어떤 숙고가 최선의 숙고인지를 판단할 형식적인 기준이 없다고 앞에서 말했다. 그렇다면, 아리스토텔레스가 말하는 "숙고를 잘한다"는 것은 무슨 뜻인가? 숙고의 탁월성은 자신의 목적을 실현시켜 줄 수단을 잘 찾는 능력을 의미하는가? 이것 역시 그럴듯하지 않다. 왜냐하면 이러한 능력 유무만으로는 영리한 자와 실천적 현자(phronomos)를 구분하지 못한다. 따라서 그것은 실천적 현자를 정의하는 특징으로서는 미흡하다.28)

영리함(deinotes)은 자신의 목적을 이루는 것을 행하는 능력이며, 이 능력은 그의 목적을 최대한으로 만족시켜 주는 수단을 발견하는 능력, 즉 탁월한 추론 능력이다. 다시 말해 그가 선택한 수단이 그의 목적하는 바를 달성해 주느냐(참) 못하느냐(거짓)에 따라 그는 영리한 자이거나 아니거나이다. 그렇다고 해서 이런 능력을 소유한 자가 반드시 숙고적 탁월함을 소유하는 것은 아니다. 숙고적 탁월함은 "선한 것에 이르게 하는 올바름"(NE, 1142b)이기 때문이다. 즉 숙고적 탁월성은 목적(선한 것)의 올바름까지도 포함해야 한다. 따라서 영리함이 참에만 관계하는 반면 숙고적 탁월성은 그

---

28) 아리스토텔레스는 숙고의 탁월함을 실천적 지혜자의 기본적 특성으로 보며 더 나아가서 숙고적 탁월함을 실천적 지혜자와 영리한 자를 구분하는 규준으로 사용하고 있다. 그는 다음과 같이 말한다. "도덕적 덕 없이 프로네시스를 가질 수 없고, 프로네시스 없이 도덕적 덕이 있을 수 없다."(NE, 1144b)

것의 개념상 선과 참 둘 다를 만족시켜야 한다.

이 논의에서 보듯, 아리스토텔레스의 숙고적 탁월함은 단순히 수단을 잘 찾는 것만이 아니라 목적(가치)의 올바른 분별력까지 요구함이 분명하다. 즉, 올바른 가치를 추구한다는 것은 실천적 현자를 단지 영리할 뿐인 자와 구분해 주는 기준인 것이다. 이때 올바른 가치란 무엇인가? 아리스토텔레스는 올바른 가치란 행위자의 주관적인 관점에서 좋아 보일 뿐인 가치가 아니라, 인간적인 기능을 잘 실현시켜 주는 즉, 우리의 본성에 좋은 가치라고 생각한다. 행위의 올바른 목적이란 단지 행위자 자신의 관점에서 가치 있어 보이는 것이 아니라 인간의 본성에 비추어 객관적으로 인정되는 것이라는 것이다. 이와 더불어 올바른 목적은 궁극적으로 사회적인 관점에서 인정될 만한 것이다.

아리스토텔레스는 도덕적인 성품을 그 사회적인 관행이나 제도에서 인정하고 있는 행위의 원칙이나 규칙들을 잘 따르며, 개인적인 이익보다 사회적인 이익을 더 중요한 것으로 여기고 이를 행하려는 경향성이라고 본다. 그가 그런 사회적 규범이나 기준이 무엇인가에 대해서 구체적으로 정리하고 있지는 않지만, 그는 '프로노모스'란 자기 이익만을 추구하기보다는 자신의 가족, 이웃, 국가의 이익을 고려하고, 단기적 이익보다는 장기적 이익을 계산할 줄 사는 지혜를 갖추고 있다고 믿는다. 이러한 그의 믿음들은 그가 무엇을 올바른 가치로 여기는지를 말해 준다. 더 나아가서 아리스토텔레스는 누구나 좋은 습관과 많은 경험을 통해 이러한 원칙이 삶의 행복을 위한 최선의 수단이자 그 행복의 본질을 구성한다는 것을 인정할 수 있다고 믿는다.[29]

## 2) 판단 중심 윤리학과 기초주의적 객관성

특정 상황에 대한 정확하고 적합한 평가, 즉 특수자(particular)
에 대한 판단이나 지각은 일반 규칙이나 궁극적 원리를 적용하여
도출되는 것이 아니기 때문에, 무엇보다 중요한 것은 도덕적 판단
능력이다. 그러나 일반 규칙이나 궁극적 원리 없이 상황 파악만으
로 도덕적 판단이 보장되는 것이 아님을 유의해야 한다. 주어진 상

---

29) 때문에 아리스토텔레스는 이성적인 판단력이 아직 없을 유년 시절부터 좋
은 환경과 교육 훈련에 의해 좋은 습관을 형성하고 자신의 이성적 능력이
갖추어졌을 때는 여러 가지 경험들을 통해 판단력을 길러야 한다고 말한
다. 한 가지 분명히 해둘 것은 아리스토텔레스는 욕구(orexis)를 적어도 두
가지로 종류로 구분한다는 것이다. 식욕과 같이 본능적인 동물적인 욕구
(epithumia)와 이성적인 요소를 그 자체 가지고 있어 이성적 원칙에 지배
되고 그에 따를 수 있는 욕구 즉 합리적 욕구(boulesis)가 그것이다. 합리
적 욕구가 실천 이성의 존재 가능성의 기반인 것이다. 아무 것도 욕구하지
않는 데서 실천 판단이란 있을 수 없으며, 본능적인 욕구만이 있는 곳에
올바른 실천 판단이란 불가능하기 때문이다. 따라서 프로노모스가 그의
프로네시스를 발휘하여 어떤 행위를 선택할 때, 그 선택을 가능케 한 그의
욕구는 흄의 이성적 요소를 전혀 배제하는 욕구와는 다르다. 훈육을 통해
형성한 좋은 습관 속에 이미 삶의 원칙으로 정립된 행위의 경향성인 것이
다. 때문에 행위를 설명하는 아리스토텔레스의 욕구 개념은 이성적인 의
미를 부정하지 않는 개념이다. 이 점에서 오히려 그의 욕구는 칸트의 실천
이성과 유사하다. 단 칸트적 실천 이성이 경험적 요소를 전혀 배제하는 선
험적 이성인 데 반해 아리스토텔레스의 그것은 습관과 경험을 통해 획득
된 사회화된 이성이라는 점이 대비된다. 칸트는 실천 이성을 순수 이성적
인(필연성의 인식) 인식에 욕구(준칙)가 따르는 것으로 이해함으로써 실천
이성에 있어 이성이 의지에 우선하지만, 아리스토텔레스의 실천 이성은
프로노모스의 욕구로부터 출발하여 이 욕구를 달성시키는 수단이 추론 결
정되는 것으로 이해함으로써 욕구를 실천 인식에 선행시킨다는 차이를 갖
는다.

황에 대한 파악 자체가 그 상황에 적용되어야 할 규칙이나 원리는 아니기 때문에, 매킨타이어가 옳게 지적하고 있듯이, 도덕판단은 선행하는 원칙이나 규칙을 전제하고 있는 것이다. **올바른** 상황의 지각 능력이란 항상 선행하는 도덕원칙이나 규칙의 인식과의 상호 작용 속에서 발휘된다. 따라서 도덕적인 사람이란 이런 원칙이나 가치를 충분히 자신의 행위의 원칙이나 삶의 목적으로 삼고 상황에 맞게 원리에 부합하는 행위를 선택하고 실천하는 사람이다. 이 같은 내용은 아리스토텔레스의 윤리학에서 그대로 확인할 수 있다.

올바른 도덕적 판단을 하기 위해서는 먼저 도덕 원칙 및 규칙에 대한 인식이 선행해야 한다는 점을 들어, 어떤 이들은 덕 윤리론은 보조적인 이론이지 그 자체가 독립적인 윤리이론이 아니라고 평가하기도 한다. 아리스토텔레스 윤리학은 무엇이 도덕적인 행위이며 어떤 원칙이나 가치가 도덕적인 것인가에 대한 지식을 이미 전제해야 하는 데서 나온 평가이다. 그는 다만 이런 원칙들을 구체적인 상황에서 올바로 사용하기 위해 반드시 필요한 능력을 실천 추론이나 상황 파악의 탁월성을 통해 이해하고 있다는 것이다. 이 같은 체계적 불완전함 때문에 원칙 중심 윤리학자들은 아리스토텔레스와 같은 덕 윤리학은 원칙 중심적인 윤리학의 보완으로서 위치를 가질 뿐이라고 평가받기도 한다. 다시 말해, 그것은 원칙 중심적 윤리학을 대치할 수 있는 것이 못되며, 다만 원칙 중심의 보편 윤리를 적용하는 데서 비롯되는 문제들을 해결할 수 있는 보조적이고 이차적인 논의에 불과하다는 평가이다.

이 같은 평가는 정당한가? 아리스토텔레스 윤리학에로 돌려지는 위의 평가가 정당한 것이라면, 이제 원칙-중심적인 윤리학을 비판하고 판단-중심적인 윤리학을 주장하는 모든 이론은 같은 평가를 수용할 수밖에 없는가? 대답은 '그렇지 않다'는 것이다. 판단 중심적인 윤리학이 그 개념 체계상 원칙 중심적인 윤리학에 의존할 수밖에 없으며, 도덕판단의 객관성은 이런 원칙의 객관성에 의존해야 한다고 말하려면 적어도 그것은 윤리학적 기초주의 인식론이 참임이 선행하여 증명되어야 한다. 만약 도덕판단이 근본 원칙이나 궁극 목적에 의해서 정당화될 때, 그리고 그때에만 정당한 것이라고 보는 기초주의적 윤리관을 거부한다면, 우리는 도덕판단의 정당성 여부를 반드시 원칙 중심적인 윤리학 안에서만 찾을 수 있는 것은 아니기 때문이다. 그러므로 이상의 비판은 윤리적 기초주의를 전제하는 데서 나온 비판일 뿐이다. 그러나 한 가지 분명한 것은 판단 중심 윤리이론이 기초주의에 개입하는 한, 그 이론은 원칙 중심적인 윤리학에 의존해야 한다는 위의 지적을 피할 수 없다는 사실이다.

아리스토텔레스는 가치론적 기초주의자로 해석될 여지를 갖고 있기 때문에 위의 비판은 그에게 해당될 수도 있다. 그는 이성적 존재라는 인간 본성에 대한 기능주의적 정의로부터 시작해서, 이런 인간 본성을 가장 잘 실현시켜 주는 상태, 즉 지적인 명상의 상태를 실천적인 최고 상태로 여긴다. 즉 그는 인간적인 삶의 가치를 객관적으로 등급 매겨줄 인간본성에 대한 형이상학적 전제를 가지고 있었던 것이다. 예컨대, 그는 육체적 쾌락에서 얻는 행복이 최저위의 것이고, 사회적 활동에서 얻는 쾌락은 더 고차적인 행복을 이루며, 최고의 행복은 지적인 명상을 통해 얻어진다고 말한다. 이것은 그가 삶의 가치를 객관적으로 등급 매길 수 있는 일원적인 체계로 이해했음을 반영하는 것이다. 그는 이런 이해 위에서 각자가 목표 삼는 것의 가치를 객관화할 수 있다고 본 것이다. 그 결과, 그는 숙고적인 갈등이나 가치 간의 갈등을 우리의 **무지함**에서 비롯된 것으로 간주하였다. 무엇이 옳은가를 프로네시스의 소유자는 항상 그 상황 속에서 **객관적으로** 결정할 수 있다고 본 것이다.

이렇듯, 기초주의 가치 인식을 상정하는 듯이 보이는 그의 윤리학적 탐구 방식 때문에 그는 앞서 보편 윤리로부터 던져지는 비판을 감수해야만 할지도 모른다. 그렇다 하더라도 아리스토텔레스 자신에게 이것은 별 문제가 아니었을 수도 있다. 왜냐하면 그는 윤리학을 그 자체 독립적인 학문이라기보다는 형이상학적 진리에 의존하는 하위 학문으로 보았기 때문이다.

그렇다면 모든 판단 중심적 윤리학이 반드시 특정한 형이상학에 의해 뒷받침되어야 하는가? 물론 그렇지 않다. 판단 중심적 윤리학은 그 판단을 정당화해 줄 기초로서의 형이상학을 반드시 전제해야 할 필요가 없다. 판단 중심 윤리학과 형이상학적 진리론과는 내재적 관계에 있지 않기 때문이다. 그렇다면 우리는 기초주의적 도덕 인식론이 아니라, 맥락적 도덕 인식론을 생각해 볼 수 있기 때문이다. 윤리학에서 '맥락주의 인식론'이란 "도덕적 믿음의 정당화(contextual justification of the moral beliefs)는 '관련된 여러 가지 무도덕적 사실'들과 '우리들이 이미 믿고 따르는 도덕적 믿음이나 그 맥락에서 문제가 전혀 되지 않는 다른 도덕적 믿음들'에 의거한다"는 입장이다. 기초주의자들은 이것을 인식을 보장하는 진정한 정당화로 인정하지 않는다. 라모어(Charles Larmore)가 지적했듯이 그들의 주된 논변은 다음 두 가지 전제를 가정한다.

(1) 우리가 단지 견고하게 신봉하는 다른 도덕적 믿음들을 언급해서 문맥적으로 그 도덕적 믿음을 정당화한다면, 우리는 그 도덕

적 믿음의 객관성을 보증할 수 없다.

(2) 모든 우리의 도덕적 믿음들이 궁극적인 토대 위에서 정당화될 수 있을 때에만, 그리고 우리의 순화되지 않은 인간성이 어떤 도덕 이상의 목적(extra-moral telos)에 도달할 수 있음을 완전한 체계 안에서 증명할 수 있을 때에만, 우리는 그 도덕적 믿음의 객관성을 보증할 수 있다.[30]

이들은 인식론적 기초주의를 도덕의 영역에까지 확장하고 있는 것이다. 분명한 것은 기초주의적 도덕 인식론을 채택하게 되면, 도덕판단의 객관성을 보장하기 위해 우리가 할 수 있는 방법은 인간 본성에 대한 분석으로부터 이끌어내어진 삶의 최고 가치에 기초하든지(아리스토텔레스), 아니면 그런 삶의 최고 가치를 부정하고 도덕의 자율성을 주장함으로써 삶의 가치와 독립적인 도덕원칙을 인식하는 실천 이성 위에 기초하든지(칸트), 양자택일을 해야 한다는 점이다.

그런데 기초주의를 고수해야 할 불가피한 이유라도 있는가? 우리는 이미 아리스토텔레스의 형이상학적 가치관을 갖고 있지 않으며, 물론 앞장에서 논의했듯이, 구체적인 삶의 가치와 전혀 상관없이 명령되는 **의무를 위한** 의무 수행이 옳다고 생각하지도 않는다. 사정이 이러하다면 오히려 생각을 전환하여 기초주의를 거부하고 도덕판단의 객관성 문제에 맥락주의(contextualism)를 고려해야 하지 않겠는가?

맥락주의란, 앞에서 언급했듯이, 쟁점이 되는 믿음이 그 특정한 쟁점에 의해 도전받지 않는 다른 믿음들에 의해 정당화된다면, 그

---

30) C. Larmore(1987), p.29.

것으로 충분하다고 보는 입장이다. 맥락주의에 대한 오해를 피하기 위해 다음 몇 가지 지적이 필요하다. 첫째, 맥락주의가 믿음들이 주장되고 논박되지 않았다는 이유만으로 그 믿음이 정당화되었다고 주장하는 것은 아니라는 점이다. 단지, 주장되는 믿음들 모두가 정당화되어야 할 대상은 아니라고 주장할 뿐이다. 둘째, 어떤 믿음이 정당화의 대상이 되는 경우는 그 믿음을 우리의 전체 지식 체계에 속하는 것으로 받아들일지 여부가 문제될 때라는 점이다. 일상적으로 통용되는 상식이나 공유된 믿음들은 정당화의 문제를 가져오지 않는다는 말이다. 정리하면, 맥락주의에 있어서 정당화가 문제가 되는 경우는 믿음들에 변화를 주고자 할 때뿐이다.

여기에서 인식론적 논쟁에 더 이상 깊이 개입할 필요는 없어 보인다. 삶의 궁극적 목표에 대한 아리스토텔레스적인 개념이 현재 삶의 상황에서 기능하지 못하는 한, 또한 선에 대한 보편타당한 인식 능력으로서의 칸트적인 실천 이성 역시 실천 인식의 기초가 될 수 없는 한,[31] 실천 인식의 문제에서 인식론적 기초주의를 거부해야 할 이유는 충분하다는 점을 분명히 할 수 있다. 윤리학적 진리 또는 도덕판단의 객관성은 기초주의적 정당화에 의해서가 아니라, 그 판단을 지지해 주는 구체적인 좋은 이유(믿음)들이 있느냐에 의존한다.

이상의 논의는 가치의 형이상학에 의존하지 않은 방식으로 아리스토텔레스적인 판단 중심 윤리학을 발전시켜 볼 필요를 확인시켜 주고 있다. 기초주의적 정당화에 의존하는 인식이 아니라 맥락적

---

31) 칸트의 실천 이성이 실천 인식의 기초가 될 수 없는 이유는, 앞장에서 보았듯이, 그의 이성은 경험적 자아가 배제된 순수 합리적 자아의 인식 능력으로서 이는 실천적 의미를 인식하는 데 부적당하다는 데 있다.

정당화를 도덕적 인식을 보장하는 데 충분한 것으로 보는 입장을 취하는 것이 그것이다. 이것은 확고한 기초 위에 도덕성을 고정된 체계로서 이론화하는 것이 아니라, 주어진 맥락 속에서 행위자가 만들어가는 것으로서 도덕성을 이해하는 방식의 윤리학이다. 그것은 행위자의 상황 파악에서부터 출발하는 판단 중심 윤리학이기도 하다. 이 같은 윤리학적 작업은 행위자의 실제 삶 속에서의 도덕적 경험을 왜곡시키거나 소외시키지 않는 방향을 채택함으로써 근대 도덕이론의 지나친 요구들을 윤리의 이름으로 강요하지 않을 것이다.

맥락주의적 접근을 통해 아리스토텔레스의 덕 윤리학을 새로이 탐색하고 있는 이들로는 비트겐슈타인이나 맥도웰 등을 들 수 있다. 이들은 비트겐슈타인의 영향 아래, 윤리학을 객관화하려는, 윤리적 맥락 바깥에서 윤리적 의미를 찾으려는 시도들의 허망함을 피하고자 한다. 이들은 아리스토텔레스의 형이상학적 텔로스 대신 삶의 실행에 참여하는 이들이 공유하는 이해 위에 성립하는 연대성에 토대를 둔 것으로 도덕적 의미를 분석한다. 이에 대한 자세한 논의는 4장 실천적 객관성 장에서 자세히 보여질 것이다.

# 3 장

## 자기성실성의 윤리

 이 장에서는 칸트와 같이 도덕의 독립적 자율성을 주장하면서 의무를 위한 의무만을 무조건적으로 요구하지 않으며, 아리스토텔 레스와 같이 실천적 가치의 객관성을 기초지을 유일한 궁극적 가 치를 상정하지도 않으며, 행위자 자신의 삶의 가치를 존중하는 행 위자 중심 윤리학을 모색하기 위해 우선 자기성실성에 대한 논의 를 살펴보도록 할 것이다.

 공리주의의 경우 엄밀한 의미에서의 인격적인 자기성실성 개념 이란 존재하지 않았고, 칸트가 중요시했던 자기성실성 역시 선험 적인 순수 이성적 존재에게 가능할 뿐 실질적인 행위자에게 기대 할 수 있는 성질의 것은 아니었다. 비록 아리스토텔레스의 덕 중심 적 윤리학에서 행위자의 성실성이 중요한 덕목으로 다루어지며,

그것이 개인의 삶의 가치를 실현하는 것으로서 이해되고 있긴 하지만, 이미 지적한 바와 같이, 그의 윤리학에서의 성실성은 공적인 도덕성과 완전히 조화되는 것으로 가정되었다. 이런 까닭에 그의 윤리학에서 성실성은 어떤 개인적인 가치와의 갈등을 전제하지 않은 것이었다. 아리스토텔레스의 윤리학에서와 같은 인간성에 대한 고정된 가정에 기초하지 않는 삶의 가치에 근거하는 실존적인 성실성 개념 위에서 옳고 그름을 이해하는 도덕이론에 대한 고찰이 요구된다.

"도덕적인 삶이 좋은 삶을 훼손하는 것이어서는 안 된다"는 것은 플라톤의 『공화국』에서도 발견되는,[1) 매우 오랜 역사를 갖고 있는 것으로서 우리들의 도덕적 직관을 반영해 준다. 이러한 직관과 모순되지 않는 도덕성 또는 옳음의 이해를 마련하는 것은 도덕이론의 기본 목표일 것이다. 어떤 도덕이론이 그 자체 바람직한 목적으로 수립되었으나 아무도 그것을 채택하고자 하지 않는다면 그것은 무의미하며 실제적이지 못하므로 우리는 도덕성을 정의하는 데 있어 우리의 기본적 직관을 무시할 수 없는 것이다.

플라톤은 『공화국』에서 도덕은 수단으로 좋을 뿐 아니라 그 자체 좋은 것이기 때문에, 도덕적인 삶은 비록 그 수단적 효용성을 발휘하지 못한 경우라 하더라도 진정한 의미에서 행복한 삶이라는 주장을 전개한다. 칸트와 같은 법칙론자 역시 도덕의 개념 정의가 인간의 궁극적 선과 일치하는 것임을 보이는 것이 도덕이론의 중

---

1) 플라톤은 *Republic*, 1권에서 정의로운 삶이 오히려 인간적으로는 나쁠 수 있다는 트라시마코스의 주장을 논박하기 위해 정의(dikaiosyne)는 행복한 삶을 위해 좋은 것이기도 하다는 것을 논증하고 있는데, 이것은 바로 그가 이런 상식적 관념을 받아들이고 있음을 보여주는 것이다.

요한 과제임을 잊지 않았다. 그는 도덕적 동기 유발이 어떻게 가능한가를 설명하는 과정에서, 합리적 행위자에게 있어서 도덕은 그 자체로 좋은 것임을 밝히고 있다. 공리주의 역시 이들과는 다른 형태이긴 하지만 이러한 기본 직관에 충실한 도덕이론을 구성하고자 했음은 주지의 사실이다. 그러나 이들이 개인적 관점을 도덕적 영역에서 인정하지 않음으로써 실질적으로 우리의 상식적 요구를 수용하는 데 실패했음은 이미 1장에서 논의한 그대로이다. 비록 개인적 관점의 중요성을 인정했다 하더라도 그것이 일원적인 삶의 가치 체계를 전제하는 이론이라면 그것 역시 개인의 관점을 실질적으로 허용하는 이론으로 성립하기 어렵다는 것 역시 우리는 아리스토텔레스 윤리학을 통해 고찰하였다.

이것은 우리에게 어떤 교훈을 주는가? 그것은 개인적 관점을 그 이론에 어떻게 반영할 것인가에 따라 그 이론의 실천적인 의미가 달라진다는 사실이다. 다시 말해서 개인적 관점을 어떤 이론적 근거 위에서 수용하는가에 따라 그것의 허용 한계가 달라지는 것이다. 우리는 행위자의 개인적 관점을 행위 선택의 기본적 관점을 구성하는 것으로 받아들이고 이것을 행위의 도덕성을 탐구하는 이론에 반영하고자 하는 이론을 통틀어 '행위자 중심 도덕이론'이라고 한다. 이 논문에서는 행위자 중심 도덕이론을 크게 세 가지로 분류하여 다루고자 한다. 첫째, 자기성실성의 가치에 호소하여 개인적 관점을 정당화하는 것으로 이것은 윌리엄스의 입장이다. 둘째, 행위를 선택하는 관점에는 몰개인적 관점과는 독립해서 개인적 관점이 있다는 사실에 호소하여 행위자 중심 도덕론을 정당화하는 입장인데, 셰플러가 이런 입장이다. 셋째, 가치를 인식하는 방식에는 더 객관적인 몰개인적 관점에서 인식하는 방식이 있고 더 주관적인 개인적인 관점에서 인식하는 방식이 있는데 이 중 어느 하나도 무시될 수 없다는 양립론에 근거하는 네이글의 입장이 있다.

3장에서는 행위자의 성실성이 갖는 도덕적 중요성에 관심을 기울이는 윌리엄스의 입장에 주목하고자 한다. 그는 몰개인적 관점에서는 도덕이론들이 행위의 이유를 제공하는 실질적인 규범이론이 되지 못하거나, 그들이 제시하는 도덕성의 기준이 지나치게 개인의 좋은 삶을 제한한다는 것을 보여주는 확실한 증거로 자기성실성과 관련되는 문제를 든다. 그들의 도덕성 기준에 의해서는 인격적 자기성실성의 가치가 정당하게 평가될 수 없다는 것이다. "공리주의 비판"에서 그는 도덕적 가치 체계에서 행위자를 이차적인 것으로 취급하고 결과를 중심에 놓는 공리주의의 도덕기준이 자기성실성이란 가치를 이해할 수 없게 만들었다고 본다. 자기성실성이란 결과적 사태에서 찾아지는 가치도 아니며 어떤 특정 행위의 종류가 갖는 가치도 아니다. 그것은 행위자를 언급하지 않고는 이해될 수 없는 가치이다. 즉 행위자의 성품의 덕인 것이다. 이 때문에 자기성실성의 가치를 중요시하는 도덕이론은 비교적 행위자 위주로 문제를 생각하는 특징을 갖는다. 따라서 윌리엄스의 입장은 자기성실성을 중요한 도덕적 가치로 삼아야 한다고 보는 데서 출발하는 행위자 중심적인 이론으로 분류될 수 있겠다.

이 장의 기본적인 관심은 윌리엄스의 입장이 과연 인간적인 좋은 삶을 파괴하지 않는 방식으로 행위의 도덕성을 이해할 수 있는지를 검토하고자 하는 것이다. 이것은 그의 입장이 몰개인적 도덕이론의 문제를 극복할 수 있는 최선의 행위자 중심 이론이 될 수 있는가를 조명하기 위한 예비적인 작업이 될 것이다. 이에 따라 먼저 그의 논의의 중심을 이루게 될 자기성실성 개념을 분석할 것이다.[2] 그리고 한 개인이 다원적인 가치에 차여하면서도 성실성을 유지한다는 것이 무엇인지를 보이고, 나아가 성실하게 산다는 것이 원칙적인 갈등 없이 산다는 것을 뜻하는 것이 아니라는 점에 초점을 맞추어 인격적 통합성을 갖춘 삶을 소묘할 것이다. 그 다음, 자기성실성 개념에 기초하여 공리주의를 비판했던 윌리엄스의 비판 내용을 음미해 보겠다. 이것은 자기성실성 개념과 '행위와 무위'의 개념 구분이 맞물려 있음을 보이게 될 것이다. 끝으로, 개인의 자기성실성을 강조하는 행위자 중심적 도덕성이 지나치게 이기주의적인 삶의 방식이나 행위들까지 허용하는 이론이 될 가능성에 대해 제기되는 우려를 간단하게 언급하겠다.

## 1. 자기성실성의 도입

### 1) 자기성실성의 개념 분석

자기성실성(integrity)이란 무엇인가? 옥스포드 영어사전(*Oxford English Dictionary*)의 정의에 따르면, '자기성실성'이란 "도덕원칙의 건전성, 올바름, 정직성, 신실성 등을 의미하고 특히 진실과 공

---

2) 그런데 우리가 분석하고자 하는 자기성실성 개념은 도덕원칙에 충실한 것으로 정의되는 도덕주의적 성실성도 아니고 또한 도덕적 성실성과 삶의 성실성은 최고의 가치에 충실할 때 일치하는 것이라고 보는 아리스토텔레스와 같은 최고의 가치를 상정하는 성실성도 아니다. 오히려 다원적인 가치 체계들이 공존하는 삶의 질서 속에서 개인 자신이 스스로 자신의 삶의 원칙을 채택하고 그것에 충실한 행위자로서 살아갈 때 적용되는 성실성 개념을 정의하고자 한다.

정함에 있어서 오염되지 않은 덕의 성품"을 의미한다. 또 다른 사전 *American Heritage Dictionary*는 "엄격한 개인적인 정직성과 독립성", 웹스터 사전에 따르면, "타협하지 않는, 도덕적, 예술적 또는 다른 가치 규범의 고수. 전적인 신실성, 정직성, 공정성. 기만, 사기, 위선, 또는 어떤 종류의 천박함의 회피"를 의미한다고 되어 있다.3)

이런 의미 정의에서도 확인할 수 있듯이, 정직성과 진실성이 자기성실성 개념에 있어 중심이다. 이것이 사회 제도적인 원칙이나 관례적인 규범에 대한 진실성과 정직성을 의미한다 하더라도, 이는 그 도덕 원칙이나 규범이 진실된 것이냐의 문제라기보다는 그 원칙이나 규범과 개인 자신 간의 관계에 관한 문제라는 점이 성실성 개념을 이해하는 데 있어 매우 중요하다. 물론 성실성의 일반적 개념이 사회 규약적인 것으로서의 도덕적 기준이나 규범을 잘 고수한다는 의미를 굳이 배제할 이유는 없다. 그러나 린 맥팔(Lynn McFall)이 지적하고 있듯이, 성실성의 개념은 동시에 그러한 기준이나 규범과 갈등을 일으킬지도 모르는 개인적 이상(personal ideal)을 표상한다.4)

이상의 성실성에 대한 기본적 이해의 바탕 위에서 볼 때, 어떤 이가 자기 자신의 원칙들에 대해 단지 인속적인(conventional) 관계만을 갖는다면 그는 인격적인 통합성을 갖지 못하고 있다고 말할 수 있다. 어떤 사람이든 그가 성실하다고 합당하게 인정되기 위

---

3) Lynne McFall, "Integrity", *Ethics*, 98, 1987, p.5 재인용.

4) L. McFall(1987), p.5. 물론, 도덕성이 곧 개인의 좋은 삶의 필요충분한 조건이라는 것을 지지해 줄 플라톤적인 형이상학 체계 안에서는 성실성과 도덕성 사이에 괴리는 없을 것이다.

해서는, 그는 그 자신의 원칙을— 관습적 원칙들과 일치하는 것이든 아니든 간에 — '일인칭으로' 말해야 하고, 그 자신의 것으로 해야 한다.5) 이는 성실성이 그 개인(person)에게 그 자신의 원칙들에 대한 헌신(commitment)을 요구함을 의미한다. 이런 의미에서 자기 성실성은 자신에 대한 신뢰라고 할 수 있는 진정성(authenticity)이다.6) 자신의 원칙들이라 말해진 것들을 입으로만 인정하거나, 그 원칙들을 단지 습관적으로 따랐을 뿐 그 원칙들에 자신을 개입시키지 않는다면, 그는 타인 뿐 아니라 자기 자신을 기만한 것이다. 그런 의미에서 그는 자기 자신에게 진실(authentic)되지 않았다. 그는 자기 자신이 따르는 원칙을 '제3자'로서 인정한 것이다. 예컨대, "나는 거짓말을 하지 않겠다"라고 말하는 대신 "이 사람, 김아무개는 거짓말을 않겠다"는 것이다. 즉 자기 자신으로서 그 원칙에 따르기로 한 것이 아니라, 삶의 공간적 좌표에 의해 지정된 김아무개로서 그 원칙을 따르도록 한 것이다. 여기에서 그는 일인칭적 자아와 삼인칭적 자아 김아무개라는 두 개로 분열된 자아의 소유자이다.

인격적 통합성은 **분열되지 않은 하나**의 상태이다. 관례를 준수하는 나와 그 관례의 정당성이나 올바름을 인정하지 않거나 생각하지 않는 나의 분열 상태는 '인격적 통합성'이 가리키는 상태는 아니다. 인격적 통합성은 정합적인 원칙들에 따라 스스로에게 진

---

5) "내 윤리학 강의 말미에서, 나는 일인칭으로 말했다. 나는 그것이 매우 중요하다고 믿는다. 여기에서 그 이상의 어떤 것도 확립될 수 없으며, 나는 내 자신에게 말하고 있는 자로서 나타날 수 있을 뿐이다." Ludwig Wittgenstein, quoted by Frederich Waismann, "Notes on talks with Wittgenstein", *Philosophical Review*, 74, 1965, p.16.

6) John Kekes, "Constancy and Purity", *Mind*, vol. XCII, 1983, p.499.

실되게 행위하는 것을 요구하는 것이다.[7] 그러므로 이것은 어떤 종류의 정합성(coherence)을 기본적인 조건으로 요구한다고 말해야 한다. 만약 이런 조건이 없다면 우리는 성실한 것과 단지 본능적인 충동이나 변덕스러운 자신의 감정에 충실한 것을 구분할 수 없을 것이다.[8]

인격적 통합성이 요구하는 정합성을 다음의 세 가지로 정리해 볼 수 있다.[9] 첫째, 단순한 논리적 일관성으로서의 정합성이다. 즉 그 사람이 갖고 있는 원칙들이나 결의들의 집합이 내적으로 모순되지 않아야 한다는 것이다. 자기성실성은 행위자가 어떤 일관된 원칙이나 공약으로 이루어진 집합에 서명할 것을 요구한다는 것이다. 둘째, 원칙과 행위 사이의 정합성이 요구된다. 자기성실성은 자신이 서명한 원칙을 파기하려는 유혹이나 도전에 부딪쳤을 때 그에 맞서서 그 원칙을 고수 유지할 것을 요구한다. 셋째, 행위의 이유와 원칙 간의 정합성이 요구된다. 그 자신의 원칙에 의거해서, 즉 자신의 원칙 때문에 한 행위로서 그 행위가 그의 원칙에 일치해야지, 그의 원칙에 반하는 이유 때문에 한 행위가 결과적으로 그의 원칙에 부합한 경우, 그 행위는 그의 자기성실성을 구성하는 행위는 아니기 때문이다.

이렇게 인격적 통합성(integrity)의 조건은 복잡하다. 단순한 일

---

7) 컥스는 자기성실성이 요구하는 이것을 '항상성'(constancy)이라고 부른다. J. Kekes(1983), p.499.

8) 더군다나 우리는 아리스토텔레스와는 달리 자기성실성이 도덕적 이상과 일치하지 않을 수 있음을 인정하기 때문에 우리는 도덕성에 의존하지 않는 자기성실성의 개념적 조건을 마련할 필요가 있다.

9) J. Kekes(1983), p.5.

관성에 덧붙여서, 그 자신의 원칙으로 삼아야 할 것, 그 자신의 원칙에 따라 행위할 것, 그리고 그 행위를 하게 된 동기와 원칙 간의 정합성 등이 요구되는 것이다. 이것을 맥팔은 '내적 정합성'이라고 부른다.[10] 논자는 위에 정리된 조건들이 자기성실성의 조건으로서 적합한지 또는 적합한 조건이기 위해 어떻게 이해되어야 할지를 좀더 세밀한 논의를 통해 정리하고자 한다. 이러한 과정을 통해 자기성실성이 무엇인가 그 기준이 분명해질 것이다.

논리적 일관성의 조건 : 단순한 논리적 일관성은 그 사람이 갖고 있는 원칙들이나 결의들의 집합이 내적으로 모순되지 않아야 한다는 것이다. 예컨대, 그는 "거짓말하지 않겠다"는 원칙과 동시에 "거짓말은 해도 좋다"는 원칙 둘 다에 헌신해서는 안 된다. 이들은 논리적으로 모순되는 원칙들로서 어떤 사람이 이 두 원칙에 진지하게 따르고자 결의했다면, 바로 그것은 그 사람의 분열된 자아의 상태, 또는 비합리적 자아의 상태의 표지이다.

원칙과 행위 간의 정합성 조건 : 이는 그가 결단한 원칙과 행위가 일관되지 못해서는 안 된다는 것이다. 이것은 자기성실성이 의지박약이나 위선 그리고 자기-기만 등을 배제함을 의미한다. 이는 동시에 '자기성실성'이 의지박약이나 위선, 자기-기만 등이 인간 행위의 현상으로 나타나는 것을 설명할 수 있는 행위 구조를 전제하는 개념임을 의미한다. 이것은 무엇을 의미하는가? 이는 그 자신

---

10) L. McFall(1987), p.7. 사회적인 규범이나 객관적인 도덕규범과 같은 외적 기준과 상관없는 행위자 자신의 내적 기준이라는 점에서 이렇게 이름 붙이게 되었을 것이다.

이 따르고자 하는 원칙들을 준수하는 데 어떤 유혹이나 도전을 받을 가능성이 전혀 없는 그런 종류의 원칙을 따르는 사람을 우리가 과연 성실한 사람이라고 할 것인가라는 물음과 관련지어 생각할 수 있다. 인간 행위의 구조상 행위자가 따르지 않을 수 없는 원칙이 있다고 상정하고 그 원칙에의 일관된 준수를 '성실한' 것으로 보는 문맥에서는 자기성실성의 의미는 무의미해진다. 자기성실성은 어떤 원칙을 따름에 있어 그가 그 원칙을 따르는 데 어느 정도 중요한 대가를 치름으로써 얻어지는 가치이다. 즉 그 원칙을 준수함에 있어 '그러한 준수를 방해하는 상당한 정도의 유혹이나 도전에도 불구하고 그것을 극복함'이 자기성실성을 이루는 구성적 조건이다. 이러한 조건을 만족시키지 못할 때 우리는 그를 불성실하다고 평가할 것이다. 이런 의미에서, 심리적 이기주의를 근거로 주장되는 윤리적 이기주의는 자기성실성을 의미 있게 설명할 수 없다. 단순한 쾌락주의 역시 마찬가지이다. 이러한 입장들은 불성실을 이루는 자기-기만, 의지박약 등 인간 행위와 관련된 성질들을 설명할 수 없다. 인간 본성으로부터 인간 행위의 규범적 원칙을 연역하려는 시도들은 같은 이유 때문에 모두 같은 처지이다. 자기성실성은 일종의 시험을 거쳐야 하는데, 시험의 기회 자체가 없다면 성실해서 그 원칙을 따른 것인지, 그 원칙을 따르지 않을 수 없어서 그 원칙을 따른 것인지를 구분할 수 없는 것이다.[11]

---

11) 그러나 이러한 정합성의 조건이 모든 종류의 이기주의를 제거하는 것은 아니다. 갈등 가능성을 요구하는 조건을 행위의 규범과 존재의 규범 사이에 엄격한 일치론을 주장하지 않는 한 만족시킬 수 있다. 예컨대 충분한 사회화를 거친 행위자가 타인을 위해 희생하는 것의 가치를 알면서도 그 자신 이기주의 원칙에 개입하고 그 원칙에 철저할 수 있는데, 이 경우 그 행위자는 자신의 원칙을 준수하기 위해서 자신의 사회화된 욕구와의 갈등

자기성실성은 행위 선택에 있어 갈등의 존재 가능성을 전제한다. 즉 그 원칙을 지키는 데서 존재하는 가치와 그 원칙을 파기함으로써 얻을 것이라 예상되는 가치 사이에서 행위자가 갈등할 수 있을 것을 요구한다. 동시에 원칙을 준수하려는 충분히 강한 의지를 요구한다. 후자의 요구가 만족되지 않은 행위자의 경우는 의지박약으로 인한 불성실에 해당한다.

어떤 경우, 행위자는 자신의 원칙과 그 원칙을 파기하도록 이끄는 유혹 사이에서 자신을 기만하는 방식에 의해 원칙과 행위 간의 정합성을 유지하고자 시도할지도 모른다. 즉 그 자신이 결단한 원칙을 부정함으로써 그 자신의 비일관성을 드러내기보다는, 유혹에 따르는 행위를 자신의 원칙에 부합하는 방식으로 재기술(redescription)하는 것이다. 예컨대, 친구에게 신의를 지키겠다는 원칙을 자신의 원칙으로 삼는 사람이 자신의 이익을 위해 그 친구를 배신하고자 하는 유혹에 빠져드는 상황에서, 그 배신 행위가 실은 진정으로 친구를 위한 행위라는 식으로 그 행위를 재기술하는 것이다. 이러한 재기술을 용이하게 하기 위해 그는 자신의 원칙을 점점 더 추상화시키게 될 것이다. 예컨대, 친구에게 진실만을 말하기로 한다거나 친구와의 약속을 지키기로 한다는 구체적인 원칙 대신 친구를 위한 일만 하기로 한다는 좀더 일반적인 원칙에 결단한다. 그러나 실은 이러한 행위의 재기술과 원칙의 추상화는 자기-기만일 뿐이다.

---

을 극복해야 하리라는 것을 말할 수 있다. 이 경우의 이기주의는 자기성실성으로부터 배제되어야 할 이유가 없는 것 같다.

행위의 원칙과 동기 간의 정합성 : 자기성실성은 내적인 이유를 필요로 하는 개념이다. 즉 원칙의 고수가 단지 외적인 조건이나 이유에 의해서 결정되어 나온 결과라면, 그것은 일종의 강제된 고수로서 그런 종류의 원칙의 고수를 성실함으로 볼 수는 없다. 자기성실성으로 읽혀질 수 있는 원칙의 고수는 행위자의 내적 이유 즉, 그 원칙을 지키는 것에 가치를 줄 것을 필요로 하는 것이다.

이는 칸트가 구분했던 '의무에 따르는 행위'와 '단지 의무과 일치하는 행위'와 같다. 그는 어떤 행위가 옳은 행위일 수 있는 것은, 그 행위가 단순히 의무와 일치하는 행위이기 때문이 아니라 의무 인식과 더불어 그 의무를 준수하고자 하는 동기로부터 행해진 행위이기 때문이라고 말했다. 즉 윤리적 행위를 이루는 것은 행위자의 의무 자체에 대한 인식과 내적 동기라고 본 것이다. 우리는 성실한 행위를 이해하는 데서 마찬가지의 것을 말할 수 있다. 인격적 통합성을 이루는 행위란 행위자의 원칙에 대한 인식과 그 원칙을 원칙이기 때문에 따르고자 하는 동기에 의해 수행된 것이다. 이 조건은 그릇된 이유 때문에 옳은 것을 하는 사람의 경우를 배제해 준다.

    … 예컨대, 도스토예프스키의 『악령』에서 스테판 베르코벤스키는 "나의 전 생애는 가짜였다. 내가 진실을 말할 때조차도. 나는 진실을 위해 결코 말한 적이 없다. 단지 나 자신을 위해 말했을 뿐"이라고 말한다. 그의 행위는 다소 일반적인 기술의 차원에서는 자신의 원칙에 일치했을지 모른다. 그러나 보다 더 충분히 구체화된 원칙과는 모순된다.[12]

---

12) L. McFall(1987), pp.7~8.

자기성실성은 자신이 선택한 원칙과 관련된 도덕적 지식을 요구한다. 내가 왜 그 원칙을 따라야 하는지에 대한 자기 자신이 받아들이는 이유 없이, 단지 그 원칙에 따를 뿐인 선택은 그의 통합성을 파괴한다. 자기성실성은 내적 이유를 요구하는 것이다. 왜 내가 그 원칙을 선택해야 하는지에 대한 **합리화**를 할 수 없는 원칙이라면, 그것은 엄밀한 의미에서 내가 선택한 것이라고 할 수 없다. 단지 사회가 나에게 그것을 요구했기 때문이라든지, 따르지 않을 경우 감수해야 할 제재를 피하기 위해서, 또는 그것이 나 자신의 이익을 결과하는 방법이라고 생각했기 때문에 등등의 이유가 그 원칙에 일치하는 행위를 한 근본 이유라면, 그는 자신이 결의한 원칙 때문에 한 행위는 아니다.[13] 따라서 성실한 행위는 행위의 원칙(이유)과 그 행위의 동기 사이에 정합성을 요구한다.

이상의 세 조건들은 자기성실성을 변덕스럽거나 충동적인 자기 감정에 충실한 것으로부터 구별해 줄 뿐 아니라 자기-분열, 비합리

---

13) 여기에서 유의해야 할 점이 있다. 선택의 합리화는 가치의 합리화라는 점이다. 때문에 선택의 합리화는 이성적 이유, 반성적 정당화의 종류일 것을 요구하지 않는다는 점이다. 가치의 합리화는 오히려 그것을 선택한 행위자 자신이 그것을 진정으로 인정하느냐에 달려 있다. "나는 이 원칙을 의지한다." 이외에 모든 사람들이 납득할 수 있는 중립적이고도 객관적인 근거들에 의해 그것을 정당화할 수 없으며, 정당화할 필요도 없다. 그러한 근거란 없다. 이때 그 행위자가 그 원칙에 진정한 가치를 두느냐는 그러한 원칙이 행위의 동기 유발을 할 수 있느냐에 의존한다. 만약 그가 선택한 원칙이, 그에게 그 원칙을 준수할 수 있는 능력과 외부적인 결정적인 장해가 없는 상황에서, 그에게 행위할 동기를 줄 수 없다면, 우리는 "그가 그 원칙을 가짜로 선택했다"거나 "그 원칙을 선택하는 척했을 뿐이다"라고 말해야 할 것이다.

성, 가짜 자기-합리화, 의지박약, 자기-기만 등과 구분시켜 주는 개념적 조건이다.

그러나 아직 이들 내적 정합성 이외에도 인격적 통합성은 그 자신에 대한 내외적 인식 간의 통합성을 요구한다. 즉 그 자신을 타인과 구분되는 존재로서 그 자신에게 특별한 존재로 인식하는 한편, 동기에 타인과의 관계 속에서 자신의 모습을 객관화해 볼 수 있는 존재이어야 한다. 만약 내가 나 자신을 나로서 인식할 뿐 '김아무개'로 인식하지 못한다면 이것은 통합적인 자아 인식이 아닌 것이다. 그런데, 나 자신을 '김아무개'로 인식한다는 것은 타인과의 관계 속에 있는 자신을 인식한다는 것이다. 이런 관점에서 볼 때, 타인과 나는 각기 개성에 의해 구별되는 독립적인 인격인 동시에 그들과 나는 동등한 인격으로서 각자 침해될 수 없는 삶의 권리를 갖는 존재라는 점에서 구별되지 않음을 인식하지 않을 수 없다. 즉 타인 역시 나와 같은 인격적 존재임을 인식하게 된다. 이것을 부정한다면, 그것은 주관적인 자아 중심주의에 빠지는 것이며, 이것은 비통합적인 자아에 다름 아니다. 따라서 인격적 통합성은 내적인 정합성 뿐 아니라 객관화된 자신과 주관적 자아 간의 통합된 인식을 요구한다. 이런 **인격적 통합성의 조건**은 그 자신의 이익을 위해서 타인의 이익을 의도적으로 침해하는 원칙에 개입하는 것을 제한하게 될 것이다.

## 2) 가치 간의 갈등과 인격적 성실성

이상의 조건을 만족시키는 통합적 인격의 삶은 과연 어떤 것일까? 우리는 성실성이 좋은 삶의 충분조건은 아니라 하더라도 필요조건이라 생각한다. 자신에게 진실되지 못하거나, 이중적이거나 비합리적인 삶이 행복할 수는 없을 것이다. 인간의 좋은 삶을 다루는 도덕이론이 자기성실성을 중요하게 여겨야 할 이유가 여기에 있다. 가령, 아리스토텔레스는 인간적인 행복이란 그 개인의 어떤 내적 조건을 갖추는 것만으로 이루어지는 것이 아니라 인간의 의지로는 조정할 수 없는 더욱 외적인 우연적 요소들이 개입한다고 보았다. 그러나 이러한 우연적 요소를 제쳐놓고 생각한다면, 실천적 지성을 갖추고 있는 성실한 사람의 삶이 가장 행복에 가까이 갈 수 있으리라 믿었다. 그 이유 중의 하나는 실천적 지성을 갖춘 사람은 주어진 상황에서 무엇을 하는 것이 최선의 선택인지를 알므로 원하는 것을 잘 달성할 수 있기 때문이기도 하거니와, 그는 최선의 것이 무엇인지를 알기 때문에 무엇을 할 것인가의 문제에 있어서 갈등하지 않는다는 것이다. 여기에서 그는 갈등을 일종의 무지의 문제로 보고 있으며, 갈등은 피할 수 있으면 피하는 것이 더 좋은 것으로 보고 있다.

그러나 아리스토텔레스와 같은 삶의 최고의 가치에 관한 일원적인 가치 세계를 상정하지 않는 한, 가치 간의 갈등과 무지 간에는 상관관계가 없다. 오히려 진정한 갈등의 문제는 무엇이 최선인가를 모르기 때문에 일어나는 것이 아니라, 한 개인이 하나 이상의 가치(또는 원칙) 체계에 개입하는 데서 일어난다.[14] 그렇다고 이것

---

14) 이러한 가치 간의 갈등 문제, 소위 의무들 간의 갈등(conflict of obliga-
  tions)은 이질적인 가치 체계들이 공존하는 근대사회 안에서도 흔히 일어
  난다. 이것은 이미 앞장에서 언급했었다. 지금 논자의 관심은 성실한 구체
  적인 개인의 삶이 어떤 것일까에 있기 때문에 여기에서는 일단 개인의 갈
  등을 문제만을 다루기로 한다.

을 곧 자기성실성이 배제하는 병적인 가치 분열증이라고 할 수 없다. 다원적인 가치들에 개입하는 것과 자기성실성의 내적 정합성 조건을 만족시키는 것과는 양립할 수 있다.

다원적 가치 체계에 개입하는 것은 논리적으로 모순되는 원칙들을 믿는 경우와는 구분된다. 두 개의 믿음이 상호 모순되는 내용이라는 것을 알면서 그 두 믿음을 여전히 갖는다는 것은 비합리성의 표지이다. 그러나 논리적으로 모순되지 않는 행위의 원칙들끼리도 갈등할 수 있으며, 이 경우 그 두 원칙들이 상호 갈등한다는 것을 알 때 그 중 하나의 원칙을 포기하는 것이 실천적 합리성의 요구도 아니다.[15] 즉 두 원칙이 갈등하기 때문에 어느 한 원칙을 따를 수 없다는 것을 알면서도 여전히 그 두 원칙을 인정하는 것은 모순적인 원칙들을 인정하는 것과는 다르다. 때문에 이는 논리적으로 모순되는 원칙들을 갖지 않아야 한다는 자기성실성의 일관성 조건을 범하지 않는다.

모순의 문제는 논리의 문제인 반면, 갈등의 문제는 단순히 내용 간의 논리적 문제라기보다는 현실적 조건이 개입함으로써 발생하는 문제이다. 예를 들어, "나는 거짓말하지 않겠다"는 원칙과 "나는 살인자를 돕지 않겠다"는 원칙 간에는 논리적 모순은 없다. 그 두 행위의 원칙들은 상호 논리적 관련이 없는 것들이다. 그러나 실제의 상황 조건에 따라 이 둘은 갈등을 일으킬 수 있다. 즉 이 원칙들이 요구하는 것들을 동시에 만족시킬 수 없는 상황 조건들을

---

15) cf. B. Williams, "Ethical consistency", *Problems of the Self*(Cambridge University Press, 1973), pp.166~186; "Consistency and Realism", *Problems of the Self*, pp.205~206; "Conflict of Value", *Moral Luck* (Cambridge University Press, 1981), pp.71~82.

쉽게 가상할 수 있는 것이다. 이 두 명령에 동시에 복종할 수 없음은 그 상황에서 이 두 원칙들이 상호 갈등하는 관계에 있음을 의미한다. 그렇다고 해서 이런 경우 어느 하나의 원칙을 포기해야만 한다고 말할 수도 없다. 이러한 갈등은 인간의 존재 상황에 기인하는 것으로 이해하고 이것을 인간의 비극적 운명으로 묘사하기도 하지만,16) 분명한 것은 이때의 '존재 상황'은 단지 외적 환경만은 아니라는 것이다.

갈등 가능한 둘 이상의 가치에 개입하는 것은 자기성실성의 원칙이 요구하는 행위의 정합성 조건과도 양립한다. 만약 자기성실성이 원칙이나 의무들 사이에 갈등이 없을 것을 요구하는 개념이라면, 오히려 그 자기성실성은 매우 이상한 개념일 수밖에 없었을 것이다. 그러한 자기성실성 개념과 '행위의 원칙과 동기의 정합성' 조건이 양립하려면, 그는 오직 한 원칙만을 자신의 원칙으로 삼아야 할 것이다. 왜냐하면 원칙들 간의 갈등은 상황에 따라 언제든 일어날 수 있는 까닭에 원칙들 간의 갈등을 피하는 최선의 길은 단 하나의 궁극적 원칙, 즉 갈등하는 원칙들 간에 우선 서열을 결정해 줄 상위의 원리를 갖는 것이다. 이것은 그가 원칙들 간의 중요성을 비교할 수 있는 통일된 하나의 가치 체계를 갖고 있어야 한다는 것이다. 그리고 더 나아가서 이처럼 일원적인 가치 체계에 상응하는 동기 구조를 갖고 있어야 할 것이다. 그렇지 않다면 그는 행위의 원칙과 동기의 정합성 조건을 만족시키지 못할 것이기 때

---

16) 이러한 인간 상황을 바로 그리스인들은 인간이 처한 비극적 운명으로 묘사한다. cf. Martha C. Nussbaum, *The Fragility of Goodness: Luck and Ethics in Greek Tragedy and Philosophy*(Cambridge University Press, 1986).

문이다.

물론 이런 생각이 일견 그럴듯해 보일 수 있다. 윌리엄스는 이런 생각이 매우 광범한 범위의 지지를 받고 있음을 말해 준다. "최소한 합리적 행위 이론은 **논의의 여지없는** 합리적 행위자의 목적(aim)을 정함으로써, 그들이 개인적 가치의 집합 안에서의 갈등을 최소화해야 한다는 가정(assumption)은 개개인들 간의 가치 갈등이 반드시 합리적으로 해결되어야 한다고 생각하지 않는 사람들에 의해서조차 받아들여지고 있을 정도"[17]라는 것이다. 그러나 이런 생각이 정당한지 여부를 가리기 위해서는 적어도 다음이 먼저 대답되어야 할 것이다. 어떤 가치 체계에 결단(commit)했다는 것, 즉 어떤 궁극적 원칙을 받아들이기로(subscribe) 했다는 것이 무엇인가? 이것은 여기에서 결론 내릴 수 없을 만큼 방대한 작업을 필요로 하는 물음임에 틀림없다. 그러나 적어도 그것이 단지 이성적인 기능으로만 설명될 수 없는 것이라는 점은 분명하다. 테일러가 보여주고 있듯이, 우리는 이러한 결단을 부분적으로 정당화할 수 있을지는 모르나 전적으로 정당화할 수는 없다.[18]

결단을 단지 이성적인 고려에 의한 선택으로 이해하기보다는 그것을 선택한 개인의 내적 외적 환경들에 의해 설명되어야 할 어떤 것으로 이해하는 것이 타당할 것이다. 이렇게 본다면 여러 가지 가치관이 공존하는 근대 삶의 환경 속에서 개인들이 하나 이상의 가치 규범들에 개입하게 되는 것은 자연스러운 것이다. 그리고 그러한 가치들이 어떤 상황에서 서로 부딪치게 될 때 그 가치들 간에

---

17) B. Williams, "Conflict of Value", *Moral Luck*(1981), p.72.
18) cf. Paul Taylor, "The Justification of Value Judgment", *Readings in Ethical Theory*, ed., W. Sellars(Prentice-Hall, Inc., 1970), pp.346~368.

어떤 하나의 합리적 해결만이 있다고 볼 필연성도 없다. 어느 한 개인에게 있어서도 그가 지키고자 하는 원칙들 간에 갈등이 생기는 경우가 있을 수 있다. 이것 역시 합리적으로 해결 가능한 갈등이 아닐 수 있다.[19] 예컨대, "자식으로서의 도리를 다하겠다"는 원칙을 준수하고자 하는 그의 가치 체계와 "국민으로서의 의무를 다하겠다"는 그것이 어떤 식으로 비교 채택될 수 있겠는가?

최고의 자기성실성이 구현된 삶은 갈등 없는 삶을 보장할 것이라는 뿌리깊은 믿음은 실존주의자로 분류되는 키에르케고르에게서조차 발견되고 있을 정도로 광범위하게 퍼져 있다.

컥스는 '정체성 부여 원칙'(identity-conferring commitment)과 '파기 가능한 원칙' 간의 구분[20] 위에서 이 문제를 분석하고 있다. **파기 가능한 원칙**은 회한 없이 포기할 수 있는 선택의 종류이다. 반면, **정체성 부여 원칙**이란 문자 그대로 그 사람의 일부로서 그가 누구인지를 말해 주는 내용이다. 이러한 종류의 원칙을 포기한다는 것은 바로 그 자신이기를 포기하는 것과 동일한 것으로서 이때 그는 자아 상실감을 피할 수 없다.

---

19) 윌리엄스는 "한 개인이 겪는 가치 갈등(one-person conflict of values)은 다른 사회적 원천들로부터 온 복합적인 가치 유산의 표현"이라고 보았다. 그리하여 "우리가 자신 안에서 일종의 갈등으로 경험하는 것은 두 사회들 간의 갈등 또는 한 사회 안의 두 역사적 전통들 간의 갈등으로 표현될 수 있을 어떤 것"이라고 말한다(B. Williams(1981), p.73). 물론 공리주의자들은 최고의 원칙은 행위의 동기와 무관하게 성립된다고 보았다. 그러나 행위의 원칙과 그 동기 간의 정합성이 요구되는 자기성실성의 맥락에서 볼 때, 선택의 동기를 제공하지 않는 원칙에 따라 행위한 행위자를 성실한 행위자로 볼 수는 없을 것이다.

20) J. Kekes(1983), pp.499~588.

이것은 바로 이러한 원칙이 바로 자아의 '중심'임을 증거한다. 이러한 선택의 내용은 다른 가치나 이유들을 통해 정당화될 수 있는 종류의 원칙이 아니다. 왜냐하면 그러한 원칙은 우리가 갖는 가장 근본적인 결단들이기 때문이다. 이러한 결단들은 다른 것에 의해 설명되거나 합리화되는 것이 아니라 오히려 이들이 무엇을 이유로 간주해야 할 것인지를 결정한다.[21]

이러한 결단들이 바로 그것이 왜 이유가 되는지를 해명하는 궁극적 근거라는 점에서 이러한 결단적 원칙들은 무조건적이다. 이것은 '왜?'의 물음을 넘어서는 것이다. 그것은 나의 정체성으로 이외에는 언급할 수 없고 해명할 수 없는 선택이다. 그러나 아직 이상의 논의가 진정한(authentic) 원칙들 간에 갈등이 없음을 보장해 주는 것 같지 않다. 왜냐하면 이 논의는 자기성실성이 여러 개의 정체성 부여 원칙들을 갖는 것을 배제하고 있지 않기 때문이다.

개인이 정체성 부여 원칙을 단 하나만 갖는다고 말하기는 어렵다. 나 자신을 정체화시켜 주는 원칙이 하나만이어야 한다고 믿을 까닭이 없기 때문이다. 예를 들어, 타인이 나와 나눌 수 없는 나 자신과 나의 가족에 대한 사랑에 의해 구체적인 내가 정체화된다. 동시에 나는 조국에 대한 내 방식의 사랑을 가질 수 있다. 뿐만 아니라 나는 나를 예술가로 또는 신앙인으로서 정체화하기도 한다. 등등. 그들에 대한 나의 가치 인식은 무조건적인 것이며, 이들이 구체화된 나의 모습이다. 이와 같이 여러 범주에 개입하고 그리고 그러한 가치에 결의하고 그에 따라 삶을 기획하는 정체성-부여적 선택들을 갖는다는 것은 결코 분열된 자아의 징후도 아니며 오염

---

21) L. McFall(1987), p.13.

된 자아의 표지도 아니다.[22]

키에르케고르가 이 점에 있어 오류를 범했다는 컥스의 지적은 일단 음미할 만하다. 키에르케고르는 오직 하나의 가치의 대상만을 가지고 그 대상을 위한 기획(그에게 있어서는 神에 대한 사랑)만을 고수하는 것이 곧 자아의 순수성과 자기성실성을 지키는 것이라 생각했다. 그리하여 그에게 그 외의 모든 욕구와 기획들은 그것을 위해서 파기 가능한 것들로 간주된다. 레기네와의 약속도 신에 대한 사랑을 위해서는 파기 가능한 선택에 지나지 않는 것이다. 물론 키에르케고르가 그 선택을 파기했을 때 심리적 갈등이 없었다는 뜻이 아니다. 그러나 그 갈등을 키에르케고르는 순수하지 못한 자신의 의지나 욕망에서 비롯된 것으로 인식할 뿐이다. 다시 말해서 이 갈등은 등가의 두 원칙이 주어진 상황적 조건 때문에 불가피하게 그 중 하나밖에 준수할 수 없어 발생한 것으로 여겨지지 않았다는 것이다. 즉 키에르케고르 체계에서 그 자신이 겪는 심리적 갈등은 의지박약의 문제일 뿐 진정한 원칙들 간의 갈등 문제가 아닌 것이다. 그에게는 선택해야 할 원칙은 오직 하나만 있는 것이다. 그리고 그 원칙은 철저히 개인의 의지와 욕망을 배제한 것이어야 한다고 본다는 점에서, 근대 남성적 특징을 갖고 있다. 근대 남성적 특징이라 함은 이성과 감정 또는 욕망을 상호 배타적인 관계에 있는 것으로 이해하며, 후자는 전자에 의해 철저히 종속되거나 통제되어야 한다고 보는 것을 의미한다. 이 같은 특징은 근대의 인식론, 윤리학 등 모든 학문과 제도에 관통한다.

그러나 이는 자아의 자기성실성과 순수성이라기보다 오히려 지

___
22) 이 점에 대해서는 5장에서 좀더 자세히 다룰 것이다.

나친 가치 환원주의의 일종으로 보아야 타당할 것이다. 이미 언급한 것처럼, 우리는 오히려 일련의 다양한 가치들에 개입하며, 주어진 상황에서 그러한 가치들을 가장 조화스럽게 고려한 선택을 겨냥하여 심사숙고하는 데서 자신의 합리적 정합성(integrity)을 이루기 때문이다. 컥스가 지적한 바와 같이,

> … 그(키에르케고르)는 또한 그가 가치를 두는 종류의 순수성을 갖는 것이 무조건 좋은 것이라고 생각하는 오류를 범한다. 또한 그가 두 마음(double-minded)이라고 하는 것이 도덕적 덕을 이루는 데 장애가 된다고 생각한 점에서도 잘못이다. (오히려) 나는 순수성이 악질적인 광신주의로 인도할 수 있으며 두 마음이 반성적인 도덕적 행위자의 요소라고 생각한다.23)

자기성실성을 가장 궁극적인 하나의 기획에 결의하고 그에 따라 사는 것이라고 보는 키에르케고르의 입장은 모든 행위의 선택을 하나의 근원으로부터 연역하려는 점에서 칸트나 공리주의자들의 도덕적 이상과 다르지 않다.

마지막으로, 한 행위자의 무조건적 욕구가 다양한 욕구들의 집합이고 이에 상응하여 그가 복합적인 정체성 부여적 선택들을 갖는다는 점을 부정하지 않으면서도, 그들 간의 갈등 가능성을 부정할 수는 없을까를 생각해 보자. 이런 경우 시간성을 들여와서 무조건적 결단들 간의 갈등 가능성은 배제될 수 있다고 낙관적으로 생

---

23) J. Kekes(1983), p.504. 컥스 비판의 요점은 성실한 자아의 원칙은 다 하나뿐이어야 한다는 생각이 잘못된 것이라는 것이다. 갈등하는 원칙들을 갖는다는 것 자체를 타락한 자아의 표지라고 본 키에르케고르도 잘못이라는 것이다.

각해 볼 수 있겠다. 한 개인이 다른 시간에 각기 다른 무조건적 결단들을 가질 수 있다고 본다면, 이를 통해 결단들 간의 갈등 가능성을 해결할 수 있다고 믿는 것이다. 즉, 갑은 시간 $\wedge_1$에 $\{$ ㄱ$_1$, ㄱ$_2$, ㄱ$_3$ $\}$ 의 결단의 집합을 갖지만 시간 $\wedge_2$에 그 갑은 $\{$ ㄱ$_1$, ㄱ$_3$, ㄴ$_1$ $\}$ 의 결단의 집합을 갖는다고 해보자. 그 각 집합들은 내적으로 상호 갈등하는 원칙들을 갖지 않는다. 그러나 $\wedge_1$의 결단 ㄱ$_2$과 $\wedge_2$의 결단 ㄴ$_1$은 서로 갈등하는 원칙들이다. 이처럼 한 개인이 상호 갈등하는 원칙들에 결의할 수 있지만 동시에 갈등하는 원칙들을 갖지는 않기 때문에 실제로 갈등은 일어나지 않는다는 것이다.

이 생각은 적어도 두 가지 점에서 잘못이다. 첫째, 이처럼 그가 인정하는 소위 원칙의 내용들이 순간적으로 달라진다면, 과연 그것을 그가 '원칙에 개입했다'고 말할 수 있는가 하는 점이다. 하나는 이는 자기성실성을 의미 있게 하는 정체성 부여 원칙에 대한 잘못된 이해를 전제한다는 점이다. 이 원칙은 '정체성을 부여하는 선택', '근본 기획'(ground project) 등의 용어에 의해 지칭될 수 있는 것으로서 개인이 자신과 동일시할 만한 내용이다. 이제 개인의 정체성이라는 개념상, 그 원칙의 내용은 지속성을 가져야 한다. 시간적으로 각기 다른 어떤 것이 그 개인을 동일화할 수 없는 것이다. 따라서 무조건적 원칙은 시간적으로 지속성을 갖는 항상성을 갖는 원칙이다. 따라서 무조건적 원칙을 순간에 따라 각기 다른 내용을 갖는 것으로 보는 해결 방식은 자기 모순을 포함하고 있는 것이다.

그렇다고 정체성 부여적 원칙이 불변의 원칙이라고 주장하는 것은 아니다. 한 사람의 정체성을 구성하는 원칙이나 가치관은 선험적으로 주어져 있는 것이 아니라 삶 속에서 만들어지고 변해 가는 일종의 과정의 성격을 갖기 때문에 정체성의 내용을 구체화하는 이들 원칙이 변해서는 안 된다고 말하는 것은 타당성이 없기 때문이다. 따라서 여기에서 강조하고자 하는 점은 그 원칙이 변덕스런 욕망이나 순간적 충동과 같은 것과는 구별되어야 한다는 점이다.

또 한 가지는 이 생각이 분명히 지나치게 낙관적이라는 점이다. 갈등하는 결단적인 원칙들을 동시에 가질 수 없다고 믿어야 할 근거가 없다 우리들이 개입하는 가치에 대한 신념의 체계가 하나의 원칙이나 기준에 의해 통일된 순수 이성적 질서의 체계라고 보지 않는 한, 오히려 우리는 무조건적 원칙들 사이에서 선택 아닌 선택을 할 수밖에 없는 상황을 경험하고 관찰한다. 고갱의 경우를 생각해 보자. 그는 가족의 안정된 삶과 자신의 예술 작업이라는 그 어느 것도 포기할 수 없는 무조건적 가치 사이에서 후자의 가치를 선택했다고 볼 수 있다. 그는 이 두 가치가 양립할 수 없는 상황에서 그는 예술가로서의 자기 원칙에 더 충실한 것이다.

그가, 적어도 그 순간, 하나의 궁극적 원칙에만 결의했었다면, 그는 최소한 이러한 선택의 순간에 어떠한 자괴감도 느끼지 않았어야 한다. 더 나아가서 오히려 그 순간 그는 진정한 자아의 충족을 경험했어야 할 것이다. 그가 자신의 그 선택에 회한을 느낀다면 그것은 단지 사후(事後)적인 것이어야 한다. 그러나 실제로 그의 회한이 사후적인 것으로 한정되는가? 오히려 그의 선택은 진정한 의미에서 선택이라고 할 수 없는 것이라고 해야 옳을 것이다. 왜냐하면, 선택이란 숙고 끝에 더 나은 이유의 지원을 받는 대안을 취하는 것이라 할 때, 선택은 정당화의 대상이 되는 것들 사이에서만 이루어질 수 있을 것이다. 그런데 그에게 있어서 두 대안들은 비교 불가능한 무조건적인 원칙들이었기 때문이다. 따라서 그는 어떤 원칙에 따르더라도 그 따름 자체가 그가 따르고자 했지만 따를 수 없었던 원칙에 대한 회한을 구성한다.[24] 이것은 그의 회한이 선택 이후에 아버지로서의 원칙에 그 자신을 더 강하게 결의했을 때 갖게 되는 것이 아니라는 의미이다. 이것은 바로 갈등하는 무조건적 원칙들을 동시에 한 개인이 가질 수 있음을 보여준다.

이상의 논의는 자기성실성이 요구하는 논리적 일관성의 조건이 무모순성의 요구이지 무갈등의 요구는 아니라는 점을 확인시켜 준다. 동시에 이상의 논의는 이러한 '갈등하는 원칙들을 갖는다'는 것과 '그 원칙의 무조건성'과는 양립 가능함을 보여준다. 성실한 행위자가 그 자신 진정되게 결단한 원칙들이 주어진 상황에서 상호 갈등할 수 있음은 당연한 것이다. 나는, 더 나아가서, 이러한 갈등이 바로 인간적인 삶의 고유성이라 여겨진다. 여기에서 나는 가치의 갈등을 해소해 줄 제일 원칙을 마련함으로써 도덕이론의 체계를 세우려 했던 도덕 이론가들이 인간적인 삶의 상황에 대해 과연 얼마나 이해하고 있는가를 묻게 된다.

우리는 이상의 논의를 바탕으로 앞에서(2장 2절) 언급했던 도덕 원칙과 삶의 가치에 근거한 무조건적 원칙 간의 관계에 관해 좀더

---

24) 이 경우 회한은 죄책감과 구별된다. 죄책감이란 그릇된 것을 한 것에 대한 책임 의식이다. 처벌받을 만함 또는 비난받을 만함에 대한 의식이 죄의식의 본질이다. 반면 회한은 해야 할 것을 하지 못했던 것에 대한 정서적 반응이다. 이때의 하지 못함은 그의 과오 때문이 아니기 때문에 이는 대가를 치러야 할 종류의 도덕적 잘못은 아니다. 따라서 회한은 처벌받을 일을 했다는 의식을 본질로 하는 죄책감과는 다른 것이다. 물론 고갱이 죄책감을 가질 수는 있다. 그러나 그런 고갱의 죄책감은—자신은 양립 불가능한 것조차 양립시킬 수 있어야 한다고—자신을 매우 영웅적인 존재로 생각하고 있는 것에 기인하는 것이기 때문에, 그의 죄책감은 심리적인 것이지 도덕적인 것은 아니다.

진전된 결론을 내려볼 수 있을 것 같다. 그것은 한 인간이 자신을 정체화해 주는 삶의 가치나 원칙들에 근거하여 행위를 선택하고자 할 때, 비록 그 선택이 결과적 극대화 원칙에 벗어나거나 특정 도덕원칙에 위배되는 경우라 하더라도, 도덕을 내세워 그것을 제한할 수 없다는 것이다. 몰개인적 자아에 충실한 삶이 다른 자아가 추구하는, 예컨대 예술적 가치나 종교적 가치에 충실한 삶보다 더 나은 삶이라고 말할 근거가 없다. 다른 원칙에 성실함으로써 몰개인적 원칙을 양립시키지 못했을 때, 그것이 도덕 지상주의자들의 비난의 대상이 될 수 있을지는 모르지만, 몰개인적 관점과 마찬가지로 개인적 삶의 관점을 포괄하는 것이 윤리학적으로도 정당하다고 여기는 관점에서 볼 때, 자신의 선택한 무조건적 원칙들에 따르려는 개인의 구체적인 행위 선택을 몰개인적인 도덕원칙에 입각하여 제한해야 한다고 보는 도덕주의의 독단을 무한정 허용할 수는 없는 것이다.

## 2. 자기성실성과 윌리엄스의 행위자 중심 윤리

자기성실성 문제를 도덕이론에 중요한 비판적 개념으로 도입함으로써 윤리학적 담론에 중요한 주제로 만든 공은 버나드 윌리엄스(Bernard Williams)에게 있다.

그의 입장은 크게 소극적 논변과 적극적 논변으로 구성해 볼 수 있는데, 공리주의의 소극적 책임론은 비판하는 그의 논변이 전자에 해당되는 반면, 후자에는 특히 "개인, 성품, 도덕성"에서 전개된 개인의 정체성에 대한 논의가 해당될 것이다. 전체적으로, 도덕적 행위 주체는 고유한 자신의 성품에 의해 정체화되는 개인이며, 행위자는 자신의 원칙에 따라 적극적으로 선택한 행위에 대해 특별히 더 책임이 있다는 적극적 책임론을 주장하는 것이 그의 입장이다.

구체적인 논의는 다음과 같은 방향으로 전개하고자 한다. 먼저 그의 입장의 가장 기초가 되고 있는 행위자의 정체성에 관한 그의 분석을 정리하고, 그 위에서 정당화되는 자기성실성 옹호론과 그의 비판적 논변인 소극적 책임론의 논의를 살펴보겠다. 도덕적 책임 개념이 의미 있기 위해서는 행위자와 행위 간에 적극적 선택의 관계가 요구된다는 것과, 이를 위해 행위와 무위의 구분을 기본적으로 받아들여야 한다는 그의 입장을 검토해 보기로 한다. 그 다음 자기성실성 옹호론에 대해 제기되는 몰개인적 도덕성 옹호론자, 특히 공리주의자들이 제기하는 반론들을 비판적인 관점에서 살펴보고 마지막으로 자기성실성 옹호론과 몰개인적 공평성 간의 관계를 조명해 보겠다.

## 1) 윌리엄스의 자기성실성 옹호론

### (1) 행위자의 자아정체성

행위의 도덕성은 합리적인 자율적 행위자의 존재를 전제할 때 의미를 갖는다는 것은 이미 지적한 바이다. 이때 도덕 행위자의 개념은 자아의 동일성을 전제하는 개념인가? 도덕 행위자의 개념이 자아동일성을 논리적으로 전제해야 할 필연성은 없는 것 같다. 그러나 우리의 많은 실천적인 도덕개념들이, 예컨대 책임, 약속, 비난 등의 개념들이 우리가 사용하는 바 의미를 그대로 유지하기 위해서는 자아동일성을 전제하고 있다고 보아야 할 것이다. 우리가 어떤 행위의 책임을 그 행위자에게 묻는다는 것은 그 행위를 한 시점의 행위자와 책임을 지게 되는 시점의 행위자 간에 동일성을 전제한다는 것을 의미한다. 약속의 경우도 마찬가지이다. 약속의 개념은 약속을 한 시점의 행위자와 그 약속을 수행하기로 한 미래 시점의 그 간에 자아의 동일성을 전제하는 것이다. 이처럼 우리의 실천적 도덕개념들은 지속적인 인격의 동일성을 요구한다. 도덕적 개념들이 전제하는 인격의 동일성의 기준이 무엇인가에 관한 논의는 다양하다. 그 기준에 따라 그것이 함축하는 도덕적 책임이나 도덕이론과 행위자 간의 관계들이 달라질 것이다.[25)]

행위자 중심 도덕이론의 이론적 동기를 제공하는 자기성실성 옹호론과 정합하는 인격의 동일성 기준은 어떤 것이어야 할 것인가? 그 기준이 개별성을 갖는 인격의 정체성을 드러내줄 수 있는 것이어야 할 것이라는 점은 분명한 것 같다. 왜냐하면, 인격적 자기성실성이란 그 자신을 정체화해 줄 원칙들에 진실하고 충실한 것으로 정의되는 것이기 때문이다. 뿐만 아니라 만약 인격의 동일성 기준이 상식적으로 이해되는 개인을 정체화할 수 없다면 그 기준은 행위의 책임을 그 행위를 한 행위자에게 지울 수 없을 것이기 때문이다. 이렇게 때문에 우리는 도덕 행위자의 인격의 동일성은 구체적인 개인의 동일성이지 그 개인을 초월하거나 추상한 보편적 또는 객관적 자아의 동일성은 아니라는 점을 분명히 할 수 있다.

---

25) Korsgaard는 어떤 인격의 동일성 기준을 받아들이느냐에 따라 규범이론의 성격이 결정된다는 것을 논의하고 있다. Christine M. Korsgaard, "Personal Identity and the Unity of Agency: A Kantian Response to Parfit", *Philosophy and Public Affairs*, XVIII, no. 2, 1989, p.109.

이 점은 어떤 몰개인적인 인격의 동일성 기준에도 반대하는 윌리엄스의 논의에서도 확인된다. 그는 "개인, 성품, 도덕성"26)에서 특히 심리적 연결성(psychological connectness) 기준에 의해 인격의 동일성을 정의하는 파펫(D. Parfit)의 논의를 비판하면서, 그 자신은 인격의 동일성을 현재의 '무조건적 욕구'(categorical desire: 정언적 욕구)에서 찾는다. 물론 이때 욕구란 충동적이거나 본능적인 욕구가 아니라 자신의 삶에 대한 가치 인식을 가능케 하는 그의 삶의 근원적인 욕구이다. 그에 따르면, 가장 기본적인 단계로서, 인간이 가지는 욕구는 자신의 생명을 유지하기 위해 필요한 기본적인 것들에 대한 욕구가 있다. 생필품에 대한 욕구가 그것이다. 더 나아가서 이러한 욕구는 그 자신 뿐 아니라 그 자신의 가족과 친구들을 위해 어떤 것을 욕구하기도 한다. 이런 욕구들이 어느 정도 충족되면, 그는 자신의 취미나 기호를 위한 욕구를 가지게 될 것이다. 더 나아가서 이와는 전적으로 다른, 그 행위자의 성품에 침윤되어 있고 개인적인, 그 개인에게 있어 더 진지하며 전적인 관심에의 욕구가 있다. 그것은 그 욕구의 실현 가능성이 제거되었을 때 그에게 삶은 죽음보다 못한 것이 되게 될 그런 종류의 욕구이다. 다시 말해, 그가 삶을 사는 이유가 되는 욕구인 것이다. 이것은 이런 의미에서 '무조건적 욕구'이며,27) 이것이 바로 그 사람을 그

---

26) B. Williams, "Persons, Character and Morality", *Moral Luck*(Cambridge University Press, 1981), pp.1~19.

27) 그러니까 무조건적 욕구란 본능적이거나 충동적인 것이 아니라, 그에게 삶을 살아갈 동기와 행위할 동기를 주는 삶의 원칙과 같은 것이라고 할 수 있다. 윌리엄스는 이 점에 대해 다음과 같이 덧붙인다. "한 사람의 관심, 욕구, 기획의 패턴이 그의 미래의 지평 위에서 일어날 것들에 대해 그가 관심을 가져야 할 이유를 줄 뿐 아니라 그 미래의 존재 조건 자체를 구성

사람이게 해주는 본질적인 것으로서 동일성의 기준이 된다고 본다.

이 윌리엄스의 인격 동일성의 기준은 기존의 일반적인 동일성 기준에서 벗어나 있다. 일반적인 동일성의 논의는, 구체적인 욕구의 현상들 밑에 변화하지 않고 지속성을 유지하는 자아라는 일상적인 자아 관념을 보존하기 위해, 자아의 기준을— 칸트의 선험적 자아와 같은— 보편자적인 어떤 것에서 찾아야 한다고 믿었거나, 아니면 흄과 같이 자아를 "비연속적인 순간적인 지각들의 다발"로 여김으로써 일상적인 자아 관념을 포기해야 한다고 주장한다. 윌리엄스는 자아가 순간적인 자아들로 분리될 수 있는 것이라는 상정 자체를 받아들이지 않을 뿐만 아니라 어떤 몰개인적 기준에 의해 인격의 동일성을 확보하려는 시도들도 거부한다. 대신 "성품의 변화들 아래 기저하는 자아 또는 인격"이라는 일상적 관념을 깨뜨리지 않으면서 동시에 구체적인 개성을 유지하는 동일성 기준을 찾고자 한 것이다. 이 두 뿔을 잡기 위해 그는 정언적 욕구의 현재성을 인격의 동일성 기준으로 삼는다. 인격적 동일성을 유지하는 자아는 끊임없이 변화(예측되는 변화까지를 포함해서)하는 자아이다. 그러나 그 변화는 현재의 정언적 욕구에 의해 정체화되는 현재의 자아를 핵으로 하여 과거의 자아와 미래의 자아가 통합되는 것으로서 일종의 유기적인 지속체라고 보고 있는 것이다.

그는 이와 같이 인격의 동일성을 이해하는 구조에서라야 비로소 우리는 미래의 나를 나와 같은 나라고 말할 수 있을 것이라고 주장한다. 미래의 나는 현재의 나와 전혀 다른 생각과 가치관 등을

---

한다.", "사람들은 그를 정체화해 주는 기획과 무조건적 욕구를 갖는다는 의미에서 성품을 갖고 있다."

갖고 있을지도 모른다는 것을 예상하면서도, 그가 여전히 현재의 나와 같은 동일성을 유지하는 나라고 말할 수 있는 것은 전적으로 "미래의 성품과 관심들이 나의 현재의 성품과 관심들에 대해 갖는 관계"[28] 때문이라는 것이다. 마찬가지로 과거의 내가 나인 것을 과거의 내가 현재의 나와 갖는 관계 때문이다.[29]

윌리엄스의 인격의 동일성 기준에 관한 논의가 함축하는 바는 네이글을 포함한 칸트주의적인 합리적 인격의 동일성 개념과 다르다. 네이글은 현재의 나와 다른 시간대의 나를 동등하게 취급하는 것이 합리적이며, 따라서 현재의 욕구를 미래의 욕구보다 특별히 중요하게 여기거나, 미래의 내가 욕구하리라 예측되는 가치를 위해 현재의 내가 행위할 동기를 갖지 않는 것은 분열된 자아의 표지라고 본다. 더 나아가 그것은 유아론적 비합리성에 빠진 것이라고 주장하는 것이다. 그러나 윌리엄스의 입장은 그것이 반드시 비합리적인 것도, 자아의 분열도 아니다. 왜냐하면 자아는 항상 현재 중심적이기 때문이다. 미래의 자아에 대한 배려가 합리적인 이유는 미래의 자아가 현재의 자아와 동등하기 때문이 아니라, 미래의 자아가 현재의 자아와 관계를 갖는 자아이기 때문이다. 미래에 대한 배려는 현재의 나에 대한 배려로부터 생겨나는 것이라는 것이다. 이렇게 본다면, 현재 나의 욕구를 예상되는 미래의 욕구보다

---

28) B. Williams(1981), p.9.
29) 물론 여기에서 현재의 나를 정체화해 주는 것이 왜 다른 것이 아닌 정언적 욕구인가라는 질문이 있을 수 있다. 윌리엄스는 이 질문에 대해 "내가 가지고 있는 이런 욕구, 즉 근본적인 기획들과 관심에의 의지(conatus)에 의해 나의 삶이 추진되지 않는다면, 왜 굳이 내가 계속 살아야 하는지가 불분명해진다는 것에서 확인된다"고 대답한다. 이것은 어떤 관념적인 틀에 의해 인식되는 사실이 아니다. cf. B. Williams(1981), p.12.

어느 정도 더 중요하게 여기는 것은 결코 분열적 자아의 모습이 아니다. 물론 현재의 나에 대해서만 전적으로 배려하고 미래에 대해 전혀 배려하지 않는다면, 그것은 비합리적이다. 왜냐하면 그것은 현재의 나와 관계를 갖는 미래의 나에 대해 배려하지 않는 것이고 그것은 곧 현재의 나를 잘 배려하는 것이라고도 볼 수 없기 때문이다.

무조건적 욕구와 그로부터 기획된 삶의 기획이나 행위의 경향성들의 집합이라 볼 수 있는 성품을 인격의 동일성 기준으로 삼는 윌리엄스의 체계에서 행위자는 경험적 자아라는 것이다. 구체적인 시간 속에서 자신의 욕구를 가지는 존재로서 그의 정언적인 욕구들은 그가 속해 있는 삶의 제도들 속에서 형성되며, 변화될 수 있는 것들이다. 때문에 그의 정언적인 욕구가 반드시 이기적인 것이라 상정할 필요가 없다. 그가 삶을 사는 이유나 이에 근거한 그의 삶의 원칙이 이타적인 것일 수 있다는 것은 모순이 아니다.

그는 이들 개인적인 기획이나 원칙들이 도덕적일 수 있다는 데 대해 낙관적이다. 그는 다음과 같이 말한다.

> 칸트주의자들이 생각했듯이 이들 기획들이 도덕적 명령들과 어떤 갈등을 일으킬지도 모르지만, 이들 갈등은 아마 사소한(minor) 것일 것이다. 내가 그것을 부정하거나 망각하고자 하는 것이 아니라, 정상적으로 사회화된 개인에게 있어서 이들 기획들은 대부분 도덕적 개입(commitment)을 하려는 경향성들에 의해 그리고 그 경향성들 안에서 형성되는 것이(기 때문이)다.[30]

---

30) B. Williams(1981), p.12. 괄호 안 첨가.

여기에서 보이는 바와 같이 윌리엄스가 "개인을 정체화하는 것이 그 개인이 의지하는 근본적인 관심이나 기획 즉 성품"이라는 주장은 "행위자 자신만이 긍정할 뿐 사회적으로나 보편적으로 인정될 수 없는 원칙에 의해 그 개인을 정체화할 수 있다"는 주장과 무관한 것이다. 개인적 기획이 도덕적인 것과 배치될 것이기 때문에 그것을 도덕성 이해의 중심에 놓으려는 시도는 실패할 수밖에 없을 것이라는 비판은 기본적으로 개인의 자아가 사회와 무관하게 그 자신의 프로젝트를 가질 수 있다는 가정 위에서 제기되는 것처럼 보인다. 이와 반대로 윌리엄스는 개인의 정체성은 그 개인이 속해 있는 공동체의 맥락 속에서 구성된다고 보고 있음을 기억해 둘 필요가 있다.

개인을 그 자신이 갖는 정언적 삶의 욕구들에서 정체화될 수 있다고 하는 윌리엄스의 위 논의의 요점은 "개인 각각은 상호 대치 가능한 존재가 아니라"[31)는 것에 있다. 어느 개인도 타인에 의해 대치될 수 없다는 이런 개인의 정체성 논의를 받아들이는 도덕이론은 일반적인 의무와는 다른 개인 간의 특별한 관계에서 나오는 특수한 의무가 있음을 자연스럽게 받아들이게 될 것이다. 또한 비슷한 상황이나 조건에서 모든 사람이 똑같은 것을 해야 한다거나 누구나 해야 할 의무가 있다고 말해서는 왜 안 되는지를 설명하게 해준다.

### (2) 공리주의의 소극적 책임론 비판

윌리엄스가 공리주의를 자기성실성의 가치를 인정할 수 없는 이

---

31) B. Williams(1981), p.15.

론이라는 이유로 비판했을 때, 그 비판의 내용은 결국 공리주의가 경우에 따라 (자아동일성을 갖는 구체적인) 개인의 삶의 자기성실성을 파괴할 것을 명령한다는 것이었다. 이것은 공리주의가 도덕 행위자를 그 자신의 개성을 가짐으로써 자신의 인격을 갖는 존재로서 이해하지 않고 있기 때문이라는 것이 그의 주장이다. 그는 자신이 한 행위의 결과에 대해 지는 **적극적 책임** 뿐 아니라 그가 하지 않았기 때문에 초래된 사태에 대해서도 똑같은 책임을 져야 한다는 공리주의의 **소극적 책임론**(negative responsibility doctrine)을 통해 이 같은 주장이 사실임을 논증한다.

공리주의의 소극적 책임론은 다음과 같이 정리된다. 내가 X를 한다면 $O_1$이 일어날 것이지만 만일 내가 X를 하지 않는다면 $O_2$가 일어날 것이고 $O_1$보다 $O_2$가 더 나쁘다는 것을 내가 알 때, 내가 자발적으로 X를 하지 않았다면 나는 $O_2$에 책임이 있다. 나는 $O_2$가 일어나는 것을 막을 수 있었기 때문에, 그것을 막지 않은 책임이 나에게 지워지는 것이다.

이것은 공리주의적 관점에서 볼 때, 적극적으로 내가 행한 행위가 가져온 결과와 마찬가지로 내가 하지 않음으로써 발생한 결과의 원인 역시 내가 되는 것이다.[32] 이러한 공리주의의 소극적 책임론은 근본적으로는 적극적인 행위와 행위하지 않음(action and ommission)을 도덕적 평가에서 특별히 구분하지 않고 계산하는 그들의 결과주의 논리에서 비롯된 것이다.[33]

---

32) B. Williams, "A Critique of Utilitarianism", *Utilitarianism for and against* (1973), p.108.

33) 윌리엄스는 이에 관해 다음과 같이 말하고 있다. "결과주의가 사태에다 가치를 부여하기 때문에 그리고 그것의 관심이 이 세계에 어떤 사태를 가져

결과적인 관점에서만 본다면, "행위한 결과와 행위하지 않은 결과는 어떤 의미에서도 구별불가능하기 때문이다."34) 그러나 이러한 결과주의 관점이 과연 행위의 도덕성을 평가하는 데 적절한 관점인가에 대해 윌리엄스는 부정적이다. 그는 조지(George)와 짐(Jim)의 경우를 통해 이를 보여주고 있다.35)

이 상황에서 올바른 선택이 무엇인지는 공리주의자들에게 비교적 분명할 것이다. 조지는 그 직업을 갖기로 결정하는 것이 올바른 선택이고, 짐의 경우는 그가 한 사람을 죽이는 것이 올바른 행위일

---

오느냐에 있기 때문에 결과주의는 소극적 책임 개념을 필연적으로 갖는다. 소극적 책임이란 내가 만약 어떤 것에 책임이 있다면, 나는 내 자신이 가져온 것에 책임이 있는 것과 똑같이 내가 막지 못했거나 방치한(allow) 것에 책임을 져야 한다는 것이다. … 강한 소극적 책임론은 사태에다 가치를 할당하는 결과주의로부터 직접 나온다." cf. B. Williams(1973), p.95.

34) 공리주의를 도덕의 최소 이론으로 삼는 피터 싱어(Peter Singer)는, 안락사 문제를 다루면서, '행위함과 행위하지 않음의 구분론'을 받아들일 합당한 근거가 없음을 논변하고 있다. 피터 싱어(황경식 역), 『실천 윤리학』(철학과현실사, 1991), pp.201-209.

35) B. Williams(1973), pp.97~99. 다소 황당하게 구성된 짐의 경우 등을 요약하면 이렇다. 사례 1 : 조지는 화학자이자 반전주의자다. 그는 직장이 없어 경제적 어려움에 놓여 있다. 마침 이때 화학무기를 연구하는 연구소에서 그를 채용하겠다고 한다. 그는 차마 그곳에 일자리를 가질 수 없다. 친구들은 그에게 이렇게 말한다. 네가 그곳에 가지 않더라도 무기 연구에 더 열심일 다른 사람이 그 자리에 들어가 어차피 연구는 계속될 거라고. 그도 그것을 인정하지만 그럼에도 불구하고 그 채용을 거부할 수밖에 없었다. 사례 2 : 짐은 남미 지역을 여행 중인 여행자다. 그는 우연히 그 곳에서 무장 세력의 은거지에 가게 된다. 그날은 마침 그들 무장 세력이 일단의 무고한 사람들을 잡아다 사살하려고 하던 참이었다. 그 무장한 대장이 짐에게 제안을 한다. 당신이 이 사람 중에 한 사람을 사살하면 나머지 사람들을 풀어주겠다고. 그는 그가 한 사람을 죽임으로써 다른 사람들이 살아날 수 있다는 것을 알지만 차마 무고한 한 사람을 쏠 수 없었다.

것이다. 그러나,

    우리 대부분은 어떻게 그 대답이 그렇게 분명할 수 있는지 의
아스러워진다. 이 지점에서 우리가 관심을 갖게 되는 것은 그 대
답이 맞는 것인가의 여부라기보다는 어떤 종류의 고려들(consi-
derations)이 그러한 대답을 확정하게 했는가이다. … 이 의아스러
움에서 우리는 최소한 공리주의자들이 이러한 경우에 느끼는 것
과는 다르게 반응하도록 만드는 어떤 종류의 고려가 있음을 확인
하게 된다. … 우리 각자는 다른 사람이 아닌 바로 **자신이 한 것
에 특별히 책임이 있다**는 관념을 내포하는 종류의 고려를 … 제
거해 버린다는 것이 공리주의적 고려의 특징이다. 그것은 자기성
실성의 가치와 밀접히 연관된 관념이다.36)

    이상의 인용 구절은 무엇을 의미하는가? 그는 적극적으로 자신
이 결정한, 자신의 의도에 따른 행위에 대한 책임이 그밖의 다른
이유 때문에 한 행위보다 더 중요하다는 것을 말하고 있다. 이것이
바로 윌리엄스의 '행위자-중심' 개념의 중요한 특징이다.37) 조지가
가지 않는다면 다른 (화생전 연구에 열성적인) 연구원이 그 자리에

---

36) B. Williams(1973), p.99.
37) 행위와 무위의 구분을 기본으로 하지 않는 책임론은 도덕적 책임론이라
    하기 어려울 것이라 여겨진다. 왜냐하면 행위의 책임을 그 행위 주체에게
    묻는 것이 합당하려면, 그 행위와 행위자 사이에는 책임에 적합한 관계가
    성립되어야 할 것이다. 우리가 모든 행위에 대해 그 행위의 책임을 물을
    수 있는 것은 아니다. 어린아이의 행위라든지, 무의식적 또는 고의적이지
    않은 행위에 대해서 우리는 그 행위의 전적인 책임을 행위자에게 묻지 않
    는 것이다. 그렇다면, 행위와 행위자 간에 어떤 관계가 성립해야 하는가?
    그것은, 아리스토텔레스가 이미 말했듯이, 자발적인 선택의 관계이다. 도
    덕적 책임의 경우 그것은 자신의 원칙에 따라 행위를 선택함을 의미한다.

대신 들어가 화생전 연구를 진척시킬 것이 분명하다 하더라도(결과적으로 더 나빠질 것이라 하더라도), 짐이 한 인디언을 죽이지 않음으로써 더 많은 무고한 인명이 살상될 것이 예상된다 하더라도, 그들의 선택을 잘못된 것이라고 말할 수 없는 이유가 여기에 있다. 적어도 그들이 선택한 것은 해서는 안 된다고 믿는 것을 하지 않은 것이다.

이에 대해 공리주의자인 피터 싱어(Peter Singer)는 다음과 같은 반론을 전개한다. 행위와 무위의 구분을 중요시하는 이들은 "… 도덕규칙을 위반하지 않는 한, … 도덕적으로 해야 할 바를 다 한 것이라고 주장하는 윤리적 입장"과 관련이 있다는 것이다. 의무들로 이루어진 윤리이론에서 그 구분을 인정하지 않을 때 실천 불가능한 도덕적 의무를 요구하는 괴팍한 이론이 될 것을 염려하고 있다는 것이다. 예를 들어 살인하지 말라는 규칙을 적극적인 살인 행위보다 확장해서 타인의 죽음을 막지 않은 것에까지 확장할 경우, 그 규칙의 준수는 현실적으로 거의 불가능하게 될 것이다. 살인을 하지 않는 것은 쉽지만 이 세상에 여러 가지 이유 때문에 죽어가는— 그렇지만 내가 도왔다면 살 수 있었을지도 모를 — 그 많은 사람들의 죽음을 막기란 불가능하기 때문이다. 때문에 이런 윤리에서는 그 규칙의 적용 대상을 적극적인 행위에만 국한해야 할 필요가 있게 된다.

그러나 싱어의 주장은 이것은 윤리 이론적 특징에서 비롯되는 필요에 따른 임의적인 구분일 뿐이라는 것이다. 예컨대, 윤리적 입장에서 왜 살인하지 말라는 규칙은 되지만, 타인의 죽음을 막으라는 규칙은 안 되는지에 대한 합리적 근거는 없다는 것이다. 사람들이 그 규칙을 준수하는 것이 현실적으로 거의 불가능하다는 사실이 곧 그 규칙이 도덕적 규칙이 아니라는 것을 의미하는 것은 아니며, 오히려 조지의 경우, 무고한 한 사람을 죽인 경우와 여러 사람이 죽을 것을 알면서도 그를 죽이지 않은 행위 사이에서 책임의 문제를 논한다면, 두 경우 모두 그의 자의적 선택에 의한 것이므로 그가 한 선택의 결과에 대한 책임을 묻는 것은 당연하고 따라서 더 많은 사람의 죽음을 초래한 선택의 책임이 더 크다는 것이다.

  싱어의 이러한 주장은 지나치다고 생각된다. 선택이 항상 예상되는 결과의 관점에서 이루어져야 하는 것은 아니기 때문이다. 짐이 한 인디언을 죽이지 않기로 결정했다면 그는 무고한 사람을 죽이지 않는 것을 선택한 것이지, 무고한 더 많은 인명의 살상을 선택한 것이라고 할 수 없다. 우리는 여기에서 '의도한 것'(what we aim at)과 단순한 '예견'(what we foresee as the result of what we do)을 구분하는 푸트(Philippa Foot)의 생각을 참고해 볼 수 있다.[38] 물론 이러한 구분의 도덕적 적합성에 대한 공격이 없는 것은 아니지만, 푸트도 말하고 있듯이, "그럼에도 불구하고 의도된 것이라면 도덕적으로 용납될 수 없었을 일이 의도함 없이 일어났기 때문에 도덕적 허용되는 경우들이 있다"는 것은 사실이다.[39] 이러한 구분된 개념 아래에서 보면, 짐은 무고한 더 많은 인명의

38) Philippa Foot, "Morality, Action and Outcome", *Morality and Objectivity*, ed. Ted Honderich(London: Routledge & Kegan Paul, 1985), pp. 23～38. esp., p.25.

39) P. Foot(1985), p.25. 이것이 참임은 어떤 사람을 구하기 위해 다른 사람들에게 초래될 악을 막지 않은 것이 허용되는 경우들이 있다는 사실에 의해 증명된다. 예를 들어 의약품이 절대 모자라는 상황에서, 살릴 수 있다는 것이 더 확실한 환자에게 그 약을 주기 위해 더 치명적인 부상을 입은 환자의 죽음을 방치하기로 한 결정은 허용되어 있다.

살상을 예견했지만 의도한 적은 없었다.

　더 나아가서 짐이 무고한 사람을 죽이지 않고자 한 결정이, 싱어가 생각하듯이 그렇게, 관습적으로 수용되어 온 도덕규칙에 대한 맹종이라 해석해야 할 근거도 없는 듯이 보인다. 오히려 짐의 선택은 다음과 같이 이해해야 할 것이다. 짐은 많은 인명의 살상을 막을 수 있는 길이, 또 다른 무고한 생명을 죽이는 일만 아니었다면, 그는 기꺼이 그것을 했었을 것이다. 그러나 그는 무고한 생명을 죽이는 일만은, 비록 그것이 다른 생명들을 구하기 위한 것이라 하더라도, 차마 할 수 없었다. 그는 무고한 타인을 해치지 않겠다는 원칙을 자기 삶의 원칙으로 삼고 살아왔으며 이미 그 삶의 원칙과 그 자신은 하나이다.[40] 그는 "이는 무고한 사람을 죽이는 일이고 그것은 나의 원칙에 위배된다. 따라서 나는 그를 죽이지 않겠다"는 추론 상의 결정에 따랐다기보다는, 그저 무조건, 그를 죽일 수 없었다고 보아야 한다.[41] 이것은 단순 심리적 장애로 인한 것과는 근본적으로 다르다. 심적 불가피성이나 심리적 강박에 의한 즉 내적으로 강제된 선택과는 다르다. 이것은 "무고한 사람을 죽이기로 내가 적극적으로 선택해서 안 된다"는 그 자신과 분리될 수 없는 일체적 선택이다.

---

40) 물론 그는 관습적으로 용인되는 그 원칙을 내면화한 것일 수 있다. 그렇다고 그것은 단지 수동적으로 내면화한 것이 아니라 숙고에 의해 그 자신의 원칙으로 적극적으로 받아들인 원칙이란 점에서 맹종적인 것 역시 아니다.

41) 물론 사후(事後)에 왜 당신은 그를 죽이지 않았는가라고 묻는다면 그는 자신의 선택을 앞에서 든 추론과 같은 방식으로 합리화할 수는 있을 것이다. cf. B. Williams, "Ethics and the Fabric of the World", *Morality and Objectivity*, ed. Ted Honderich(London: Routledge & Kegan Paul, 1985), pp.205～206.

이제 그 결과에 대한 책임을 도덕의 이름으로 그에게 돌릴 수 있는가? 그 결과를 가지고 그를 비난하는 체계를 우리가 과연 받아들일 수 있는가? 결과론자들은 '비난할 만한', '칭찬할 만한'과 '옳고', '그름'은 별개의 평가라고 주장함으로써 이 물음을 회피하고자 할지 모른다. 전자는 행위자에 대한 평가인 반면, 후자는 행위에 대한 평가라는 것이다. 비난과 칭찬이 그가 한 행위의 옳고 그름 이외의 다른 요소에 의해 조정되어야 한다고 보는 것이다. 그리하여 그 인디언을 죽이지 않은 것이 그릇된 것이라는 결과론자들의 주장이 곧 조지는 비난받을 만하다는 것을 함축하는 것은 아니라는 것이다. "조지, 당신은 도덕적으로 그릇된 일을 했다. 그러나 이것이 당신에 대한 비난을 의미하지는 않는다"고 말할 수 있다는 것이다. 이렇듯 '도덕적으로 그릇된'을 '비난할 만한'과 개념적으로 분리시키는 것은 행위와 행위자를 도덕적 평가 체계 안에서 분리시키는 것으로 실천적 현실 속에서 행위자를 자신의 행위로부터 소외시킬 수 있는 여지를 열어놓은 셈이 될 것이다.

공리주의자들의 입장에 대해 또 한 가지 생각해 보아야 할 점은, 왜 짐의 행위의 선택의 결과에 대한 책임을 전적으로 짐에게 돌려야 하는가 하는 점이다. 짐은 무고한 사람을 죽일 수 없었고, 그 후 결과가 더욱 끔찍했다 하더라도, 그 결과는 온전히 짐의 선택에 따른 인과적인 결과라고 볼 수 없다. 그의 무위가 결과의 직접적 원인이 아니라는 말이다. 그의 선택 뿐 아니라 그것을 요구한 대장의 무모함, 그 순간 그 사태를 변화시킬 수 있는 아무 일도 일어나지 않은 것, 등등의 요인들이 작용하여 그 결과에 이른 것이다. 만약 그 대장이 그런 요구를 하지 않았다면 그는 그런 선택을 할 필요조차 없었을 것이며, 만약 그 순간 토벌대가 도착해서 이들을 공격했다면, 극적으로 모두가 구출되었을 수도 있었다. 따라서 그 결과를 온전히 그가 인디언을 죽이지 않았기 때문이라 보고, 그가 그 인디언을 죽였어야 옳다고 보는 것은 그에게 지나치다고 볼 수밖에 없다.

　이 모든 논의에도 불구하고 공리주의가 소극적 책임론을 주장한다면, 그들의 도덕이론은 내적 정합성(integrity)을 파괴할 것을 요구하는 이론임에 틀림없다. 소극적 책임론은 무엇을 해야 하는가의 실천적 물음에 있어서 항상 무엇이 결과할 것인가 만을 고려함으로써 자신의 행위를 선택할 것을 요구한다. 이것은 무엇을 의미하는가? 이는 자신의 행위를 자신의 행위이게 하는 그 자신의 행위의 원칙이 있음을 인정하지 않거나, 그런 것이 설령 있다 하더라도 그러한 원칙은 도덕적 행위의 이유와 상관없고 오직 공리성의 원칙만이 도덕적 행위의 올바른 이유가 된다는 의미이다. 이것은 공리주의가 자기성실성을 파괴하는 이론임을 드러낸다. 공리주의는 행위자 자신이 선택하고 서명한 원칙을 무시할 것을 요구함으로써 행위자에게 정합성(integrity)을 희생하도록 만들기 때문이다.

　이상의 논의를 통해 보여진 윌리엄스의 자기성실성 옹호론의 골자는 다음과 같다. 도덕적 책임은 구체적인 행위를 수행한 행위자에게 귀속되며, 그 행위자는 그 자신의 삶의 원칙과 기획들에 의해 정체화되는 구체적인 개인이기 때문에, 행위자는 다른 사람이 아닌 자기 자신으로서 자신이 한 행위에 특별히 책임을 진다.

## 2) 자기성실성 옹호론에 대한 비판

　윌리엄스의 소극적 책임론 비판의 이론적 논거는 자기성실성에 대한 윤리학적 옹호라고 할 것이다. 자기성실성을 윤리학에서 보존해야 할 기본 가치라고 보는 입장에 대해서 몰개인적 관점의 도덕이론들이 어떤 식의 대응을 하는지 살펴보는 것이 전체 논의의 순서와 균형을 위해 필요한 것 같다.

이들의 반응은 크게 세 가지로 분류할 수 있다. 하나는 자기성실성의 가치를 부정하는 반응이다. 윌리엄스의 '자기성실성' 자체가 비합리적인 것이기 때문에 그러한 자기성실성은 오히려 극복되어야 할 성질의 것이지 도덕적인 가치가 있는 것이 아니라는 것이다. 또 하나는, 자기성실성 비판이 정확한 것이긴 하지만 그 비판은 자신들의 이론에 대한 중요한 공격이 되지 못한다는 반응이다.

'한 인디언을 죽일 수 없었던 짐', '난파된 배에서 자신의 아내를 구하고자 그쪽으로 간 남편' 등을 그들의 불공정성 때문에 도덕적 흠이 있다고 보기 어렵다고 한 윌리엄스의 비판적 논점은 "행위의 동기는, 도덕적으로 예외 없이, 공평성의 테스트를 통과해야 한다고 보는 도덕이론"에 대해 성립한다는 것이다. 즉, 무엇을 할 것인지를 구체적 상황에서 결정하는, 일차적 차원에 공평성의 이상(ideal)을 끌어들이려는 이론에 그 비판은 해당되는 것이나, 공리주의가 그 비판에 반드시 해당된다고 볼 이유가 없다고 주장하는 것이다.

몰개인적 관점에서도 자기성실성을 가치 있는 것으로 인정할 수 있는 방식을 마련할 수 있기 때문에 몰개인적 관점이 곧 개인의 자기성실성을 침해한다는 비판은 잘못이라는 것이다. 이러한 반론은 정당한 근거를 갖추고 있는가?

(1) 자기성실성의 비합리적 요소

사라 콘리(Sarah Conly)는 "공리주의와 자기성실성"[42]이라는 논문에서 소극적 책임론에 의해 손상되는 '행위자와 그의 근본적 기획(ground projects) 간의 관계'와 같은 것은 비합리적인 정서적 집착(emotional attachment)으로 취급해야 한다고 주장한다. 그녀는 "조지와 짐이 공리주의적인 방식으로 추론했을 때 선택하게 될 행위는 정확히 무엇이며, 왜 그것이 그들의 자기성실성을 파괴하는가?"라고 반문하면서, 오히려 조지는 그가 화생전을 발전시키는 제도와 관계를 맺는 것에 대해 느끼는 꺼림칙함을 극복하거나, 최소한 무시해야 했다고 주장한다.

조지는 화생전 연구에 더 적극적일 다른 후보자보다는 그가 그 직업을 갖는 것이 어떤 의미에서 더 낫다는 것을 알고 있다. 이러한 상황에서 공리적인 이유 때문에 조지가 그 직업을 갖기로 결정할 때 그가 부딪히게 될 어려움의 종류는 "화생전은 옳지 않다"는 일반 도덕원리를 그 자신이 범하는 도덕적 궁지에 몰리는 것이 아니라, 그의 주관적 정서의 벽에 직면하는 것이라는 것이다. 즉 화생전과 관련되는 그 어떤 것과도 관련을 맺고 싶지 않다는 정서적 장애에 부딪치는 것이라는 것이다. 이런 맥락에서 콘리는 다음과 같이 말한다. "여기에서 공리주의가 조지에게 그 직업을 택하라고 말할 것이라는 윌리엄스의 지적은 정확하다. 공리주의는 합리적으로 사고할 것을 요구하며, 합리적이고 몰개인적인 관점이 공리주의적 선택 결정의 중요한 일부이기 때문에 자신의 정서적 집착을

---

42) Sarah Conly, "Utilitarianism and Integrity", *The Monist*, LXVI, 1983, pp.298~311.

극복하고 더욱 합리적인 선택을 해야 한다고 말하기 때문이다. 그렇다고 해서 이것이 곧 그 개인의 자기성실성을 침해하는 것이라는 주장을 정당화해 주지는 않는다"43)는 것이다.

콘리는 그 근거를 다음과 같이 전개한다. 이미 언급한 바와 같이 욕구할 만한 목표를 가장 잘 만족시키리라 생각되는 방식으로 행위하는 것을 방해할 만큼 강한 그러한 집착을 공리주의는 인정하지 않는다. 그렇다고 해서 이것이 곧 행위자의 행위의 동기를 전적으로 무시하거나 제거하라는 것을 함축하는 것도 아니다. 공리주의가 자연스런 동기를 제거하고 부자연스러운 동기를 가지라고 요구하는, '심리적 혁명'을 요구하고 있다고 보아야 할 이유가 없기 때문이다. 사람들은 (물론 공리주의자도) 자신 안에 내재하는 어떤 정서적 열정(predilection)을 가진다는 것을 인정한다. 그리고 이러한 정서적 열정과 합리적인 욕구를 반드시 대립되는 것으로 보아야 할 근거가 없다. 이는 자신이 본유적으로 가지고 있던 정서적 유대감은 좀더 합리적인 사고를 통해 그것이 비합리적인 것이라 스스로 판단할 경우, 그는 그러한 유대감을 극복하고 좀더 합리적인 선택을 하고자 하는 욕구를 자연스럽게 갖게 된다는 것을 의미한다. 이제 그가 한 선택은 강요된 선택도 아니고 소외를 결과하는 선택도 아니다. 그런데도 윌리엄스는 마치 이러한 정서적 열정과 합리적인 욕구를 상호 배타적인 것으로 취급했고, 그 근거 없는 생각을 토대로 공리주의를 비판했다는 것이다.44)

---

43) S. Conly(1983), pp.306~307.
44) 그녀는 다음과 같이 말하고 있다. "과연 이성에 의해 극복될 수 없는, 윌리엄스 류의 정서적 집착이 '목표에의 의미 있는 결단'임을 구성한다고 믿어야 할 근거를 우리는 갖고 있는가? 이는 오히려 그것이 비합리적인 것

콘리와 같은 논지의 반론을 지지하는 이들의 공통된 견해는 자기성실성에 호소하는 요구들에는 어떤 제한이 가해져야 하고 그 제한은 결과적 합리성의 원칙에서 찾아져야 한다는 것이다.[45) 이들의 반론은 자기성실성을 옹호하고자 하는 사람들을 당황스럽게 만든다. 자기성실성은 행위자가 결단한 정언적 원칙에 따라 행위할 것을 요구하는데, 콘리는 그렇게 하는 것을 비합리적 행위자의 징표로 보고 있기 때문이다.

여기에서 검토해 볼 점은 이들의 자기성실성에 대한 이해가 올바른가 하는 점과 그들이 말하는 합리성이 무슨 의미인가이다. 우선 그들의 '자기성실성'에 대한 이해를 보자. 그들은 자기성실성에 전제되는 그 개인의 정언적 원칙 또는 근본 기획에의 결단을 정서적인 것으로 여기고 있다. 그리하여 그 원칙에 충실하고자 하는 태도는 그 원칙보다 상위에 있는 실천 이성적 판단에 따라야 한다고 생각한다. 이때 물론 공리주의자들에게 있어서 그 실천 이성은 "최대의 좋은 사태를 결과해 줄 수단을 찾는 이성"이다.

이것은 사실상 이들이 '근본적 기획'의 의미를 아직 파악하지 못하고 있거나 무시하고 있음을 드러내주고 있다. 윌리엄스 등은 기

---

을 임의적으로 승인하는 것 같으며, 어떤 사람들은 그것을 방종(self-indulgence)이라고 말할 것이다. 합리적 행위자도, 이미 논변한 것처럼, 비합리적 행위자와 마찬가지로 욕구하는 가치들을 갖고 있다. 그 둘을 구분시켜 주는 것은 그들의 욕구를 달성해 가는 방법이며 그들이 가치를 증진시켜 나아가는 방법이다. 합리적 행위자는 최선의 수단을 고려하며 그들을 채택한다. 이것이 그가 비합리적 행위자보다 그러한 목적에 덜 결의(commit)했음을 의미하는가?" S. Conly(1983), p.309.

45) cf. Schelly Kegan, "Does Consequentialism Demand Too Much?", *Philosophy and Public Affairs*(1984), pp.239~254.

획의 종류를 기본적으로 두 가지로 구분하고 있다. 공리성 또는 합리성 원리를 적용하는 것이 의미가 있는 종류의 기획과, 그러한 적용의 대상이 될 수 없는 종류의 기획이다.46) 반면, 공리주의자들에게 있어서 어떠한 의미 있는 기획도 오직 하나 즉 공리주의적 원칙에 부합하는 것밖에 없다. 공리주의자들은 행위자의 기획들이 도덕적 평가의 대상이 된다면, 그 기획이 좋은 사태를 이 세계에 얼마나 가져올 수 있게 기여하는가 하는 관심과 관계해서만이다. 이와 관계없이 부여될 수 있는 기획의 가치란 그들에게 없다.

자기성실성 옹호론자들은 "그로부터 그의 삶의 의미, 삶의 계획, 기획 등이 출발할 수 있는 것으로서 그가 바로 그의 삶의 주체로 산다는 의미를 갖게 하는" 기획의 종류는 공리주의적 합리성에 의해 취사선택될 대상이 아니라고 본다. 왜냐하면 이러한 기획은 무엇을 그 자신이 추구할 만한 것이나 그 자신의 선으로 삼을 것인가의 기획이기에, 이러한 기획 위에서 비로소 합리성이 무엇인가가 실질적 의미를 가질 수 있기 때문이다.47) 그 기획이 수단적 합리성보다 개념적으로 선행해야 하는 것이다. 따라서 이러한 기획들을 얼마나 잘 실현하는가가 도덕적 합리성의 조건이지, 공리주의자들의 생각한 것처럼 이러한 기획과 독립해서 도덕적 합리성 여부가 평가될 수 있는 것이 아니다.48) 더군다나 그 기획이 공리

---

46) 이는 이미 앞절에서 언급했던 것으로서, 그가 구분했던 '정언적 욕구'에 의해 결단한 기획이다. 참고 3장 2절 1).

47) 윌리엄스는 다음과 같이 말한다. "그 사람의 관심, 욕구, 기획들의 패턴이 그의 미래의 지평 위에서 일어날 일들에 대해 관심을 가질 이유를 제공할 뿐 아니라, 자신의 미래의 존재 조건 자체를 구성한다." B. Williams (1981), p.11.

48) cf. Philippa Foot, "Utilitarianism and the Virtues", *Consequentialism and*

주의적 평가의 대상이 되어야 한다고 보는 것은 어불성설이다.

따라서 콘리가 제기한 종류의 논박은 제대로 한 반론이라 볼 수 없다.

## (2) '도덕이론과 실천적 적용의 분리'에 근거한 비판

공리주의가 자기성실성으로부터 나온 행위를 정당하게 취급하지 않는다는 지적이 정확한 지적이긴 하지만, 이러한 지적은 공리주의 이론 자체에 대한 비판이 아니라 공리주의의 실천적 의미에 관한 비판이기 때문에 공리주의에 대한 중요한 위협을 가할 수 있는 비판이 되지 않는다는 요지의 반론이 있다. 이들은 다음과 같이 반론한다.

우리는 도덕이론을 옳음의 기준이나 규준에 대한 논의로 삼을 수도 있고 결정 절차(decision procedures)에 대한 것으로 이해할 수도 있다. 옳음의 기준이나 규준은 행위나 동기를 옳게 하는 것이 무엇인지를 설명하거나 정당화해 주는 반면, 결정 절차는 숙고의 방법(method of deliberation)을 제공한다. 그런데 어떤 한 도덕 이론이 이 두 가지 기능을 모두 다 해야 하는 것은 아니다. 따라서, 공리주의를 결정 절차론으로서가 아니라 옳음의 기준에 관한 이론으로 이해한다면, 자기성실성(의 문제로부터 제기된) 비판은 무력해지게 된다. 왜냐하면 자기성실성 비판은 행위의 실행 맥락에서 제기되는 비판이기 때문이다. 이 같은 반론에 가담하는 브링크(David O. Brink)는 "공리주의적 도덕성과 도덕적 관점"이란 논문

---

*its Critics*, ed. Samuel Scheffler(Oxford University Press, 1988), pp.224 ~242; Philippa Foot, "Morality, Action and Outcome", *Morality and Objectivity*(1985), pp.29~31.

에서 다음과 같이 말한다.

> 윌리엄스 등이 이런 비판을 할 때, 그것은 행위자가 그들의 기획들을 몰개인적인 관점에서 보아야 한다는 공리주의의 요구 조건에 대한 반격이다. 따라서 취해진 바 그 자기성실성 공격은 결정 절차로서의 공리주의에 대한 것이다. 즉 공리주의적 추론은 행위자에게 그들 자신의 기획을 개인적 관점을 무시하는 방식으로 계산할 것을 요구한다는 것이다. … 그러나 공리주의는 정상적인 조건에서 몰개인적인 관점을 요구하지 않는다. 그것은 공리주의가 결정 절차일 때에만 요구할 것이다. 공리주의는 옳음의 기준만을 제공하지 결정 절차를 제공하고자 할 필요가 없다.[49]

따라서 공리주의가 결정 절차론이 아니라 옳고 그름의 기준에 대한 이론으로 이해된다면, 공리주의에 대한 자기성실성 비판은 제기될 필요가 없다는 것이다. 왜냐하면 자기성실성 비판은 공리주의가 자신의 원칙에 따라 행위를 선택하고자 하는 행위자의 동기적 정합성을 파괴한다는 데 있었기 때문에, 공리주의가 행위의 결정 절차에 관한 주장으로 이해되지 않는다면, 그 비판은 표적을 잃게 된다는 것이다.

공리주의는 구체적인 행위 선택의 원칙을 제시하는 행위의 일차-질서(first-order) 이론이 아니라 그러한 행위의 원칙들을 궁극적으로 기초 지워줄 근본 원칙을 밝히는 이차-질서 이론이라는 것이다. 윤리학이 본래적으로 옳고 그름에 관한 이차 이론이라고 주장하는 이들은, 따라서 무엇을 하는 것이 옳은가라는 실천적인 물음에 대

---

49) David O. Brink, "Utilitarian Morality and the Moral Point of View", *The Journal of Philosophy*, 1986, p.424.

해 윤리학적 원칙은 직접적으로 관여하지 않는다고 주장한다.

도덕이론은 기본적으로 원칙의 정당화에 관여할 뿐 그 실천적 적용에까지 관여하는 것은 아니라는 가정 위에서 출발하는 이들 반론은 도덕이론에서 제시하는 도덕법칙을 행위 동기에까지 적용시킬 필요가 없다는 점을 강조하는 것이다. 이런 식의 반론은 공리주의자들 뿐 아니라 칸트주의자들도 즐겨 취하는 유형의 반론이다.

칸트의 전통에 서 있는 바바라 허만(Babara Herman)을 보자. 그녀는 칸트 도덕이론이 도덕성의 기본 조건으로 삼는 공평성은 직접적인 행위 선택의 동기가 갖추어야 할 조건으로 요구되는 것은 아니라고 말한다.50) 구체적인 행위의 차원에서 기본적으로 요구되는 동기로서 공평성을 요구하는 것은 아니라는 것이다. 예컨대,

> 그 행위자의 의지(또는 준칙)가 이차적 동기 또는 제한 조건으로 기능하는 의무의 동기에 의해 규제되는 한, 칸트주의 윤리학은 타인에 대한 관심이나 배려에 의해 촉발된 '친분 동기'(motives of connection)로부터 오는 책임을 다하는 행위를 막지 않는다.51)

따라서 행위의 동기들을 제한하거나 무시함으로써 그들 이론이 자기성실성을 파괴한다는 논지의 비판은 받아들일 수 없다는 것이다. 이들의 주장이 옳다면, 그들의 도덕이론은 구체적인 행위를 선택하는 실천적인 추론의 과정에서 자기성실성에 대한 고려를 허용해야 한다는 자기성실성 옹호론과 양립할 수 있는 것처럼 보인다.

---

50) Babara Herman, "Integrity and Impartiality", *Monist*, 66, 1983, pp.234~40; "Agency, Attachment, and Difference", *Ethics*, 101, 1991, pp.775~797.

51) B. Herman(1991), p.777.

칸트 윤리학의 경우, 그러한 고려의 이유가 보편화의 원리에 일치하는 것인 한 그것을 허용할 것이며, 공리주의의 경우 역시 그러한 고려를 허용하는 것이 그렇게 하지 않는 것보다 더 나은 사태를 결과한다면, 그들의 이론 안에서 자기성실성에 대한 고려를 인정하는 것은 당연할 것이기 때문이다.[52]

그러나 이러한 반론은 자기성실성 비판을 어느 정도 피할 수 있는 온건한 도덕적 입장이긴 하지만, 여전히 자기성실성 옹호론과 양립하기에는 한계가 있다. 왜냐하면 이들은 자기성실성의 가치를 오직 그들의 도덕원칙에 의해 정당화될 수 있을 때에 한해서만 인정할 것이기 때문이다.

더 나아가서 이들의 입장이 전제하는 윤리학에 대한 가정 자체가 의심스러운 것이다. 즉 도덕적 정당화와 도덕적 동기는 전혀 분리될 수 있는 것이라는 이들의 가정이다. 동시에 '행위에 대한 도덕적 평가'와 '동기나 믿음에 대한 도덕적 평가'는 상호 독립적이라는 믿음에 근거하고 있다. 실제로 많은 윤리학자들이 그들 나름의 다양한 용어로 정당화로서의 도덕이론과 결정 절차론으로서의 도덕이론을 구분해 왔다.[53]

---

52) 일종의 규칙 공리주의에 속하는 동기 공리주의 형태를 취함으로써 자기성실성이나 정의 등등의 가치들을 인정할 수 있다는 것이다.

53) 버틀러(Joseph Butler), 밀(J. S. Mill), 시즈윅(Henry Sidgwick), 무어(G. E. Moore) 등에게서 이런 입장을 발견할 수 있다. 이런 경향은 시즈윅에서도 발견된다. 이에 흔히 인용되는 그의 유명한 구절의 내용은, "'보편적 행복이 궁극적 표준'이라는 주장이 '보편적 자비심이 … 언제나 최선인 행위의 동기'라는 것을 함축한다고 이해되어서는 안 된다. 왜냐하면, … 옳음의 기준이 되는 궁극 목적(the end)이 언제나 우리가 의식적으로 목표하는 목적이어야 할 필연성은 없기 때문이다. 만약 사람들이 순수 보편적 사랑보다는 다른 어떤 동기에 의해 행위할 때 일반적 행복이 보다 더 만족

우선 이들 도덕이론의 관점에서 볼 때 자비심보다 적에게 복수하고자 하는 증오심에 불타게 하는 것이 일반적 행복을 보다 더 잘 성취해 줄 수 있다면, 타인을 적으로 인식하는 복수의 동기가 타인을 사랑의 대상으로 인식하는 자비의 동기보다 더 선택해야 할 동기라는 것이다. 이것은 행위자들의 믿음이나 욕구 등의 동기를 궁극 목적을 위해 정책적으로 조작하는 것을 정당화해 주는 근거가 된다.54) 물론 공리주의자들은 이에 대해 그러한 조작은 공리적 목적을 달성하는 데 성공적이지 못한 방법임을 우리의 경험이 보장하기 때문에 그러한 조작은 선호되지 않는다는 대답으로 문제를 피하고 있긴 하다. 그러나 중요한 것은 이러한 동기의 조작의 정당성 여부가 경험적 결과에 의존하는 것인가의 문제일 것이다. 오히려 그러한 조작 가능성은 그 결과와 상관없이 용인해서는 안 될 것이라 여겨진다. 이처럼 수락 불가능한 동기의 원천이나 허용 불가능한 선택의 기초를 제공할 수 있는 도덕이론은 도덕이론으로서 치명적인 결함을 갖고 있는 것이라 해야 할 것이다.

도덕이론은 실천의 문제와 독립적이라는 이분법에 기초해서, 그들은 자기성실성 비판에 대해 또다시 다음과 같은 반론을 전개한다. 몰개인적 관점을 요구하는 공리주의 원칙이 행위자의 자기성

---

스럽게 성취될 수 있으리라는 것을 우리는 경험이 보증한다면, 공리주의 원리 위에서 그 다른 동기들이 마땅히 선호되어야 함은 분명하다"(Henry Sidgwick, *The Method of Ethics*, p.413)이다. 이것은 동기가 무엇인가의 문제와 도덕적 기준이 무엇인가의 문제는 별개라는 것을 의미한다. 이것은 어떤 동기에 의해 행위했는지와 상관없이 그 행위는 궁극 목적과의 관계에 의해 평가된다는 것이다.

54) Adrian M. S. Piper, "Utility, Publicity, and Manipulation", *Ethics*, 88, 1978, pp.106~189.

실성을 파괴하는 경우는 그 행위자가 자신의 행위 선택 과정에서 공리주의 원칙을 인식하고 있는 경우에만 한정된다. 행위자가 그것을 인식하지 않는 한, 그는 자신이 옳다고 믿는 이유에 의해 행위를 선택할 것이기 때문에 그의 자기성실성은 파괴되지 않는다. 공리주의는 공리주의 원칙을 알고 있는 사람의 자기성실성은 파괴할지 모르지만 그것을 모르는 사람의 행위의 정합성을 위협하지는 않는다. 따라서 공리주의가 공리주의 원칙이 모든 사람에게 알려져야 한다고 주장하지 않는 한, 공리주의는 모든 행위자의 자기성실성을 위협하는 도덕이론이 아니다.

이러한 반론 역시 두 가지 점에서 치명적인 결함을 갖고 있다. 그 하나는 이러한 반론은 그 자체가 자기성실성의 훼손을 재현하고 있다는 것이다. 왜냐하면, 이들의 주장의 의미는 공리주의적 원칙을 믿거나 그 원칙에 부합하려는 이유 때문에 한 행위가 아니라 하더라도 그 행위는 정당화된다는 것이다. 이는 곧 도덕적 정당화가 그 행위자의 행위에의 의도나 의지와 상관없이 이루어진다는 점에서 바로 자기성실성 비판이 지적했던 "행위의 도덕성으로부터의 행위자의 소외"이며 행위자의 자기성실성 훼손인 것이다. 행위자는 자신이 의도한 이유와 상관없이 외부적 목적에 의해 자신의 행위의 도덕적 가치가 결정되는 것이다. 극단적인 경우 자신의 행위가 왜 도덕적인 (또는 부도덕한) 행위인지에 대해 모르면서 자신의 행위가 정당(부당)하다는 것을 수락해야 하는 것이다. 한마디로 행위자에게 비합리성을 강요하고 있다. 이는 행위자의 행위성의 의미를 도덕체계 안에서 제거하는 것을 의미한다.

두 번째 결함은 이러한 반론이 적절한 도덕원칙이라면 지켜야 할 '공지성의 조건'(the publicity condition)을 위배한다는 점이다.55) 공지성의 조건이란 다양한 도덕적 관념들의 상대적인 장점들을 그 관념에 의해 지배받게 될 당사자들로 하여금 "공공적으로 인정되고 충분히 효과적인 사회생활의 도덕적 헌장(constitution)으로서" 상상하도록 한 다음 그 중 어느 관념이 가장 효과적으로 이러한 기능을 효과적으로 발휘할 수 있는지를 결정하도록 함으로써 평가하도록 해야 한다는 조건이다. "공지성의 조건은 그것이 우리가 합리적 존재로서 목적 왕국의 법으로 제정하고자 하는 제 원칙에 따라 행동하기를 요구하는 한에서 칸트의 정언 명법의 이론에 분명히 함축되어 있는 것이다."56)

물론 공리주의가 이러한 공지성의 조건이 도덕원칙을 정당화하기 위해 필연적으로 만족되어야 할 조건이라는 것에 동의하지 않을 수 있다. 그리하여 공리주의가 그러한 공지성의 조건을 위배함이 곧 공리주의의 도덕적 이론으로서의 성립 불가능성을 의미하지 않기 때문에 그 비판은 치명적인 것이 못된다고 주장할 수 있다. 즉 공리주의는 무슨 행위가 옳은가에 대한 일반적 해명을 제공하

---

55) 이 문제는 도덕성의 개념적 조건이 무엇이냐라는 탐구와 관련된 논의들과 관련되는 것으로서, 이 용어는 롤스가 그의 『정의론』에서 사용한 것이다. 이 조건은 학자에 따라 그 용어 사용에 차이가 있긴 하지만— 쿠르트 베이어는 '보편적 교육가능성의 조건'(the condition of teachability), 윌리엄스는 '투명성의 조건', 스캔론의 '수락 가능성 조건' 등등 — 도덕원칙의 정당화는 원칙적으로 공지 가능성을 전제하는 보편적인 인정 가능성에 의존한다는 것에 대한 광범위한 학자들 간에 의견 일치가 있다. 이와 관련된 다양한 논의들은 H. N. Castaneda와 George Nakhnikian이 편집한 *Morality and the Language of Conduct*(Detroit: Wayne State University Press, 1964)에서 참고.

56) 존 롤스(황경식 역), 『사회 정의론』, 제1부 원리론(서울: 청조각, 1977), pp.162~163.

고자 하는 것 이외의 그 어떤 것에도 개입할 필요가 없다고 주장하는 것이다. 이들은 '어떤 이론의 진리성이나 올바름'(correctness)과 '그 이론의 수락을 광범위하게 권장할 만함'(advisability)의 구분을 강조한다. 어떤 것이 참이라고 주장하는 것과 그것이 일반적으로 믿어져야 한다고 주장하는 것 간에는 매우 중요하고 실질적인 차이가 있다는 것이다. 따라서 도덕원칙이 널리 믿어져서는 안된다는 것이 곧 그 원칙은 틀린 것이거나 올바르지 못하다는 것은 아니라고 주장하는 것이다.

그러나 공리주의가 공지성의 조건 위반을 그렇게 사소한 것으로 취급할 수 있을 것 같지는 않다. 공지성을 위반한 공리주의라면, '그 공리주의적 옳고 그름의 원칙을 알고 그 원칙에 의해 행위의 도덕성을 평가하는 판단자'와 '결과적으로 그 원칙에 부합하거나 어긋나는 행위를 하는 행위자'인 두 구분되는 존재를 상정해야 한다. 즉 도덕적 판결자와 행위자는 구분된다. 이제 누가 그 판단자가 될 것인가? 그것은 이미 2장에서 언급되었던 이상적 관망자일 것이다. 이러한 이상적 관망자는 관망자일 뿐 결코 그 자신 행위하는 자는 아니어야 할 것이다. 그가 행위자이기도 하다면 그는 이중분열에 걸릴 것이기 때문이다. 요약컨대, 공리주의가 공지성 조건 위반을 이론적 결함으로 여기지 않는다면, 그 공리주의 이론은 이상적 관망자를 위한 이론일 뿐 행위자들을 위한 이론은 아니라고 해야 할 것이다. 더 나아가서 그 이론은 행위자들이 결코 알아서는 안 될 도덕적 진리에 관한 이론이라고 해야 할 것이다.

이는 공리주의의 주장대로, 이 점이 공리주의의 도덕이론으로서의 성립 불가능함을 보여주는 결정적인 근거가 되지는 않는다 하더라도, 셰플러가 적절히 지적해 주고 있듯이, " '그 자신의 원리에

의 광범위한 무지를 요구하고자 하는 도덕이론'이란 관념은 우리에게 지속되는 강력한 불편함을 느끼게 만든다."57) 이러한 불편함을 초래하는 공리주의적 이론은, 롤스도 지적했던 "어떤 도덕성의 정의가 갖는 장점은 그것이 결과한 이론의 건전성에 의존하며, 정의(definition) 그 자체는 어떤 근본적인 문제도 해결(settle)할 수 없다"는 진리에 비추어볼 때, 그 건전성을 의심케 하는 이론인 것이다.

이것을 다른 시각에서 접근해 보면, 이론적 진리성과 그 진리의 적용 가능성이나 적용 방법 등의 실질적 문제를 구분하는 공리주의자들의 논변은 기본적으로 과학 이론이나 과학적 지식과 도덕적 진리나 도덕적 지식 간의 유추에 의존하고 있다고 볼 수 있다. 그렇기 때문에 그들의 논변이 갖는 정당성은 그러한 유추에 대한 태도에 따라 달리 평가될 것이다. 과학과 도덕 간에 어느 정도 유사성이 있다는 것을 부정하지 않을지라도, 그렇다고 해서 이 둘이 같은 것이라고 생각할 수는 없다. 무엇보다도, 과학에는 우리 대부분이 일반적으로 모르지만 자연을 지배하는, 전문인들이 인정하는 법칙적 진리가 있다는 것을 인정하는 데 특별한 거부감을 느끼지 않지만 도덕적 문제에서는 이와 사정이 다른 것이다. 셰플러가 말하고 있는 바와 같이, "그 자신이 도덕적 회의주의자라고 여기지 않는 많은 사람들도 실천적 원리의 내용은 인간의 사회적 삶에서의 그들의 역할에 의해서 — 물리적 대상의 운동을 지배하는 이론 법칙의 내용이 결정되는 방식과는 다른 방식으로 — 고유하게 결

---

57) S. Scheffler, *Rejection of Consequentialism*(Oxford: Clarendon Press, 1982), p.48.

정된다고 생각하며, 더 나아가서는 이런 도덕관 위에서 공지성 조
건의 원천을 이해한다."58)

도덕이론이나 지식이 실제적인 삶과 엄격히 구분될 수 없음은
도덕이론이 단지 주어진 현상을 설명하고자 하는 단순한 호기심으
로부터 출발하는 것이라 볼 수 없다는 사실에서 다시 한번 확인된
다. 어떤 옳음의 개념이든 그것의 이론적 정당성 위에서만 주장될
수는 없는 것이다.

### (3) 윌리엄스의 행위자 중심 도덕성의 문제

이제까지의 논의의 목적은 자기성실성 옹호론에 대한 반론들이
자기성실성 옹호를 논박하는 데 성공하지 못했다는 것을 보여주는
데 있었다. 이러한 논의 하에서 우리가 자기성실성의 도덕적 가치
를 정당화하는 방향으로 달려왔다면, 이제 우리는 다음의 문제를
생각해 볼 차례인 것 같다. 즉 자기성실성 옹호론이 가질 수 있는
문제들 역시 점검해 보는 것이다. 자기성실성이 우리의 상식적 믿
음들과 충분히 조화로운 것일 수 있는가를 회의하게 하는 극단적

---

58) S. Scheffler(1982), p.52. 뿐만 아니라 윌리엄스가 지적한 바와 같이, 공리
주의가 단지 옳음에 관한 올바른 이론임을 주장한다 하더라도, 그들은 자
신의 옳음 이론 원칙을 정당화해 내야 한다. 무엇에 근거해서 그들은 그들
의 정당성을 주장할 수 있는가? 과연 공리적 원칙의 정당성이 행위할 이
유를 주는 것들을 전혀 언급하지 않고서도 정당화될 수 있을까? 윌리엄스
도 지적하고 있듯이, 공리주의가 단지 정당화에 관한 입론이지 실천적 행
위에 관한 것이 아니라는 주장은 일관성을 잃고 있다. 왜냐하면 그들 대부
분은 그들 원칙이 무엇을 해야 하는가라는 실제적인 문제를 해결하는 데
서 가지는 힘을 그들 이론의 장점으로 주장하곤 하기 때문이다. 그리고 옳
은 행위에 관한 설명력이 무엇을 행할 것인지를 결정하는 데 기초를 제공
하는 데 있는 것임을 부정하기 어려울 것이다. cf. B. Williams(1973).

인 요소는 없는지를 살피는 것이다. 이 같은 자기 점검은 자기성실성 논의에 대해 강력하게 제기되는 다음의 우려를 검토하는 작업이 될 것이다. "어떤 도덕이론이 행위자에게 자기성실성의 정언적 원칙에의 결단을 도덕적으로 허용하면서, 동시에 보편성 있고 객관적인 위치에서 자타의 이익을 평가하는 이른바 '공평성'을 도덕의 최소 조건으로 요구하지 않는다면, 그 도덕이론은 극단적인 이기주의 옹호론이 될 수 있다"(Samuel Scheffler)는 우려이다.

이 우려는 다음의 질문을 통해 그 대답을 찾아갈 수 있을 것이다. 윌리엄스의 행위자 중심 이론이 어떤 규범들을 갖게 될 것인가?

그는 합리적 행위자들이 공감할 수 있는 행위의 규범들이 있다는 것을 부정하지 않는다. 단 그런 규범들이 어떤 하나의 기본적 성직이나 원리에 의해 정의되거나 정당화될 수 있어야 한다는 류의 주장들을 거부한다. 그것은 상황이나 대상에 따라 그 의미가 달라지는 복합적인 특징의 도덕성을 어떤 하나의 원리에 의해 설명하려는 시도이며, 이것은 환원주의적 오류를 범한다고 보기 때문이다.[59] 그는 여기에서, 특히 몰개인적인 공평성에 의해 도덕성을 환원시켜 이해하고자 했던 규범이론들을 비판하면서 자기성실성을 구성하는 개인적인 원칙들에 주의를 환기시킨다.

---

59) 이것은 도덕성의 본질이 있다는 것을 전제하고 그 본질을 탐구하려는 시도이다. 이런 시도는 근대 언어 분석적인 도덕이론들에서 도덕성의 필요조선을 탐구하는 방식으로 연장된다. 더 나아가서 이들은 도덕성의 필요충분조건을 제기함으로써 도덕성을 정의하고자 하는 것이다. 그러나 이런 시도는 다양하게 사용되는 도덕성을 있는 그대로 이해하는 것을 방해한다. 우리는 오히려 도덕성이 상황에 따라 어떻게 사용되는가를 주목함으로써 도덕성에 대한 풍부한 이해를 가질 수 있을 것이다.

자기성실성은, 모든 사람이 따라야 한다고 생각하지는 않지만, 그 자신이 무조건적으로 따르고자 결단한 원칙을 일관되고 진실하게 따를 때 얻어진다. 이러한 원칙에는 삶을 사는 이유와 자신의 삶의 가치를 실현하기 위한 삶의 기획들이 포함되며[60] 자신의 가족이나 개인적인 친분, 친구 관계로부터 오는 특별한 의무에 대한 결단[61]도 포함된다. 이러한 의무는 개인들 간의 특수한 역사에 기초하거나 특별한 역할에 기초하는 특수한 의무이다. 이런 점에서 이 의무는 모든 사람에게 누구나가 지는 공평성에 기초하는 일반 의무와 다르다. 더 나아가서 이런 의무는 특수한 관계에 대해 일반적으로 적용되는 의무라고 할 수도 없다. 예컨대, 내가 나의 친구에게 지는 의무는 모든 친구들이 친구에게 져야 하는 일반적 의무에 의해 대치될 수 없다. 왜냐하면, 나와 나의 친구 아무개 간에는 누구나에게 보편화될 수 없는 "개인적인 역사와 그러한 역사로부터 이루어진 특별한 감정들을 제거하고는 의미를 가질 수 없는 의무"들에 개입하고 있기 때문이다.[62] 이외에도, 어떤 종류의 행위는

---

60) 윌리엄스는 이러한 원칙을 가장 중요시한다. 그는 이러한 원칙 없이 어느 누구나 '나'로서 살 수 없다고 본다.

61) 근대 도덕이론의 몰개인성을 비판하는 입장에서 특히 강조되는 원칙이다. 이와 관련해서 특히 우정에 대한 논의가 아리스토텔레스의 『니코마코스 윤리학』에서의 우정에 대한 탐구 이후 윤리학적 논의에서 중요한 관심의 소재로 재등장하고 있다.

cf. Michael Stocker, "Schizophrenia of modern ethical theory", *The Journal of Philosophy*, LXXIII, no. 14, 1976, pp.453~466; "Values and Purposes: the Limits of Teleology and the ends of friendship", *The Journal of Philosophy*, LXXVIII, no. 12, 1981, pp.747~765; Lawrence Blum, *Friendship, Altruism, and Morality*(New York: Routledge & Kegan Paul, 1980), pp.46~56.

하지 않겠다는, 특수한 규칙에 대한 결단[63])도 포함될 수 있다. 예컨대, 짐의 "살인은 어떤 경우에도 하지 않겠다"는 원칙과 조지의 "화생전에는 결코 개입하지 않겠다"는 원칙이 바로 이러한 경우이다.

자기성실성의 가치에 호소함으로써 이런 원칙에 입각한 행위들을 허용하는 윌리엄스의 행위자 중심 윤리이론이 함축하는 실천적 의미는, 공평성의 요구와 인격적 통합성이 갈등하는 양자택일의 상황에서 행위자가 이런 개인적 이유나 원칙 때문에 몰개인적 공평성에 일치하지 않은 행위를 선택하는 것을 허용하겠다는 것이다.[64]) 즉, 몰개인적 공평성 요구가 실천적인 영역에서 절대적인 것일 수만은 없다는 것이다.

---

62) John Kekes, "Morality and Impartiality", *American Philosophical Quarterly*, vol. 18, no. 4, 1981, pp.299~300.

63) 이 원칙은 특히 행위자-중심 윤리이론들의 의무론적 특징과 관련되어 논의되는 원칙이다. 숙고의 과정에서 이러한 원칙은 의무론적 이유로서 취급될 수 있다. 그러나 윌리엄스는 이러한 원칙을 의무론적 이유로 따로 분류하지 않는다. 그의 경우 이런 원칙의 선택은 그의 삶의 이유로부터 나온 것으로 충분히 설명된다고 보기 때문이다. 이처럼 이러한 원칙에 개입하는 것을 어떻게 이해하느냐에 따라 보다 더 의무론적 행위자-중심 윤리이론과 보다 더 목적론적 행위자-중심 윤리이론으로 구분될 수 있다.

64) 실천적인 상황에서 자기성실성과 공평성이 항상 일치할 수는 없다. 물론 어떤 행위자가 항상 공평한 관점에서 자신이 해야 할 것을 결정하기로 결단하고 그것을 자신의 '정체성 부여 선택'으로 삼고 그에 성실할 수 있다면, 적어도 그에게 있어서 공평성과 자기성실성이 갈등하는 일은 없을는지 모른다. 그러나 이 경우를 제외한 대부분의 사람은 자기성실성과 공평성 간의 긴장을 경험해야 한다. 공평성에의 결단을 제외한 모든 자아-부여적 결단들은 공평성의 원칙과 갈등하기 때문이다. 예컨대, 우정이라든지 사랑의 인간관계에 충실한 관점에서 자신의 해야 할 바를 결정하는 행위자는 공평성을 잃은 선택을 한 것일 수 있다.

여기에서 우리가 어떤 사람을 도덕적이라고 평가할 것인지를 생각해 보자. 우리는 그가 개인적인 자기성실성을 최소 조건으로 갖추고 있다고 여긴다. 그리고 그를 단지 공평한 원칙만을 따르는 냉정한 자로 여기기보다는, 우정이나 인간적인 사랑에 실천적 가치를 두고 그러한 가치를 실현할 것으로서 자신이 해야 할 바를 결정하기도 할 것이라 여겨진다. 그렇다면 도덕적으로 허용될 수 있는 모든 원칙들이 공평성을 갖춘 것이어야 한다고 여길 하등의 이유가 없는 듯이 보인다. 예를 들어, 자신의 삶이 자신에게 특별하게 여겨지는 것은 지극히 자연스러운 일이지 부도덕한 것으로 취급될 일이 아니다. 자신의 가족이나 친구의 이익을 타인의 이익보다 더 중요하게 여기는 것 역시 마찬가지이다. 몰개인적 공평성이 도덕적인 선택을 위해 항상 우선적으로 만족되어야 할 도덕의 필요조건은 아닌 것이다. 여기에서 한 가지 분명해진 것은 도덕적이려면 모든 개인들이, 비슷한 상황이나 조건에서라면, 동일한 것을 선택해야 하는 것은 아니라는 점이다.

그런데 이런 논리가 이기주의나 가치의 주관주의 옹호에 빠지게 될 것이라는 우려가 있다. 그들은 다음과 같이 묻곤 한다. 행위자 관점의 도덕성 이해에 따르면, 도덕적 자기성실성은 곧 개인적 자기성실성인가? 예를 들어, 자신의 이익이나 자신과 가까운 사람의 이익을 더 중요하게 여기는 것은 자연스러운 일로서 항상 도덕적 잘못이 될 수는 없다는 것을 인정한다 하더라도, 철저히 자신의 관점에 서서 매사를 결정하는 것 역시 도덕적으로 용인될 수 없음은 분명하다. 또한 그가 자신의 삶의 가치를 결정할 수 있는 자율적인 인격이란 점을 인정하고 그가 자신의 삶의 원칙에 따라 행위를 선택하고 수행하는 것을 존중한다 하더라도, 그가 선택한 삶의 가치나 원칙이 어떤 것이든 상관없이 존중되어야 한다고 말할 수 있을 것 같지도 않다. 그렇다면, 개인적 자기성실성을 갖추는 것이 도덕적 이상을 실현한 인격성을 보장한다고 보기[65] 어렵다. 어떤 사람이 추구하는 가치가 우리가 보기에 이기적이거나 타락된 것 또는

---

65) 이들은 윌리엄스에게 제기되는 이 문제는 개인의 무조건적 원칙을 전제하는 자기성실성의 가치에 근거해서 행위자 중심 윤리이론을 구성했기 때문이라고 진단한다. 그리하여 자기성실성의 가치에 호소하지 않고도 행위자의 관점을 이론에서 받아들여야 할 합리적 근거를 보임으로써 행위자 중심 이론의 성격을 유지하는 합리적인 이론을 각기 구상한다. 어느 정도 개인의 자기성실성을 보호해 주면서 동시에 지나친 자기성실성 주장을 앞세운 이기적 행위는 제한하는 좀더 합리적이고 객관성을 지닌 행위자 중심 윤리이론의 정립을 시도하는 것이다. 이들은 각각 결과론적 합리성의 근거와 의무론적 근거 위에서 자기성실성의 요구를 다소 제한함으로써 자기성실성과 사회적인 가치와의 조화를 꾀하고 있다. 이밖에도 자기성실성과 공평성의 양립 불가능성을 해결하기 위해 도덕성의 종류를 개인적 도덕성과 사회적 도덕성으로 구분하는 전략을 택할 수도 있을 것이다. 예컨대, McFall과 Heyd 등에게서 찾아볼 수 있는 입장이다. Heyd는 공평한 관점에서 본 행위의 이유와 개인적인 관점에서 본 행위의 이유는 상호 통약불가능한(incommensurable) 종류의 이유이기 때문에, 어떤 이유에 따라 할 것을 결정할 것인가는 행위자의 선택적 자유에 속한다고 본다. 개인적인 원칙은 모든 사람이 지킬 것을 요구하지도 않고 기대하지도 않지만 나는 지키기로 결의한 원칙이나 결단들의 집합이다. 이 도덕성은 자기성실성을 특징으로 하는 반면, 공평성이라는 특징을 가져야 할 필연성이 없다. 반면, 사회적 도덕성은 모든 사람이 지킬 것을 기대하고 요구하는 원리들의 집합으로서 우리들이 이들 원칙들을 잘 지킬 때 우리는 공평성이라는 특징을 갖는다. 따라서 이 두 원칙이 갈등할 경우, 내가 어떤 종류의 도덕 원칙에 따르기로 선택하든지 도덕적으로 비난받지 않을 것이다. 공평성이나 자기성실성이나 둘 다 똑같이 도덕적으로 중요하기 때문에 어떤 것을 위해 선택해도 도덕적으로 잘못된 것일 수는 없다는 것이다. cf. Lynne McFall, "Integrity", *Ethics*, 98, 1987, pp.5~20; David Heyd, *Supererogation: Its Status in Ethical Theory*(Cambridge University Press, 1982).

천박한 것이라면, 비록 그가 자기성실성의 내적 정합성 조건들을 만족시켰다 하더라도 그를 부도덕하지 않다고 주장하기 어려울 것은 분명하기 때문이다.[66]

이런 취지에서, 자기성실성의 도덕적 중요성을 원칙적으로 인정하면서도 윌리엄스의 행위자 중심 윤리이론이 자기성실성 주장을 앞세워 비합리적이거나 이기적인 개인적인 행위까지 허용할 위험성이 있다고 보는 셰플러와 네이글은 이를 제한할 필요를 주장한다. 행위자의 인격적 정합성만으로 도덕성을 정의하려는 시도가 도덕적 주관주의나 도덕적 무정부주의에 빠질 수 있다는 염려는 행위자와 그 원칙의 성격에 대해 아무런 해명을 제공하지 않은 이제까지의 논의에 한정해서만 보자면 타당한 듯이 보인다. 그리고 이런 염려는 실천적 지식의 객관성이라는 문제와도 연결되어 있는, 근대 윤리학 이후 도덕성의 핵심으로 이해되어 온 공평성의 훼손에 대한 것이기도 한 것이다.

---

66) 자기성실성의 이러한 논란은 행복의 논란을 연상시킨다. 어떤 사람이 자신이 목적하는 것을 추구함에 있어서 성공적이고 그에 따라 결과적으로 만족했을 때, 그가 추구한 목적이 무엇이냐에 상관없이 그를 행복한 사람이라고 할 수 있는가?

# 4 장

## 행위자 중심 윤리와 실천적 객관성

　이 장은 행위자 중심 윤리에서 자기성실성을 중심으로 한 윤리 이론에 제기되었던 비판들을 살펴보고 그 대답을 모색하면서 시작한다. 더 나아가서, 어떻게 반실재론적이고 반기초주의적인 도덕성에 대한 이해가 도덕적 지식의 객관성 문제를 넘어설 수 있는지 그 가능성이 검토할 것이다. 마지막으로 이들 도덕이론에서 도덕성과 자기성실성이 어떻게 관계 맺게 될 것인지를 탐구하게 될 것이다.

　셰플러는 자기성실성에 호소하여 개인적 관점을 옹호하는 방식은 사회적으로 해가 되거나 다수에게 불이익이 되는 어떤 사람의 삶의 방식까지도 허용함으로써 지나친 이기주의 옹호 논변으로 사용될 수 있음을 비판하면서, 대안으로 결과주의에 기초한 행위자 중심 윤리를 제안한다. 한편, 지나치게 행위자 개인의 주관적 원칙들까지 허용하는 것은 공평성이라는 도덕의 본질적인 특징과 대립함으로써 윤리학의 객관성마저 위협할 것을 우려하는 네이글 역시 의무론적 원칙에 의해 행위자의 자기성실성의 원리를 제한시킬 필요를 논증하고자 한다. 사회 성원으로 지켜야 할 공평성과 합리성을 보호하기 위해 어떤 식으로든 보편적 정당성을 갖는 최소한의 원칙에 행위자의 관점은 기초해야 한다는 입장들이다. 행위자의 관점이 이기적이거나 반사회적이지 않기 위해서는 결국 최소한의 보편적 원칙 아래 있어야 하는가?

## 1. 행위자 중심 윤리이론

도덕적 행위 주체를 개별화된 인격으로 상정한다는 것은, 도덕이론 안에서 도덕적 옳음과 그름을 판단할 때 그 개별 행위자의 개인적 관점에서의 고려들을 최소한 부분적으로라도 반영해야 한다는 주장을 불가피하게 한다. 이런 행위자 중심적 사고의 허용은 윤리이론 안에서 대체로 행위의 옳고 그름을 정의하는 다음 두 가지 규칙으로 구체화되는 것으로 해석되기도 한다. 하나는 행위자 중심 허용(agent-centred permissions) 규칙이고 다른 하나는 행위자 중심 금지(agent-centred constrains) 규칙이다.[1] 전자는 "몰개인적인 관점에서의 판단에 상관없이, 행위자는 그의 삶의 근본적 기

---

1) Richard Brooks, "Morality and Agency", *The Journal of Philosophy*, 1991, pp190~212; esp., pp.192~197.

획들과 결단들을 추구할 수 있다"는 것이다. 후자는 "몰개인적 관점에서의 평가나 판단과 상관없이, 행위자가 하지 말아야 할 의무가 있다"는 것이다. 이것은 우리가 생활 속에서, "도덕적으로, 어떤 경우에도 해서는 안 될 것으로, 혹은 어떤 경우라도 해야 할 것으로" 경험되는 규범이나 가치가 있음을 주장하는 것으로 해석할 수 있다.[2]

물론 이들 규칙을 인정한다는 것이 다른 이론들로부터 행위자 중심 이론을 구분해 주는 절대적 기준이 되는 것이라 볼 수는 없다. 이들 규칙을 인정하면서도 행위자 중심 이론으로 분류될 수 없는 이론들이 있기 때문이다. 행위자 중심 이론을 다른 여타의 것과 구분하는 경계는 이러한 규칙들을 몰개인적 가치나 행위자 중립적인 이유들과 독립적으로 정당화해 주는 합당한 근거가 있다고 주장하느냐 여부에 의해 그어질 것이다. 그러나 이들 규칙들의 정당화 근거를 어디에서 찾느냐, 또한 이 두 규칙들 간의 관계를 어떻게 보느냐 등등에 따라 행위자 중심 이론 안에서 그 입장들이 논쟁이 되고 있기 때문에 이들 규칙들을 중심으로 논의를 전개하는 것이 필요하다.

이들 규칙들이 왜 정당한 것인지에 대한 논의는 다양하다. 이러한 논의는 이들 규칙이 과연 행위자 중심적인 도덕성 이해를 표상하기에 필요 또는 충분한지의 문제와 이들 원칙을 인정하는 도덕

---

2) S. Scheffler, *Consequentialism and Its Critics*(Oxford University Press, 1988). 이들 용어는 셰플러가 자신이 편집한 책『결과주의와 그 비판』에서 사용한 것을 따른 것이다. 'agent-centred constraints'는 저자에 따라서는 'agent-centred prohibitions' 혹은 'agent-centred restrictions'로 바꿔 사용되기도 한다. '행위자 중심 허용' 역시 '행위자 중심적 특권'(agent-centred prerogative)과 서로 같은 의미로 사용할 수 있다.

성 이해가 얼마나 우리의 상식적 합리성 관념과 조화할 수 있는가라는 문제를 중심으로 진행되고 있다.

가장 경제적인 해결안으로 다음과 같은 방법들이 제안되고 있다. 기존의 도덕이론 안에 행위자 개인의 사적인 특권을 어떤 제한된 범위 안에서 마련해 주는 방식으로 그 이론을 수정하는 것이다. 예컨대, 공리주의적 해결 방식은 행위자의 특권이 갖는 본래적 가치를 인정하여 공리주의적 가치를 계산할 때 이에 대한 가치를 비중 있게 고려한다는 것이다. 의무론에서 역시 행위자 자신을 배려해야 할 자신에 대한 의무라든가 그의 가족에 대한 특별한 의무를 무조건적인 의무에 포함시키는 방식을 채택하는 것이다.

기존의 결과론이나 의무론의 틀과 개인적 관점을 양립시키려는 이들의 시도가 과연 이론적 일관성을 유지할 수 있는가라는 점에서 의심받기도 하지만, 이론적 합리성과 도덕적 상식에 균형을 유지해야 할 필요 때문에 포기되지 않는다. 아마도 그 대표적인 논의를 제공하고 있는 이들로 셰플러와 네이글을 꼽는 데 무리가 없을 것이다. 셰플러는 결과론의 맥락에서, 네이글은 의무론의 논의 맥락에서 자신의 행위자 중심 논의를 구성하고 있다.


## 1) 셰플러의 행위자 중심 이론

단순한 절충적 공리주의 방식도 아닐 뿐 아니라 자기성실성에 호소하는 방식도 아닌 새로운 방식으로, 행위자의 개인적 관점을 인정해야 할 합리적 근거가 있음을 보여줄 수 있을 뿐 아니라, 개인적 관점이 빠질 수 있는 이기성과 결과주의적 합리성 간의 갈등도 해결할 수 있다고 주장하는 셰플러의 입장은 다음과 같은 논의에 의해 뒷받침되고 있다.

자신의 관점에서 기획하고 결단하며 또 그에 따라 행위하려는 행위자의 자연스런 동기가 있다. 이런 사실은 바로, 행위의 영역에서, 몰개인적 관점과는 독립적인 개인적인 관점이 있음을 말해 준다. 도덕이론이 이런 사실에 합리적으로 대응하는 길은 개인적 특권(또는 행위자 중심 이유)을 허용하는 방법이다. 따라서 행위자 중심 허용 규칙은 합리적 근거를 갖는다.

행위자 중심 허용 규칙의 정당성을 논증하기 위해 그가 제시한 ― 도덕성에서 개인적 관점이 몰개인적 관점과 독립된 하나의 관점임을 보이는 ― 그의 논변들이 성공적이라면, 그것은 분명히 도덕적 사고에 있어 취해야 할 관점이 공리주의자들의 공평무사한 관점이 아니라는 점을 보여준 것으로 평가될 수 있을 것이다. 도덕이론은 개인적 관점의 독립성을 인정해야 한다는 그의 주장은 행위 선택에 있어 개인적 정합성을 훼손하지 않을 수 있는 도덕이론의 방향을 지시하는 것이다. 이 점에서 그의 이론이 자기성실성 비판에 걸리지 않는다는 그의 주장은 상당히 설득력을 갖는다.

그러나 "행위자는 몰개인적 관점과는 독립적인 개인적 관점을 갖는다"는 행위 심리학적 사실에 근거한 그의 논의는 그 정당성을 논증하는 데 충분하지 않다. 다시 말해, 행위자 중심 허용 규칙은 도덕적 특권인데 그 특권의 정당성을 '개인적 관점의 독립성'이라는 심리적 사실에서 전적으로 찾고 있는 데서 비롯된 한계가 있다. 모든 행위에 관한 사실을 도덕이론이 반영해야 하는 것은 아닐 것이다. 어떤 사실을 반영하는 이론이 그렇지 않은 이론보다 설득력을 가진다면, 그것은 그 사실이 도덕적 적합성을 갖기 때문이지 단지 관찰되는 사실을 반영했기 때문은 아닐 것이기 때문이다. 이런 논리에 비추어볼 때, 몰개인적 관점과 독립적인, 행위의 동기를 주는 개인적 관점이 있다는 사실에 호소하는 것만으로는 그 사실을 반영한 도덕적 장치를 마련한 도덕이론이 그렇지 않은 이론보다 더 낫다는 평가가 자동적으로 따라 나오는 것은 아닌 것이다. 따라서 셰플러는 개인적 관점의 독립성이라는 자연적 사실을 도덕이론이 왜 반영해야 하는지, 도덕적 적합성 조건을 먼저 논증했어야 한다.3)

## 2) 네이글의 행위자 중심 이론

또 다른 논증은 네이글에 의해 제공된다. 네이글 역시 개인적 관점을 인정할 수밖에 없는 불가피성을 인정하는 데서 출발한다. 그는 칸트보다는 (행위자) 상대적인 객관적 실천 이성에 호소하여 개인적 관점과 몰개인적 관점을 조화시키는 입장에 선다.

이들은 도덕적 논의에서 개인적 관점을 인정한다는 점에서 윌리엄스와 함께 행위자 중심 도덕 이론자로 분류될 수 있지만, 윌리엄스처럼 윤리학적 전통을 이루고 있는 근대 도덕이론들의 철학적 반성의 논리를 부정하는 방식보다는 그 반성적 틀과 행위자 중심 도덕성을 결합시키는 온건한 방식을 선택하고 있다.

---

3) 더욱 근본적인 이런 논변이 주어질 때, Darwall의 "개인적 독립성이라는 사실을 도덕이론에 반영한다는 것이 무엇인가?"라든가 콘리의 "개인적 관점이 있다는 사실에 호소하는 것이 어떻게 도덕적 정당화일 수 있는가?"라는 비판을 면할 수 있을 것이다.
cf. Stephen L. Darwall, "The Rejection of Consequentialism. Samuel Scheffler", *The Journal of Philosophy*, 1984, pp.220-226; Sarah Conly (1984), pp.489~492.

네이글의 메타 윤리적 관점은 기본적으로 칸트적이다. 그는 실천적 이성을 지닌 행위자라면 피할 수 없는 인식이 있다고 상정하고, 그러한 인식으로부터 도덕적 사고가 출발한다고 믿는 점에서 합리주의자임에 틀림없다. 그러나 칸트가 도덕의 절대적 합리성을 위해 도덕으로부터 경험적 요소를 제거했던 반면, 그는 도덕성 이해를 위해 행위자의 경험적 본성과 주관적 요소에 대한 고려가 있어야 한다고 믿는다는 점에서 칸트와 구별된다.4) 그는 도덕성이 단지 주관적인 경험적 현상으로만 여겨질 수 없는 보다 더 객관적 실재이기 하지만, 그 실재를 인식하는 지점은 물리적 세계를 인식하는 지점과 같을 수는 없다고 말하고 있다. 그리고 그는 도덕적 실재를 인식하는 지점은 최소한 객관적 관점과 주관적 관점 둘 다가 제거되지 않는 지점이라고 말한다. 이것의 의미는 네이글의 독특한 이중 인식(double vision)의 방법을 이해할 때 분명해질 것이다.

그는 철학적인 문제를 보는 방법에는 외부적 관점에서 보는 것과 내부적 관점에서 보는 두 가지가 있다고 본다.5) 전자가 객관적이라면 후자는 주관적 인식의 방법이다. 이 두 관점은 "이분법적

---

4) 그리하여 그는 자신의 도덕성 개념 안에서 도덕적 삶과 행복한 삶 간의 간격을 완전히 제거할 수 없다 하더라도 상당히 줄일 수 있기를 희망한다. 그리하여 그는 모든 행위자에게 보편화될 수 없는 개인적인 이유들도 도덕적 추론에 사용될 수 있는 이유에 포함시킨다. 이것은 모든 합리적 존재에게 보편화할 수 있는 이유만이 도덕적 이유가 될 수 있다는 칸트의 엄격한 합리성과 구별되는 것이다. 이런 점에서 그는 순수 합리적 존재자의 자기성실성이 아닌 합리적 이성을 갖춘 경험적 존재로서의 자기성실성을 도덕적 삶의 이상으로 삼고 있다고 말할 수 있겠다. 이런 연유로 그는 행위자 중심적인 규칙들을 받아들인다.

5) Thomas Nagel, "Subjective and Objective", *Mortal Questions*(Cambridge University Press, 1979).

으로 구별되는 것이라기보다는 정도의 차이에 의해 구분될 뿐인 넓은 스펙트럼"이다.6) 절대적으로 객관적이거나 절대적으로 주관적인 관점이란 없으며, 단지 그 구분은 상대적인 구분일 뿐이다. 도덕적인 문제를 이해하는 데서도 이 점은 마찬가지이다. 해야 할 행위, 자아, 나와 세계와의 관계, 타인과의 관계 등등을 관련된 나라는 개인의 특수성으로부터 생겨난 개인적인 관점이 있는 반면, 특별할 것도 없이 그저 수많은 인간들 중 하나로 보이는 나의 몰개인적인 관점이 있다. 그 둘은 어느 하나가 다른 하나로 환원될 수도 없고 만족스럽게 통합될 수도 없다. 실로 그 둘은 인간이 문제를 보는 데 있어 제거될 수 없는 인식의 필수적인 면들인 것이라는 것이다. 따라서 그는 어느 하나의 관점에서 다른 관점을 환원시키거나, 다른 관점에서 보이는 것들을 중요하지 않은 것으로 제거시키거나, 다른 관점과 어설픈 제휴를 통해 통합하려는 시도들은 도덕적 실재를 인식하는 올바른 이론들이 될 수 없다고 주장한다.7)

문제의 단순화된 해결이나 설명이 도덕이론에서 요구되는 최고의 장점이 아니라 도덕적 실재가 가지고 있는 여러 복합적인 측면들을 임의로 재단하지 않는 것이 우선이라는 것이다. 여기에서 오해하지 말아야 할 것은 이 두 관점들이 기본적인 인식의 관점이라고 해서 이 두 관점이 문제를 보는 데 있어서 서로 독립적인 것은 아니라는 점이다. 바로 앞에서 문제를 보는 데 있어서 주관과 객관이 이분법적으로 구분되는 것이 아니라고 말했듯이, 행위를 선택

---

6) Thomas Nagel, *The View from Nowhere*(Oxford University of Press, 1986), p.5.
7) T. Nagel(1986), pp.210~211.

하거나 실천적 판단을 하는 데 있어서 개인적 관점과 몰개인적 관점이 뚜렷이 구분되는 것은 아니라는 점이다.[8] 이들 관점 역시 절대적으로 구분되는 관점이 아니라 상대적으로 구분되는 실천적 관점의 양면인 것이다.[9] 이러한 논리 위에서 그는 합리적 행위자의 개인적 관점에서 인식되는 어느 정도 주관적인 공평성에 호소하는 이른바 '의무론적 행위자 중심 도덕이론'을 옹호한다. 그는 행위자 중심적 도덕을 다음과 같이 이해한다.

> 행위자 중심의 견해는 무엇이 옳은가 그른가, 허용 가능한가를 결정함에 있어서 최소한 부분적으로나마 개인의 삶, 세계 안에서의 그의 역할과 그가 타인과 갖는 관계 등에 기초한다. 행위자 중심의 도덕은 개인 행위자에 의해 물어진, 무엇을 할 것인가의 물음에 우선권을 준다. 그리고 그 물음에 대답될 수 있는 유일한 방법은 '그가 했다면, 영원의 관점에서(sub specie aetternitatis) 최선의 것일 것'이라고 가정하지 않는다. 오히려 다음과 같이 주장할 것이다. 무엇이 최선의 것이겠는가의 고려가 나설 자리는 무엇을 할 것인가를 결정하는 데 분명하지 않고, 그 결정은 행위자 중심 선택의 분석과 그것의 근거에 의해 정립되어야 한다.[10]

도덕적 관점을 몰개인적인 관점과 동일시하게 된 전형적인 예를

---

8) 이것은 네이글이 셰플러와는 다른 입장임을 보여준다. 셰플러는 '개인적 관점의 독립성' 논제 위에서 행위자 중심적인 도덕성을 옹호했지만, 네이글은 개인적 관점과 몰개인적인 관점은 이분법적으로 구분될 수 없고 단지 상대적으로 구별되는 것으로 이해하고 있다.
9) "도덕성의 관점은 사적인 삶의 관점보다는 객관적이다. 그러한 물리학의 관점에 비하면 덜 객관적이다." T. Nagel(1986), p.5.
10) T. Nagel(1986), p.205.

공리주의에서 찾고 있는 그는 몰개인적 도덕적 관점은 도덕적 가치를 지나치게 객관화시키려는 시도의 결과로 보고 있다. 공리주의의 객관화는 주관적이긴 하지만 분명하게 현상하는 도덕적 경험들을 불합리한 것으로 제거하거나 아니면 객관적인 용어로 그 경험의 내용들을 재해석함으로써 '지나친 객관화'(over-objectification)를 초래했다는 것이다.

그렇다고 공리주의를 비롯해서 도덕성을 객관적으로 이해하려는 시도 자체를 그가 전적으로 부정하는 것은 아니다. 단지 몰개인적인 관점에서만 옳고 그름을 이해해야 한다고 여길 때, 더 중요한 도덕성의 측면을 놓치게 된다는 점을 인식해야 할 필요성을 인정하고 있는 것이다.11) 몰개인적인 관점에서 거의 아무런 가치가 없는 것이지만 주관적인 관점에서 분명하게 인지되는 가치들이 있음을 부정할 수 없으며, 주관적인 가치들이라 해서 객관화될 수 없는

---

11) 그는 이 점에서 관련해서 다음과 같이 말한다. "윤리학의 객관성을 옹호하면서 동시에 그 주제(subject matter)의 복합성에 의미를 주고자 할 때 직면해야 하는 문제는 '어떻게 타인의 삶과 타인의 이익과 복지들이 우리를 구속할 수 있으며, 이러한 여러 형태의 제약들이 우리 자신으로서의 삶을 살고자 하는 개인적인 목적과는 어떻게 조화될 수 있는가?'이다. … 이런 점에 대해서 공리주의나 몰개인적 윤리학이 중요한 한 가지 측면에서 공헌함은 부인하기 어렵다. 그들은 우리가 타인에게 지불해야 하는 중요한 형태의 배려(concern)들을 기술하고 있는 것이다. 단, 이 점에 있어서 그들의 문제는 이 문제의 또 한 측면인 개인 자신의 삶을 살고자 하는 목적을 주목하지 않았다는 데 있다. … 윤리학은 '어떠해야 하는가'(what should happen) 뿐만 아니라, '인간이 무엇을 행해야 하는가' 또는 '무엇을 인간이 해도 좋은가'를 탐구해야 한다는 것을 전제할 때, 전자는 윤리학에 있어 행위자 중립적인 또는 몰개인적인 가치로서의 도덕적 가치의 문제인 반면 후자는 더 객관적으로 인식되는 행위자 상대적인 이유의 문제이다." T. Nagel(1986), p.164.

것도 아니라는 것이다. 그는 "주관적인 것이 곧 사적(private)인 것은 아니다"라는 비트겐슈타인의 말에 전적으로 동의하며, 주관적인 것의 공공성을 적어도 같은 종류의 인간들 사이에서 확보할 수 있음을 부정할 수 없다고 생각한다. 그리고 이 객관화는 감각적 경험이 상호주관성에 의해 객관화되는 방식 이상의 것이라는 것이다. 따라서 객관화의 방식은 다르지만, 몰개인적 가치가 개인적 가치보다 더 객관적으로 인정할 만한 가치라고 볼 수는 없다는 것이다. 따라서 그는 "내가 모든 점에서 더 전체적인 목적에 어떻게 기여할 수 있는가와 상관없이 나 **자신의 삶**을 추구할 어느 정도의 여지를 도덕은 보장해 주어야 한다"고 보는 우리의 상식을 도덕이론에 반영하고자 한다. 이것이 그로 하여금 '행위자 중심적'인 이론을 지향하게 하는 것이다.

그는 "비록 더 많은 사람의 죽음을 막기 위한 목적이라 하더라도 한 무고한 사람을 의도적으로 죽여서는 안 된다"는 우리의 상식적 도덕관념을 설명하기 위해서는 결과주의적인 몰개인적 가치와는 다른 종류의 가치가 들어와야 한다는 데 주목한다. 왜냐하면 몰개인적인 관점에서 보았을 때, 왜 그것이 잘못인지를 설명할 수 있는 합리적인 이유는 찾아지지 않기 때문이다. "어떤 이유 때문이든 무고한 사람을 의도적으로 해치는 것은 그릇된 일이다"라는 의무론적 옳음의 개념만이 이것을 설명할 수 있다는 것이다.

네이글이 의무론적 이유를 정당화하는 방식은 도덕현상을 인식하는 주관적 관점에 호소하는 방식으로 특징 지을 수 있다. "무고한 사람을 해쳐서는 안 된다"는 의무론적 이유는 몰개인적 관점에서는 설명될 수 없지만 행위자 개인적인 인식 주관에 의해 명백하게 인식된다는 점에 호소하는 것이다.[12] 그에 따르면, 이런 인식은

"나는 나와 동등하게 실재하는 타인들 중의 한 인격일 뿐이다"라는 실천적 합리성의 원칙을 인식하는 공평한 자아에 의해 그것의 합리적 근거가 해명될 수 있다.13) 이 자아는 개인적 자아이면서 동시에 그 개인이 합리적 행위자로서 갖추어야 할 최소한의 원칙을 인식한다. 따라서 실천적 합리성을 갖춘 행위자에게 이 같은 의무론적 이유는 거부할 수 없는 절대적인 것이다.

논증의 핵심은 바로 이 주관적 공평성을 보장하는 객관적 자아 개념에 있다. 객관적 자아의 관점은 실천적 영역에서의 객관적 인식을 보장한다. 물론 객관적 인식을 방해하는 요소들이 있고 따라서 그런 객관적 인식을 갖는 것이 실제로 어려울지라도, 우리 각인은 "타인도 나와 동등한 하나의 인격"이라는 실천 이성의 원칙에 따르고자 하는 한, 행위의 객관적 이유를 발견하게 된다는 것이다. 예컨대, 감각적 쾌락과 고통과 같은 가치를 '행위자 중립적'인 가치14)로서 인정할 수 있듯이, 주관적인 어떤 가치들은 행위의 객관

---

12) 앞에서 셰플러는 인식 주관에 호소하는 이런 논변이 갖는 개인의 주관적 한계를 지적하면서 이를 거부했었다. 그러나 네이글은 문제를 보는 태도가 그와는 다르다. 만약 도덕적 이유의 합당성 여부가 몰개인적 합리성 기준에 의해 결정되는 것이라 믿어야 한다면, 우리는 자율성의 이유와 의무의 이유 역시 도덕이론에서 받아들일 필요가 없을 것이라는 것이다. 그것들 역시 개인적 관점에서가 아니면 인정될 수 없는 것들이기 때문이다. 개인적 관점에서 인식되는 어떤 종류의 이유를 받아들이면서 어떤 종류의 이유를 받아들이지 않는다는 것은 임의적이라 할 수 있다.

13) 그는 이러한 인식을 실천적 합리성의 기본 원리로 삼는다. 이것이 실천적 합리성의 기본 원리임을 설득하는 그의 논변은 *The Possibility of Altruism*(Princeton University Press, 1970)에서 찾아볼 수 있다. 그는 이 책에서의 논증들이 실패했다고 *View from Nowhere*에서 인정하고 있지만 그러나 기본적인 생각들을 포기하지 않는다. cf. T. Nagel(1986), p.159.

14) 쾌락과 고통은 그 경험의 소유자를 언급하지 않고도 그것의 좋고 나쁨을

적인 이유가 될 수 있다는 것이다.

이와 같이 행위자의 삶의 이유와 같은 자율적인 이유뿐만이 아니라 의무론적 이유까지 인정하는 네이글의 입장은 셰플러보다 이기주의로 빠질 위험성의 측면에서 좀더 유리한 위치에 있는 듯이 보인다. 행위자 중심적인 자율성의 이유(셰플러의 용어로 행위자 중심적 특권)만을 인정함으로써 그 자신이 추구하는 가치를 위해 타인을 해치는 것을 막을 장치가 셰플러에게는 없다는 비판이 네이글의 체계에는 적용될 수 없을 것이기 때문이다.[15]

### 3) 행위자 중심 이유의 반성적 정당화의 한계

이상에서 제공된 행위자 중심 이유에 대한 해명은 충분한가? 공평한 도덕원칙들이 허용 불가능한 편파성으로부터 도덕적으로 허용 가능한 편파성의 형태를 구별해 내는 가장 바람직한 토대로서 남아야 한다는 이들의 입장을 만약 성공적인 것이라고 인정한다면, 우리는 행위자 중심 이유가 몰개인적 관점과는 다른, 행위자의 실천적 주관성의 관점에서 역시 합리적 정당성을 가질 수 있다고 결

---

보편적으로 인정할 수 있다는 의미에서 '행위자 중립적인 가치'를 갖는다. 이 때문에 고통이 있다면 그 고통이 누구의 것이냐와 관계없이, 그 고통을 제거해야 할 객관적 이유가 있다고 할 수 있는 것이다. 예컨대, 내가 지독한 치통을 앓고 있다면, 누구든지 그는 치통이 멎기를 원할 이유를 갖는다.

15) 이 점에 의거하여 네이글은 자신의 입장이 셰플러의 것보다 더 나은 이론임을 주장하고 있다. 셰플러의 행위자 중심 특권은 그 특권이 정당하게 행사될 수 영역을 제한하지 않은 채 주장되기 때문에 타인을 해치는 데까지 그 특권을 주장할 수 있게 되어 버린다는 것이다. T. Nagel(1986), pp.174 ~175.

론 내릴 수 있을 것이다. 그것은 객관성과 주관성을 이분법적으로 나누는 개념틀 아래에서 주관성은 맹목적이어서 외부로부터의 제어가 필요하다는 관념에 도전하고 있다고도 보여진다. 그러나, 나는 이 논의들이 행위자 중심 이유의 합리적 측면을 밝히는 데 기여하고 있음에도 불구하고, 이들이 행위자 중심 이유가 다른 도덕적 또는 실천적 이유들과 구분되는 핵심적인 특징을 읽지 못하고 있다고 생각한다.

그것은 무엇보다도 도덕이론들이, "그냥 그럴 수밖에 없었다"는 것 이외에 달리 그 행위를 설명할 이유가 없는 인간 행위들이 있다는 사실에 대한 인식을 결여하고 있다고 보기 때문이다. "그냥 그럴 수밖에 없었다"고밖에 달리 자신의 행위를 설명할 수 없는 경우가 있음을 인정해야 할 뿐 아니라, 그 경우가 바로 행위자 중심 이유에 해당하는 것일 수 있다고 보는 것이다. 따라서 그런 경우의 설명을 그 행위의 정당성을 주장하는 데 충분한 설득력을 갖는 것으로 인정하지 않고는, 행위자 중심 이유의 독특성을 제대로 이해했다고 말하기 어렵다고 본다.

더 나아가서 이런 설명들 역시 행위의 도덕적 정당화로 인정될 수 있도록, 실천적 영역에서의 정당화 개념에 변화가 있어야 한다고 생각한다. "단지 그럴 수밖에 없었다"는 것이 그 행위의 서술적 내용과 개념적으로 연관되어 있는 것은 아니지만 우리는 그것이 충분히 그 행위의 정당성을 설득해 낸다는 의미에서 '정당화'해 주는 이유로 받아들일 수 있을 것이다. 행위의 도덕적 정당성은 논증적이거나 반성적인 차원에서 인정되는 이유나 규범 뿐만이 아니라 그것과는 전혀 구별되는 다른 종류의 이유에 의해서도 획득될 수 있다. 우리는 여기에서 논리적이거나 개념적인 체계에 의존적인

정당화나 반성적 이유들에 의한 정당화와는 다른 종류의 정당화가 있다는 것을 발견하게 된다.[16)]

이런 점에서 볼 때, 앞에서 본 네이글의 윤리학이나 셰플러의 혼합 이론은 모두 개인적 관점을 옹호하는 데 있어 반성적인 관심에 머물러 있다고 할 수 있다. 그리하여 개인의 특수한 관점을 그들 도덕이론 안에서 허용할 때에도 그들은 개인적인 관점이나 개인적 이유들을 인정해야 할 반성적 근거들이 있음을 통해 자신들의 행위자 중심 이론의 정당함을 논증하고 있다. 이것은 개인적 이유의 허용 가능성이 반성적 정당화 여부에 의존한다고 보는 인식론 중심적인 사고를 엿보게 한다. 물론 이런 방식의 정당화가 도덕이론의 이론적 객관성과 설득력을 위해 반드시 필요하다는 것을 부인할 수는 없으나 그렇다고 이것이 개인적 관점을 반영하는 도덕이론이 취할 수 있는 방식의 전부도 아니며 유일한 방식이라고 볼 수는 없을 것이다. 그런 작업만으로 개인적 관점을 도덕이론에 충분히 반영했다고 말하기는 어려운 부분이 남는 것이다. 우리는 반성적 정당화가 되지 않는 행위는 어떤 것이라도 도덕적으로 허용될 수 없다고 말할 수 없기 때문이다. 뿐만 아니라, 이런 정당화에만 의존하는 도덕이론은 왜 개인적 관점을 허용하는 이론을 우리가 채택하고자 하는지에 대한 이론적 동기를 충분히 이해하지도 반영하지도 못하고 있는 것이라는 생각이 들기도 한다. 때문에 이

---

16) 이것은 인식론적 정당화가 불가능한 이유에 의해 설명되는 행위자의 의도적인 행위가 있다는 것을 인정하지만, 그런 행위는 도덕적 평가나 정당화의 영역을 넘어서기 때문에 도덕과 독립적인 영역에 속하는 것으로 분류되어야 한다고 보는 입장을 거부하도록 만든다. 왜냐하면 이런 입장은 도덕적 정당화를 인식론적 정당화와 같은 차원의 것으로 전제할 때 나올 수 있는 것이기 때문이다.

들 이론은 개인적 관점을 허용하는 행위자 도덕성을 옹호하는 이론으로서 보완될 여지를 갖는 것이다.[17)]

왜 도덕이론이 개인적 관점을 허용해야 하는지에 대한 근본적인 고찰은 단지 반성적 차원에서가 아니라 행위자의 삶의 차원에서 찾아져야 할지 모른다. 이런 관찰에서 볼 때, 행위자 중심 도덕이론은 앞의 두 절충적인 도덕이론들과는 구별되는 또 다른 이론이 필요하다고 할 수 있다. 적어도 앞의 두 이론들을 보완할 제 3의 논의가 요청되는 것이다. 그리고 바로 그 부분을 자기성실성에 기초한 행위자 중심 이론이 제공하고 있다고 보아야 할 것이다. 무엇

---

17) 도덕적 옳음을 정의하는 데 있어서 개인적 관점을 허용해야 한다고 보는 행위자 중심 도덕이론들의 다양한 논의들을 이해하는 데 세플러의 분류를 참고하는 것도 도움이 된다. 그는, 일반적으로 도덕이론들이 개인 행위자들에게 비상식적일 만큼 무거운 요구(demands)를 한다는 것을 문제삼고 이 문제에 대응하고자 하는 이론들을 그 대응 방식에 따라 다음과 같이 네 가지로 분류한다. 첫째, 그런 이론들은 수락 불가능하다. 따라서 우리는 덜 요구하는 이론을 모색해야 한다. 둘째, 인간의 삶의 어떤 영역은 도덕적 평가나 도덕적 요구들에 의해 지배되지 않는다. 따라서 그 이론들은 규범적 명령의 엄격성이 적용될 자신들의 영역을 제한한다면, 그 이론들은 수락 가능할 것이다. 셋째, 도덕성 자체가 지나치게 요구적이다. 따라서 문제의 이론은 도덕이 무엇을 요구하는가를 밝히는 이론으로서 당연히 수락될 수 있는 것이지만, 도덕 자체는 그 이론들이 믿고 있는 것처럼 그렇게 권위적인 것은 되지 못된다. 넷째, 이론의 극단적인 요구성을 밝히는 것 자체는 그 이론에 대한 어떤 종류의 비판도 될 수 없다. 도덕은 도덕이론들이 요구하는 것을 명령한다. 그리고 사람들이 그런 명령들은 준수하며 살아간다는 것이 어렵다는 것을 발견한다면, 그것은 사람들이 일반적으로, 도덕적으로 그렇게 좋지 않다는 것을 보여줄 뿐이다. 세플러는 이 논문에서 그 자신의 혼합 이론을 첫째 유형에, 윌리엄스의 입장을 두 번째와 세 번째 사이 어딘가에 속하는 것으로, 네이글의 입장은 네 번째에 분류한다. cf. S. Scheffler, "Morality's Demands and Their Limits", *The Journal of Philosophy*, vol. LXXXIII, no. 10, 1986, p.531.

보다, 자기성실성 이론의 기본 관심은 행위자 중심 도덕원칙의 정당화 문제에서 출발하기보다는 삶의 구체적인 상황에 선 실천적 개인의 경험으로서 도덕성을 해명하려는 데 있기 때문이다.

그렇다고 하더라도, 도덕적 경험 속에서 부정할 수 없는 개인적 정체성을 옹호하는 것이 자칫 이기주의를 허용하게 되는 논리에 빠질 수 있다는 우려에 대해 어떤 식으로든 대답하기를 피할 수는 없을 것이다. 이제 어떻게 대답할 수 있는가? 그것은 도덕성을 무엇이라고 이해하고 있는지와의 관계 속에서 해명되어야 할 것이며, 따라서 이 장 전체, 특히 2절과 3절의 논의가 그에 대한 대답을 하는 것으로 이해할 수 있다. 그럼에도 불구하고 한 가지 언급을 한다면, 윌리엄스의 '행위자 중심' 개념은 "행위자는 자신이 한 행위에 특별히 책임이 있다"는 것을 그 개념의 핵으로 하고 있음을 상기할 때, 이기주의라는 비판은 정당하지 않다는 점이다. 이기주의에서 '책임'이란 무의미한 것인 반면에, 윌리엄스의 행위자 중심 이론은 '행위자가 지는 자신의 행위에 대한 책임'을 그 이론의 기본 골격으로 하고 있는 것이다. 이것은 자신의 행위 때문에 주어지는 사회적인 반응 방식의 처벌이나 개인적 반응으로 지워지는 비난이나 질책 등의 결과를 그 자신이 감수한다는 것을 의미하는 것이다. 이렇게 '행위자'의 행위 주체로서의 측면을 강조하는 이론에서 귀결되는 책임의 개념은 오로지 자신의 이익을 관점에서만 옳고 그름을 정의하는 이기적 이론에 서지 않도록 작용하는 장치가 된다.

뿐만 아니라 그는 행위자를 그 자신이 갖는 삶의 무조건적 원칙에 의해 개별화되는 것으로 정의하고 있으며 동시에 행위자는 자신의 환경에 의해 영향받는 존재로서 파악되고 있다. 즉, 자신의 행위에 책임을 질 수 있는 행위자의 자아는 타인과 구별되는 개체이지만 동시에 그 자아는 충분히 사회적 관계 속에서 형성된 자아임을 함의하고 있는 것이다.[18] 낸시 데이비스(Nancy Davis)는 윌리엄스의 "공리주의 비판"(A Critique of Utilitarianism)이 사태를 모든 가치의 궁극적 담지물로 취급하는 데서 발생하는 공리주의의 몰개인적 공평성 뿐만 아니라, 행위자 개인의 관점에서 고려되는 공평성 즉 소위 '행위자 공평성'(agent-impartiality)까지 겨냥하고 있음을 분석적으로 논증하기도 한다.[19] 이와 같이 윌리엄스의 중심 개념들은 이기주의에 빠질 가능성을 효과적으로 차단하는 것들이다.

## 2. 실행의 관점에서 본 도덕적 지식과 객관성

이제 자기성실성 입장은 도덕적 상대주의에 빠진다는 주장은 어떤가?

어떤 도덕이론이 도덕적 무정부주의나 자기 논파적인 상대주의

---

18) 사회화된 자아를 행위자의 도덕적 자아로 이해하는 윌리엄스의 입장이 도덕적 보수주의라는 비난을 받기도 한다. 그리고 사회화된 자아는 비이기적일 수 있다는 이런 논의는 근거 없는 낙관론이라고 비판되기도 한다. 이것은 어떤 의미에서 전적으로 틀린 비판은 아니다. 즉, 도덕적 보수주의가 이미 기존의 행위 규범들만이 정당한 것이라든가, 사회화의 과정을 거친 모든 개인은 다 이기적이지 않다는 낙관론이라면 그것을 당연히 잘못된 것이기 때문이다. 그러나 윌리엄스의 논의는 이런 극단적인 것을 함축하고 있지 않다.

19) cf. Nancy Davis, "Utilitarianism and Responsibility", *Ratio*, 22, 1980, pp.24~25.

를 귀결하는 이론인지 여부를 가리는 방법 중 하나는 그 이론이 도덕적 지식의 가능성을 긍정하느냐 부정하느냐에 의해 가리는 것이다. 그의 입장이 도덕적 지식의 가능성에 열려 있는지 여부를 통해 상대주의 비판으로부터 그가 자유로울 수 있을지를 살펴볼 수 있겠다. 우선, 윌리엄스는 도덕적 지식이 성립될 수 있음을 명백히 하고 있다. 단, 그 지식은 근본 원리나 기준에 의해 정당화될 수 있는 것은 아니라고 본다는 점에서 그가 실천적 영역에서의 기초주의적 지식의 가능성을 부정하는 것은 사실이다. 그러나 우리가 기초주의적인 도덕적 지식의 가능성을 긍정하는 입장 이외의 모든 입장을 상대주의로 분류하지 않는 한, 그의 입장을 상대주의에 빠진다고 결론짓는 것은 온당치 않다.

그의 이론에서 도덕적 지식의 객관성의 문제는 어떻게 설명될 수 있는가의 문제로 넘어가 보자. 그는 윤리적 지식을 일종의 사회적 현상으로서 파악한다. 사회적 현상으로서 설명되어야 할 확신이라는 것이다. '확신으로서의 윤리적 지식 개념'은 윤리적 영역에서의 기초주의적 또는 환원주의적 객관주의 진리관을 부정하는 곳에서부터 출발한다. 그는 윤리적 진리는 수렴 가능성을 보장하는 객관적 실재(또는 실재 개념)에 관한 것이 아니라고 본다. 인간의 삶은 수렴적 지식을 상정하기에는 너무 복잡하고 다양하다는 것이다. 윤리적 지식을 이론적 지식과 유비시켜 이해하고자 하는 윤리학자들의 시도는, "윤리적 사고의 한 가지 기본적 유형을 보여주고, 나머지는 그 기본적 유형에 의해 설명해 버리고자 하는 욕구의 산물"이며 일종의 "환원주의적 시도"들이라는 것이다. 실제로 윤리적 사고는 예컨대, 목적론적으로만도 의무론적으로만도 아닌, 그 자체 복합적인 유형의 사고들이다.

윌리엄스는 가치 인식의 수렴 가능성을 회의하는 이유를, "실천적인 기초는— 과학적 기초가 실재하는 세계이며 순수 이론적 기초가 합리적 이성인 데 반해— 정서"라는 데서 찾고 있는 것 같다. 윤리적 지식은 인간적 상황의 복잡성을 사상한 보편적이고 절대적인 가치에 관한 것이 아니라, 구체적인 상황에서 행위의 이유를 제공하는 실질적인 개념에 관한 것이며, 그리고 이런 실질적인 개념들은, 알란 깁바드(Allan Gibbard)도 지적했듯이,[20] 그 개념들을 사용하는 개념 사용자들 간에 공동의 정서적 유대를 전제하는 개념이라는 것이다. 행위의 이유를 제공하는 실질적 개념들이 구체적인 사회적인 실행이나 삶의 질서 속에서 그 의미를 갖는 한, 그리고 다양한 사회와 삶의 제도들이 존재한다는 사실을 인정하는 한, 실질적 개념들에 대한 지식에서 과학적 지식에서와 같은 방식의 수렴 가능성을 기대한다는 것은 문제가 있다는 것이다.

좀더 구체적인 논의에 들어가서, 인격적 자기성실성의 가치 주장에 근거하는 행위자 중심 윤리학의 이론적 배경을 제공해 줄 윌리엄스의 윤리적 지식의 개념을 살펴보도록 한다.

### 1) 실행으로서의 도덕성

윤리적 진리에 대한 그의 입장은 실재론적 객관주의자에 대한 그의 비판적 논의를 안에서 구체화된다. 그가 실재론적 객관주의로 분류하는 입장들이란 윤리적 진리를 도덕적 경험으로부터 직접

---

20) Allan Gibbard, "Normative Objectivity", *Nous*, vol. XIX, no. 1, 1985, pp.41~50.

이끌어낼 수 있다는 주장이나, '세계'와 그 위에 투사된 것 간의 구변이 불가능하다는 관념 위에서 윤리적 진리의 객관성을 주장할 수 있다는 주장들이다.[21]

첫 번째 유형의 객관론자들은 과학적 수렴 개념이 윤리학에서도 마찬가지로 유효할 수 있다는 주장을 윤리적 개념 즉, 윌리엄스가 조밀한 개념[22]으로 분류하는 '용감한', '거짓말', '비겁한', '야수적

---

21) 그는 고려해 볼 만한 모든 유형의 실재론적 객관주의 논의들이 성공적이지 못함을 보임으로써 반실재론을 택하는 것이 합당함을 보이는 전략을 사용한다. 이에 따라 그는 '아리스토텔레스의 인간성에 기초한 가치의 객관주의'와 '실천 이성에 기초하여 도덕의 객관성을 주장하는 칸트의 입장'을 전통적인 실재론적 객관주의 유형으로 분류하고 이를 분석 비판한다. 그는 이외에 최근의 더 세련된 형태의 실재론적 객관주의 입장으로 전자에 해당하는 것으로 맥도웰의 신-아리스토텔레스주의를, 후자에 해당하는 것으로 위긴스의 이차 성질과의 유비 논의를 염두에 두고 있다. 여기에서는 이들의 객관주의가 왜 성공적인 이론이 못되는지를 고찰하기로 하겠다. 이외의 객관주의적 도덕이론에 대한 윌리엄스의 논의는 다음 논문을 참조할 수 있다. cf. B. Williams, "Ethics and the Fabric of the World", *Morality and Objectivity*, ed. Ted Hondrich(Routledge & Kegan Paul, 1985), pp.203~214.

22) 윌리엄스는 윤리적 개념을 두 가지로 나눈다. 그 하나는 관행이나 삶의 제도에 의해 그 의미가 주어지는 윤리적 개념들, '약속', '용감한', '효성스런', '남자다운' 등은 실질적인 행위의 이유를 제공하는 개념들이다. 이를 '실질적 개념'(substantial concept) 또는 '조밀한 개념'(thick concept)이라 명명한다. 다른 하나는 '선', '악', '옳은' 등과 같은 개념들이다. 이들은 제도나 관행들을 초월해서 그러한 제도적 개념이나 관행들을 평가하는 개념이다. 이들은 따라서 구체적이고 실질적인 개념들보다 상위의 일반적이고 추상적인 개념들이다. 이를 전자의 개념과 대조해서 — 와렌 퀸(Warren Quinn)이 이름 붙였던 것에 따라 — '성긴 개념'(thin)이라 부를 수 있겠다. cf. Qarren Quinn, "Reflection and the Loss of Moral Knowledge: Williams on Objectivity", *Philosophy and Public Affairs*, vol. 16, no. 2, spring 1987, p.196.

인' 등등의 덕 개념의 분석을 통해 논변한다. 이들 개념들은 행위의 이유를 제공하는(action-guiding) 개념들이다. 물론 이들 개념의 사용이 정확히 무슨 행위의 이유를 제공하는가는 상황에 의존한다. 동시에 이런 개념이 정확히 적용되었는가 잘못 적용되었는가를 말할 수 있으며, 그 개념을 습득한 사람들은 어떤 새로운 상황에 그 개념을 적용하는 것이 맞는지 틀린지에 관해 합의할 수 있다. 이들 개념의 적용은 사실이나 세계에 대한 그 개념 사용자의 지각에 의해 조정된다("controlled by the facts or by the user's perception of the world")는 점에서 세계-의존적(world-guided)이다. 처방주의자들의 용어를 빌린다면, 실질적 윤리 개념은 서술적 요소와 처방적 요소로 분석되는 것이요, 윌리엄스 자신의 표현을 빌린다면, 조밀한 개념은 "가치와 사실의 결합을 표현하는" 개념이다.23) 이들은 도덕적 개념의 서술적 요소들이 윤리적 진리들의 수렴 가능성의 기초가 된다고 주장한다. 윌리엄스는 이런 개념 분석에는 전적으로 입장을 같이 하지만, 단 그 개념의 서술적 요소가 수렴적 지식의 기초가 되리라는 주장은 받아들이지 않는다.

이런 유형의 객관주의를 전통적인 실재론의 변형에 지나지 않는

---

23) 이들 덕 개념들은 서술적 요소와 더불어, 행위할 이유를 준다는 의미에서 처방적 또는 평가적 요소를 갖는 개념이라고 보는 점에서는 윌리엄스도 입장을 같이 한다. 덕 개념이 평가적 개념인가 아니면 서술적 개념인가에 대해서도 여러 다른 분석이 있는 것이다. 이런 점 때문에, 브로워(B. W. Brower)는 덕 개념은 단지 서술적 의미만을 갖는 서술적 개념이라고 보는 서술주의자(descriptivist)들과 대비하여 윌리엄스를 맥도웰과 같이 반-서술주의자(anti-descriptivist)로 분류한다. cf. Bruce W. Brower, "Virtue Concepts and Ethical Realism", *The Journal of Philosophy*, vol. LXXXV, no. 12, 1988, pp.675~693.

것으로 보고 비판하는 윌리엄스는 다음과 같은 사회를 가상하고 그 사회는 윤리적 지식을 갖고 있는가를 묻는다. 이 사회는 윤리적 동질성이 최대한 확보되어 있는 곳이며, 따라서 거의 윤리에 대한 반성적 사고를 할 필요도 없고 하지도 않는 구성원들로 이루어진 사회라고 가정해 보자. 이 사회를 '정통 지배 사회'(hyper-traditional society)라 부를 수 있겠다. 이 사회의 구성원들도 윤리적 개념들을 사용할 것이다. 즉 이들도 어떤 상황에서 어떤 행위를 해야 할지를 선택할 때, 고려하는 이유들을 가질 것이고 이러한 이유들 중에는 윤리적인 이유들이 있을 것이다. 이처럼 실천적 이유를 제공하기도 하는 윤리적 개념들과 그 사용법을 그들은 구체적인 상황들 속에서 시행착오를 통해 터득했을 것이다.

이러한 개념들은 예컨대, 용감함, 비겁함, 거짓말, 잔인함, 너그러움과 같은 것들로서 윌리엄스가 조밀한(thick) 윤리적 개념 또는 실질적인(substantive) 개념이라고 부르는 개념들이다. 그들은 이들 개념들을 적용하여 판단을 내리고 행위를 선택한다. 그러나 이 지역인들은 이런 의미에서 이들 개념을 터득하고 있긴 하지만, 그 개념을 그렇게 사용하는 것이 올바른 것인지에 대해서는 반성하지 않는다. 왜냐하면, 전통 지배적인 이들 사회에서는 자신들의 개념 사용 방식이 잘못되었을 가능성을 보여주는 어떤 다른 사용 방식의 예들을 접할 기회가 없기 때문이다. 예컨대, 구체적인 상황에서 어떻게 하는 것이 효성스러운 것인지, 효도하기 위해 무엇을 해야 하는지를 그들 나름의 방식으로 알고 있지만, 그렇게 하는 것을 효성스럽다고 하는 것이 올바른 판단인지에 대한 반성적 사고를 하지는 않는다.

우리는 여기에서 두 가지 문제를 제기할 수 있겠다. 첫째, 이 경우 이들은 윤리적 지식을 갖고 있는가? 둘째, 만약 이들이 윤리적 지식을 갖고 있다고 말할 수 있다면, 이런 개념의 논리를 파악하여 그 개념을 사용해 그들과 똑같은 판단을 내릴 수 있는 어떤 외부에서 온 관찰자는 이제 그 사회 구성원과 마찬가지로 윤리적 지식을 갖고 있다고 말할 수 있는가? 둘째 물음부터 보자. 앞의 객관주의 논리에 따르면, 관찰자는 윤리적 지식을 갖고 있다고 해야 한다. 그 관찰자는 그들의 윤리적 개념을 사용하여 그 지역인과 똑같은 판단을 내리고, 그 개념을 어떤 상황에 적용할 것인지를 예상할 수 있다는 것은 그가 그 개념의 세계-의존성을 파악하고 있는 것이기 때문이다.

그러나 윌리엄스의 생각은 이와 다르다. 관찰자가 지역인들의 윤리적 개념을 배울 수 있다는 것을 부정하는 것은 아니다. 영특한 관찰자라면 그 지역인들이 어떻게 그 개념들을 상황을 고려하여 사용하는지 그 규칙들을 터득할 수 있을 것이다. 그러나 상황에 따른 그 개념의 사용 규칙을 파악했다는 것만으로 그가 지역 사람들과 같은 윤리적 지식을 갖고 있다고 할 수 없다는 것이다. 왜냐하면 그 관찰자는 그 개념을 이해할 뿐, 그 개념을 적용한 실천적 판단에 공감하지는 않기 때문이다. 다시 말해서 그는 주어진 상황에서 지역인들이 어떤 판단을 내릴지 정확히 예측하고 알아맞힐 수 있지만, 그렇다고 그 판단이 **그에게** 행위의 이유를 주지는 않을 것이기 때문이다. 다시 말해서 그 판단은 그에게 행위할 동기를 줄 수 없다는 점에서 그의 실천적 판단은 아닌 것이다. 그는 그 개념의 세계-의존적 요소를 이해하지만, 그것에 의해 행위가 지도되지는 않는다. 윤리적 지식은 세계에 관한 실질적 의미를 갖고(world-guided) 있어야 할 뿐 아니라, 행위할 이유를 주어야(action-guiding) 한다는 것을 인정하는 한, 그리고 그 개념의 서술적 요소가 그 처방적 요소를 수반한다거나 윤리적 개념의 서술적 내용이 처방적 내용을 결정하지 않는 한, 그 관찰자가 지역인과 마찬가지로 윤리적 지식을 갖고 있다고 말할 수는 없다는 것이다. 따라서 관찰자도 지역인들과 같은 윤리적 지식을 갖고 있다고 주장하는 첫 번째 유형의 윤리적 객관주의는 잘못이다.

그렇다면 첫째 문제는 어떤가? 그 지역인들이 과연 윤리적 지식을 갖고 있다고 말할 수 있는가, 있다면 어떤 의미에서 그들이 윤리적 지식을 갖는다는 것인가의 문제가 남아 있다. 여기에서 실재론적 객관주의 모델과 반실재론적 모델의 반응이 다를 것이다. 실재론적 모델에 따르면, 네이글도 앞장에서 주장했던 것처럼, 그 사회의 구성원들의 판단을 그들 나름의 방식으로 가치에 관한 절대적 진리를 탐구하는 활동으로 이해한다.24) 그들의 판단이 이미 반성적 차원에 개입(commit)하고 있다고 해석하는 것이다. 이런 해석에 따르면, 전통 지배적인 사회의 구성원들은 윤리적 지식을 갖고 있지 못하다. 왜냐하면 그들이 판단은 그들의 관행에 일치할 뿐 철학적 반성에 의해 정당화되고 있지 않기 때문이다.

객관주의자는 실제 사회의 관행이나 그 사회에서의 도덕적 개념들이 올바른 것인지를 묻는 이차 질서의 탐구로서 윤리학을 규정

---

24) 네이글은 이렇게 주장한다. 무엇을 할 것인가에 관한 판단을 하게 된 동기는 단순히 주관적인 것이 아니라 의도에 있어서 객관적(implicitly objective)이다. 그렇게 때문에 무엇을 할 것인가에 관한 판단은, 최소한 함축적으로, 나의 믿음 바깥으로 나아가 객관적 진리를 표적하고 있다. 이는 철학적으로 부과된 경향성이 아니라 인간 사고 판단의 자연스러운 경향이다. cf. Thomas Nagel, "Williams' Ethics and the Limit of Philosophy", *The Journal of Philosophy*, 1986, pp.351~360.

하고 윤리학과 이론적 설명을 동일시한다. 그 전형적인 예를 바로 이차 성질과 도덕적 성질과의 유비를 통해 윤리학의 객관성을 확보하고자 하는 시도에서 찾을 수 있다.25)

그러나 이런 시도 역시, 사실상 색깔과 같은 이차 성질에 관한 이론적 설명이 색깔에 대한 우리의 지식을 변경시키는 않지만, 윤리적 개념에 관한 설명의 경우 사정에 다르다는 것을 간과하고 있기 때문에 잘못된 것이다. 다시 말하자면, 이차 성질의 경우, 그에 대한 설명이 곧 그것을 정당화해 준다. 예컨대, 빨간 색깔이 어떻게 우리에게 그와 같이 보이는가에 관한 — 빛의 파장과 시각의 구조에 의한 — 객관적인 해명이 주어졌다 해서 달라지는 것은 없다. 빨간 색깔은 여전히 우리에게 빨갛게 보인다. 뿐만 아니라, 어떻게 그것이 빨갛게 보이는가에 대한 설명은 곧 왜 그것이 빨간 것인가를 정당화해 준다. 그러나 윤리적인 경우는 이와 다르다. 예를 들어, 무고한 사람을 죽여서는 안 된다는 우리의 도덕관념(또는 옳고 그름이라는 도덕적 성질)에 대한 객관적인 해명을 위해 그 도덕체계 바깥으로 일단 나가고 나면, 빨간 색깔이 여전히 빨갛게 보이는 것과는 달리, 이제 그 도덕관념은 이미 원래의 도덕관념으로 남아

---

25) 도덕 성질을 이차 성질과 유비시키는 것은 흄(D. Hume)에서부터 비롯되며, 이런 이차 성질에 대한 설명의 객관성에 유비하여 윤리학의 객관성을 말하고자 하는 시도는 근대 윤리적 논의에서 위긴스(David Wiggins), 하먼(Gilbert Harman), 매키(John Mackie), 맥도웰(John McDowell) 등이 대표적이다. cf. David Wiggins, "Truth, Invention, and the Meaning of Life", *Needs, Values, Truth: Essays in the Philosophy of Value*, Aristotelian Society Series, vol. 6(Oxford: Basil Blackwell, 1987), pp.87 ~137. 맥도웰에 대한 논의는 졸고 "덕과 도덕적 실재론", 『철학』, 제41집, 1994를 참고할 것.

있지 않다. 또한 그런 도덕성에 대한 이론적 설명이 그 도덕성을 정당화해 주는 것도 아니다.

　윤리학과 이론적 설명과의 차이에서 발견되는 이 비대칭성에서 우리는 도덕성과 자연 성질과의 차이를 확인할 수 있다.26) 따라서 윌리엄스는 세련된 도덕적 실재론이라고 할 수 있는 이들 객관주의에 대해 다음과 같이 말하고 있다.

　　객관적 입장은 반성적 차원에서의 지식을 약속하는 것처럼 보일 수 있다. 특히, 반성에 의해서만 만족될 수 있는 지식의 명령을 기대하게 한다. 물론 반성적 차원에서 살아남을, 보편적으로 주장되는 모호한, 윤리적 믿음들이 있다.("사람은 다른 사람을 죽이지 말아야 할 특별한 이유가 있다.") 그러나 이러한 믿음들은 반성적 차원에서 체계적인, 다소 덜 체계적이라 하더라도, 윤리적 믿음 체계들을 이루기에는 아직 거리가 멀다. … 고차원의 반성적 일반성의 차원에서 성립하는 그런 종류의 윤리적 지식은 없다.27)

---

26) 이차 성질과 도덕 성질과를 유비시키는 시도들에 대해 윌리엄스와는 다른 방식으로 비판하는 논변은 맥긴(C. McGinn)을 참고할 수 있다. 그는 이차 성질 모델에 입각한 가치 분석에서 부딪치게 되는 도덕 인식론의 문제로 "도덕적 잘못의 개념이 문제스러워진다"는 것을 들고 있다. 어떤 개인 또는 공동체의 도덕판단이 잘못을 저지를 수 있다는 것을 설명하기 어려워진다는 것이다. cf. Colin McGinn, *The Subjective View: Secondary Qualities and Indexical Thoughts*(Oxford: Clarendon Press, 1983), pp.145 ~155.

27) B. Williams, *Ethics and the Limits of Philosophy*(Harvard University Press, 1985), p.147. 윌리엄스는 정당화하려는 충동은 우리의 윤리적 삶을 그것의 바깥 지점에서 인정할 만한 것으로 이해하고자 하는 바람을 포함한다고 말한다. 그것은 우리가 속해 있는 윤리적 실행과 우리가 이끌어낸 윤리적 분별을 위한 좋은 이유를 제시할 것을 요구하게 만든다는 것이다. 즉 현존하는 실행과 분별들을 '근거 지우거나' 아니면 그것들을 변화시킬

이제 우리는 "어떤 경우에도 설명적 이론은 특정 윤리 개념에 대해 제기되는 객관성의 문제를 다루기에 충분하지 않다"28)고 말하는 윌리엄스의 주장에 동의해야 할 것 같다.

이상의 논의가 실재론적 객관주의 모델이 도덕을 이해하는 모델로 적합하지 않음을 보여주었다면, 우리는 윌리엄스와 함께 다른 모델을 취할 수 있다. 이에 따르면, 지역인들의 도덕판단은 그들이 거주하게 된 문화적 제도, 그들의 삶의 방식의 일부로 해석된다. 그들의 판단은 시행착오의 과정을 거쳐, 그 사회의 관행이나 행위의 규범들을 터득하고 습득한 사용자가 개념들을 구체적인 상황에 적용한 것일 뿐, 이 판단들을 반성적 차원에서의 함축들을 갖지 않는다고 본다. 그렇다고 해서 그들이 윤리적 지식을 갖고 있지 않다고 할 수 없다는 것이다. 왜냐하면, 그들은 이런 판단을 함에 있어서 지식으로서 갖추어야 할 조건들을 만족시키고 있기 때문이라는 것이다. 즉 그들은 그들의 판단이 참이라고 믿으며 그 믿음은 이렇게 저렇게 임의적으로 선택된 믿음이 아니다. 그것은 그들이 삶의 실행에 참여하고 그 규칙을 터득하는 (시행착오의) 과정 속에서 **획득된** 믿음이기 때문이다. 그들은 도덕개념을 적용하여 내린 판단의 진리성을 추적할 수 있는 것이다.29) 그는 자신의 판단을 그들

---

것을 요구할 수 있는 원리들을 탐구하도록 이끈다는 것이다. 이러한 종류의 충동이 윤리학에서 이론적 충동을 가져온다는 것이다. 그런데 이런 이론화의 욕구는 앞에서 네이글이 주장하는 것처럼 인간 합리성의 자연스런 충동이 아니라, 다원적인 가치 세계에 살고 있는 근대인들에게 특수한 것으로, 다원적 상황 속에서 자신의 삶의 가치를 이해하고자 할 때 갖게 되는 것이라는 것이다. 즉 적어도 실천적 영역에서, 성찰적 사고가 윤리적 지식을 위해 항상 누구에게나 필수적인 것은 아니라는 것이다.

28) B. Williams(1985), p.150.

이 받아들이고 습득한 관행이나 확신에 의해 정당화할 수 있으며, 그 믿음의 진리성은 그 사회의 관행이나 일반적 신념들이 보증해 준다. 이처럼, 그들의 믿음과 그 믿음의 진리 간에는 지식이기 위해 만족되어야 할 조건이 충족되어 있다.[30] 그러므로 이러한 모델

---

29) "왜냐하면, 그들은 만약 환경이 예상했던 바와 다르다는 것이 드러났을 때 그들의 판단을 철회할 수 있고, 더 적합한 다른 판단을 내릴 수 있기 때문이다. 그들은 각자 이런 개념들을 터득하고 있다. 그들은 그 개념들이 적용되는 개인적이거나 사회적인 사건(happenings)들을 지각(perceive)할 수 있다."

30) 소크라테스 이래 명제적 지식에 대한 정의는 '정당화된 참 믿음'이라 여겨져 왔다. 이러한 정의에 따르면, 명제적 지식의 조건은 첫째, 그들이 한 판단을 믿어야 한다. 둘째, 그 판단은 참이어야 한다. 그리고 셋째, 그들이 한 판단은 정당화되어야 한다 등으로 나열된다. 이 세 번째 조건은 첫째 조건과 둘째 조건이 우연적으로 만나는 경우를 지식의 범위에서 배제하기 위한 장치이다. 만약 그렇지 않다면, 참인 것을 우연히 믿기만 한 경우도 지식을 갖는 경우로 간주되어야 할 것이기 때문이다. 즉 첫째 조건과 둘째 조건이 필연적으로 연결되어 있어야 함을 지식의 조건은 요구하는 것이다. 그러나 정당화 조건은 그러한 필연적 관계를 보증하기에 충분한 것이 아님이 1963년 게티어의 논문을 통해 보여졌다. Edmund L. Gettier, "Is Justified True Belief Knowledge?", *Knowledge and Belief*, ed. A. Phillips Griffiths(Oxford University Press), pp.144~146. 게티어의 예들은 정당화되는 참인 믿음이지만, 믿음의 명제적 내용의 진리성과 그에 대한 그의 믿음이 우연히 정당화되는 경우를 소크라테스 지식의 조건이 배제 할 수 없음을 보여준 것이다. 그후, 이러한 정당화의 갭을 메우고자 하는 시도들은 수 없이 많았지만, 그러한 시도들이 성공적이지 못했다는 것이 일반적인 평가이다. 이러한 철학적 상황에서, 노직은 그의 『철학적 설명』(*Philosophical Explanation*)에서 정당화 개념 대신 '추적'(track)이란 개념으로 첫째 조건과 둘째 조건 간의 우연적 갭을 메우고자 시도한다. 어떤 가능성의 영역에서는, 당신이 문제의 그 진리를 믿었겠지만, 또 다른 가능성의 영역에서는 당신이 그것을 믿지 않을 것이라면, 그리고 그 이유를 제시할 수 있다면, 당신의 믿음은 지식으로 간주된다. 윌리엄스는 명제적 윤리 지식을 정의하는 세 번째 조건으로 진리의 추적 능력을 요구하는 것 같다.

에 의하면, "전통 지배 사회의 일원들은 윤리적 지식을 갖고 있다"고 말해야 한다.

## 2) 윤리적 확신

윤리적 지식이란 무엇인가? 윤리적 믿음이 최소한 수렴적 진리를 전제하는 반성적 지식이나 확실성과 동일시될 수 없다면, 그것은 무엇인가? 여기에서 우선 윌리엄스는 도덕성을 이해하는 방식으로 제안되어 왔던 두 가지 극단을 피한다. 하나는 윤리적 지식을 일종의 반성적 정당화 차원의 어떤 것으로 이해하려는 것이고, 또 하나는 그것을 개인의 실존적 **결단**의 차원에서 이해하려는 것이다. 먼저, 그는 윤리적 지식을 단지 결정(decision)의 문제로 보는 실존주의자들의 생각을 비판한다. 윤리적 지식도 일종의 믿음인 것이 분명한 이상 믿음의 일반적 성격을 벗어나서 이해될 수는 없으며, 윌리엄스도 말하고 있듯이, 우리는 어떤 믿음을 믿기로 결정하여 가질 수 없다. 믿음은 설득되는 수동적 측면을 갖는 것으로서 내가 믿기로 하는 것이 아니라 믿을 수밖에 없게 하는 불가피성으로 다가오는 것이다.[31] 따라서 윤리적 믿음을 순수 개인적 결단이나 결

---

31) 예컨대, '1 + 2 = 3'이나 '지구가 돈다'는 것을 내가 믿기로 작정했기 때문에 믿는 게 될 것이 아니다. 그것은 나의 의지와 상관없이 그것이 갖는 객관적 설득력에 의해 믿게 되는 것이다. 또한 내가 가지고 있는 믿음들이 양립 불가능하다는 것이 인식되었고, 그리고 그 중 하나가 잘못된 것이라는 것이 밝혀졌을 때 나는 그것을 더 이상 믿지 않게 된다. 이것 역시 내가 그것을 믿지 않기로 결정하는 문제와는 상관이 없다. Bernard Williams, "Deciding to Believe", *Problems of the Self*(Cambridge University Press, 1973), pp136~151.

정의 산물로 이해하는 것은 잘못된 것이다. 그렇다고 하여, 윤리적 믿음이, 칸트가 생각했던 것처럼, 그렇게 선험적 인식에 의해 객관적 법칙으로 그렇게 거역할 수 없는 것으로 주어지는 것도 아니다.32) 왜냐하면 실천적인 영역에서 가치란 사물이 존재라는 것과 같은 방식으로 나의 주관이나 상황과 독립해 말해질 수 없기 때문이다.

윌리엄스는 여기에서 제 3의 대안으로 윤리적 지식을 **확신** (confidence) 개념으로 이해하고자 한다. 그는 확신을 '기본적으로 사회적 현상'으로 생각한다. "이것은 한 사회에 어떤 확신이 존재하는 것은 개인들이 어떤 형태로 그것을 갖고 있기 때문에 그렇다거나, 그 사회가 갖고 있지 않은 확신을 어떤 개인들이 가질 수 있다는 것을 부정하지 않는다." 그러나 "그 개인들의 태도에 대한 사회적 승인이나 지지의 부재가 반드시 그 자신의 태도를 유지하는 방식에 영향을 주기" 때문에 그것은 단순히 개인적 결단의 것도 아니고 순수 합리성의 문제도 아닌 사회학적 설명을 필요로 하는 현상이라는 것이다. "이는 어떤 종류의 제도, 교육, 공공 조건들이 그러한 확신을 갖도록 도왔는지에 관한 사회학적이고 심리학적인 물음이다." 그렇다고, "이것이 합리적 논변과 전혀 관계가 없다는 것을 의미하는 것은 아니다. 사회적 상태들은 이런 저런 방식으로 합리적 논변에 의해 영향을 입는다. 더 나아가서, 우리가 합리적 논변 없이 또는 그것을 묵살함으로써 확신을 일으키고자 한다면, 우리는 거의 실패할 것이다."33)

---

32) B. Williams, "Ethics and the Fabric of the World", *Morality and Objectivity*, ed. Ted Honderich(1985), pp.54～70, 172～196.
33) T. Honderich(1985), p.170.

이것이 바로 그 특유의 '확신으로서의 윤리적 지식'이다. 그의 윤리적 지식 개념은 반성적 차원에서의 정당화 조건을 만족시키는 믿음으로 정의해 온 소크라테스적인 지식 개념을 거부하는 대신, 윤리적 지식에서 삶의 관행이 차지하는 의미를 강조하는 것이다.34) 소크라테스가 생각했던 것과는 반대로, 오히려 반성적 사고는 윤리적 지식을 오히려 파괴한다는 것이다.

이제 윤리적 지식이 무반성적 삶의 관행 차원에서도 가능한 것이며, 그 사회의 관행을 자신의 삶의 질서로 터득한 사람들이 가질 수 있는 것이지 그 관행을 초월하는 반성적 사고를 통해서는 그 지식을 오히려 잃게 되는 것이라는 이상의 논의는 자연스럽게 그가 도덕의 절대적 보편주의에 가담하고 있지 않음을 말해 준다. 그렇다고 그가 도덕적 지식의 가능성을 부정하는 자기 논박적인 논리에 개입하는 전통적인 도덕 상대주의자 역시 아님은 분명하다. 이것은 그의 논의가 이미 실재론/반실재론의 이분법적 구도를 떠나 있다는 것을 말해 주며 이런 구도 위에서 개념화되어 왔던 윤리적 지식 개념 역시 넘어서 있음을 보여준다. 그의 윤리적 입장을 '실행으로서의 윤리'로 이름 붙여도 좋을 것이다. 그렇다면 그의 실행으로서의 윤리 입장은 상대주의와 관련해서는 어떻게 이해되어야 할 것인가?

---

34) 삶의 관행과 윤리적 지식 개념과를 연관시키는 그의 태도는 실천적인 도덕 문제를 이해하는 그의 방식에서도 일관성을 유지한다. 토마스 네이글은 윌리엄스의 이런 태도를 특히 마이클 툴리(M. Tooly)의 "Abortion and Infanticide", *Applyed Ethics*, ed. Peter Singer(Oxford University Press, 1986), pp.57~85에서 발견되는 ― 철학의 앞뒤를 가리지 않는 정당화에 대한 미각에 도취된 ― 보편적 기초주의 류에 대한 반발로 해석한다. cf. T. Nagel(1986), p.356.

그는 삶에 대한 우리의 관심이나 태도가 전혀 통약 불가능한 어떤 세계의 거주민이 우리가 사용하는 것과 같은 실질적인 평가 개념, 예컨대, '인자한'을 사용한다면, 그가 사용하는 개념과 우리가 사용하는 '인자한'의 개념 중 어느 것이 올바른 개념의 사용인지 객관적으로 판단할 수 없다고 본다. 원칙적으로 우리가 선택할 수 있는 실질적인 대안(real option)이 될 수 없는 규율 체계와 우리가 갖는 관계를 그는 '개념적 대결'이라고 말하며, 이때에 평가 개념의 상대성을 인정하는 것이다. 이것은 "반성적 사고가 도덕지식을 파괴한다"는 바로 앞절에서의 논의에 의해 도출되는 상대성이다. 예컨대 전통 지배적인 사회를 바깥에서 관찰하는 사람은 이미 그 지역인이 가지고 있는 도덕적 지식을 가질 수 없다. 그는 그들의 특정 평가 개념이 객관적으로 올바른 것인지를 반성하는 관점에 서 있기 때문이다. 이 같은 논리 때문에, 이미 반성된 과거의 개념 체계 또는 과거의 도덕적 지식 체계에로 우리는 되돌아갈 수 없는 것이다.

　　여기에서 위긴스의 정리를 인용하는 것이 편리하다. 다음과 같은 믿음의 체계 $S_1$과 $S_2$가 있을 때, 윌리엄스의 상대주의는 성립한다.

① $S_1$과 $S_2$는 구별되며 각각은 어느 정도 자족적이다.
② $S_1$을 추종하는 자는 $S_2$의 추종자를 이해할 수 있다.
③ $S_1$과 $S_2$는 서로 배타적이다. — 이들은 ⓐ 비교함으로써, ⓑ 어느 정도 상호 동의하는 서술 하에 어떤 행위나 목적의 유형을 확인(identify)하는 적어도 하나의 질문에 대해 상반되는 대답을 $S_1$과 $S_2$로부터 이끌어냄으로써, 상호 배타적임을 확인할 수 있을 것이다.

④ $S_1$과 $S_2$는 실질적 대결[35]에 있지 않다. 왜냐하면, $S_1$과 $S_2$ 중
　　어느 것이 우리의 신념 체계이든지 간에, 나머지 하나를 평가
　　할 어떤 이유나 평가에 실질적 내용을 줄 우리의 관심과의 관
　　계를 그 나머지 하나는 결여하고 있기 때문에 그에 대한 옳고
　　그름의 판정을 결정할 수 없다.[36]

　위 정식화는 도덕적 상대주의의 스펙트럼 어디쯤에 그가 서 있
는지 그 위치를 알려주기에 적합하다. 그가 '이해의 차원에서 주장
되는 개념적 상대주의'를 인정하지 않음을 ②와 ③이 확인해 준다.
그리고 ④는 그가 실질적인 대결에 있는 도덕체계들에 관해서는
― 그 중 어느 도덕개념이 올바른 것인지를 말할 수 있다고 보기
때문에 ― 상대주의를 부정한다는 것을 보여준다. 이는 상대주의란
전통적 상대주의자들이 생각했던 것처럼 문화에 따라 상대적인 것
이 아니라, 그들의 관심이나 가치를 공유할 수 없는 세계,[37] 예컨

---

35) '실질적 대결'(real confrontation)이란 윌리엄스의 용어로서 '개념적 대결'
　　(notional confrontation)과 대비적으로 사용된다. "두 상이한 관점들 간의
　　실질적인 대결은 주어진 시간에 그 각각의 전망들이 실질적인 대안
　　(option)일 수 있는 일단의 사람들이 있을 때 일어난다. 반대로, 개념적 대
　　결은 서로 상대의 상이한 전망들에 관해 알고 있긴 하지만, 그 전망들 중
　　적어도 하나가 실질적인 대안이 될 수 없을 때 일어난다."(B. Williams
　　(1985), p.160) 예를 들어 윌리엄스는 전통 지배적인 사회의 일원들에게
　　현대 기술 사회의 삶의 어떤 면들은 실질적인 대안이 될 수 있지만, 그들
　　의 삶이 우리에게 실질적인 대안이 되지는 못한다고 말한다(B. Williams
　　(1985), p.167). 즉 전통 지배적인 삶의 질서는 현대 우리에게 있어 개념
　　적 대결 관계에 있는 반면, 정보사회와 같은 것은 우리의 실질적인 삶의
　　대안이 될 수 있다는 점에서 우리와 실질적 대결 관계에 있다.
36) D. Wiggins(1987), p.115.
37) 그는 문화적으로 다른 어떤 사회에 속해 있는 두 거주민들이 만난다 하더
　　라도 그들 간에 가치의 통약 불가능성이 있다고 말하는 것은 잘못이라고

대 시간적으로 멀리 떨어진 과거 세계와 같은 관계에서나 이미 반성된 과거에 대해서만 성립한다는 것을 의미한다. 이런 이유 때문에 그 자신도 그의 입장을 '간격의 상대주의'(relativism of distance)라 명명하여 일반적인 상대주의와 구별한다.

그러나 아직 석연치 않은 점은, 그가 '정의' 개념을 이런 형태의 상대주의조차 초월하는 실질적인 도덕개념이라고 주장하고 있다는 사실이다.[38] 즉 개념적 대결에 있는 먼 과거 사회의 정의 개념에 대해 그 개념의 올바름에 관해 논할 수 있다는 것이다. 그렇다면, 그는 궁극적으로 제도 초월적이고 역사 보편적인 인간 삶의 기본 질서는 상정하고 있는 것인가?

이 문제에 관심을 보이는 셰플러는 사실상 윌리엄스가 '정의'를 성긴 개념에 속하는 것으로 이해하고 있다고 분석한다. 윌리엄스는 "우리가 다른 정치적 함축(political consequence)을 갖는 다양한 사회 정의 개념을 갖고 있다"[39]고 믿으며, 정의 개념을 갖고

---

말한다. 그들은 만나는 순간부터 상대방을 이해하기 위해 자신의 가치 체계를 넘어서는 사고를 하고자 노력하며 이 과정을 통해 상호 간에 이해를 넓히고 공감의 영역을 만듦으로써 통약 가능성을 확보한다는 것이다(B. Williams(1985), pp.157~159). 그러나 과거 역사 속의 사회와 같이 서로 만날 수 없는 사회는, 그들을 구체적이고 실질적으로 이해하기 위해 필요한 그들이 삶의 상황이나 그들이 관심들을 알 수 없기 때문에, 그들이 조밀한 개념들을 이해할 수 없다는 것이다. 이것은 기본적으로 실질적인 가치 개념들을 인간의 삶의 조건들과 얽혀있는 것으로 이해하고 있기 때문이다. 칸트와 같이 삶의 경험적 조건들과 상관없이 모든 합리적 존재에게 인식되는 것으로서 도덕개념을 이해하지 않는 윌리엄스의 도덕관을 다시 한번 확인할 수 있다.

38) B. Williams(1985), p.165.
39) B. Williams(1985), p.166.

있는 사람들이 아주 핵심적인 사례들(central cases)에서조차 그 개념을 상반되게 적용할 것임을 인정하고 있다는 것이다. 이것은 두 그룹의 사람들이 실질적 대결에 있는 다른 정의 개념을 갖고 있고, 상대 그룹에 대한 정의 판단을 내릴 권한을 갖고 있을 때조차도, 이들 판단들의 어느 것도 객관적으로 올바르거나 틀리거나(correct or incorrect) 할 수 없다는 것을 의미하는 것이기 때문에 이는 곧 정의 개념을 '세계-의존적'이 아닌 (실질적 내용을 갖지 않는) 성긴 개념이라는 것을 함축한다는 것이다. 왜냐하면 윌리엄스의 개념 분류에 따르면, 어떤 개념의 적용에 관해 일어나는 실질적인 대결 그룹 사이의 의견 불일치를 객관적으로 해결할 수 없다면, 그 개념은 성긴 개념이기 때문이다. 이렇게 되면 "정의가 상대주의를 초월하는 조밀한 개념이다"는 윌리엄스의 주장은 매우 약한 것이 된다는 것이다.

윌리엄스는 개념적 대결에 있는 어떤 사회를 정의롭다거나 부정의한 사회로 평가하는 것을 우리에게 허용하기 위해, 사회적 정의에 관한 한, 개념적 대결과 실질적 대결의 구분을 없애버리고자(assimilate) 했지만, 정의에 관한 실질적 대결에서조차 객관적 해결이 없다면, 사회적 정의 개념을 상대주의를 초월한 평가 개념으로 삼으려는 그의 시도는 별 의미가 없게 된다는 것이다. 시간적으로 떨어져 있는 과거 사회에 관해 우리가 정의라는 용어를 사용하는 것을 보장해 주긴 하지만, 그런 사회의 정의, 부정의에 관해 우리가 내리는 판단의 객관성 또는 진리 가능성을 보장해 주지는 못하겠기 때문이다. 따라서, 도식적으로 말하자면, "현실 사회적 관행과 제도들에 대한 비판에서 (그가 애착을 갖고 있는) 현대적인 정의 개념을 사용하는 것에 확실한 기초를 제공하려는 (그의 욕구

에 의해 촉발된 것이 분명한) 그의 제안은 분명히 실패했다"는 것이다.40)

그러나 셰플러의 이런 평가는 윌리엄스의 정의 개념을 잘못 분석한 데서 비롯된 것이다. 물론 그가 말했던 것처럼, 다양한 정의 개념들이 있다는 것을 윌리엄스가 부정하지 않는 것은 사실이다. 그러나 이로부터 윌리엄스가 객관적 정의 평가에 대한 합의가 있을 수 없다고 보았다는 결론이 도출되지 않는다. 오히려 그는 정의 개념의 올바른 정에 대한 객관적 합의가 불가능하다고 보지 않는 것 같다. 이것은 "정의와 부정의는 확실히 윤리적 개념(notion)이며, 통합적으로 이해된 과거 사회들에 **논증 가능하게**(arguably) 적용될 수 있다"41)는 그의 발언이 뒷받침해 준다. 이 발언은 정의에 관한 판단은 객관적으로 평가될 수 있다는 것을 의미하는 것으로 해석되기 때문이다.

그런데 세계 의존성, 즉 서술적 내용을 갖고 있고 행위의 이유를 제공하는 조밀한 개념은 그 개념 사용자가 속해 있는 삶의 관행들을 통해 그 의미가 확인된다는 앞에서의 논의와, 사회적인 관행의 특수성을 초월하여 객관적으로 적용될 수 있는 조밀한 개념이 있다는 지금의 논의는 상호 모순되어 보인다. 여기에서 이런 모순적 기미를 제거하기 위해 우리는 윌리엄스가 명백히 밝히고 있지 않은 숨은 가정을 갖고 있다고 추론해 볼 수 있을 것이다. 그것은 사회적인 존재로서 이전에 생물학적 종으로서 인간 종이 갖는

---

40) S. Scheffler, "Morality Through Thick and Thin: A Critical Notice of Ethics and the Limit of Philosophy", *The Journal of Philosophy*, XCVI, no. 3, 1987, pp.427~428.

41) B. Williams(1985), p.165.

214

최소한의 공통적인 특성이 있을 것이고 인간의 삶의 방식이 그러한 공통적 특성과 분명히 긴밀한 연관을 가질 것이라는 가정이다. 이 가정이 주어지면, 삶의 기본 제도들에 대한 평가는, 인간의 본성에 대한 이해와 인간의 상황들을 고려한 필요한 것들에 대한 어느 정도 합의된 의견들에 기초하여 어느 정도 객관적 기준을 마련할 수 있고, 그 기준에 이루어질 수 있다고 말하는 것은 자연스러워진다.42) 그러나 이것은 어디까지나 논의의 모순기를 제거하기 위해 추정한 것이지 윌리엄스 자신은 이런 가정을 어디에서도 하고 있지 않으며 시사하지 조차 않는다. 사실 이런 가정을 그가 받아들인다면, 그는 조밀한 개념의 객관성을 인간의 자연적 본성에 기초 지운 또 하나의 실재론자가 될 것이다.

그는 다른 조밀한 개념들이 더욱 구체적인 정황적 조건들에 의존하는 개념이라면, '정의'는 그 사회의 삶의 전체적인 기본 구조에 의존하는 개념이라는 점에서 구별하고 있을 뿐이다. 정의 개념에 대한 그 이상의 윌리엄스의 설명은 발견되지 않는다. 따라서 정의 개념 적용의 객관성을 보장해 줄 삶의 방식이란 어떤 것인가에 대한 구체화된 제안들도 없다. 제도 안에서 사용되는 도덕적 개념

---

42) 이렇게 본다면, 윌리엄스가 제도들 그 자체를 평가할 윤리적 규준(criteria)과 그 규준의 정당화를 제시하고 있지 않다는 셰플러의 비판은 잘못이다. 윌리엄스 자신의 이 부분에서 입장을 명백히 할 구체적인 논의를 하고 있지 않기 때문에 셰플러가 윌리엄스를 해석하는 방식이 전적으로 근거 없다고 할 수는 없다. 그러나 셰플러 해석은 그의 입장을 지나치게 상대주의적인 논의로 몰아가 버릴 수 있다. 이 때문에 우리는 자신의 입장을 상대주의와 구별하는 윌리엄스의 기본적인 태도와 일관되는 범위 안에서 그의 논의를 해석하고자 한다. cf. S. Scheffler, "Bernard Williams, Ethics and the Limits of Philosophy", *Nous*, pp.143~146.

들 간에 간격 상대주의를 주장하는 반면, 제도 자체의 윤리적 평가에 있어서는 상대주의를 초월할 수 있다고 주장하는 그의 논의를 받아들일 때, 남는 문제는 간격 상대주의를 초월할 수 있는 정의 개념이란 구체적으로 어떤 프로젝트에 의존하는 세계 의존 개념이어야 하는가의 문제이다. 이것은 그가 수용 가능하다고 여기는 객관주의에 관한 그의 논의에서 찾아볼 수 있다.

### 3) 수용 가능한 도덕적 객관성

윌리엄스는 현대 윤리이론들에서 발견되는 실재론적 객관주의들을 비판하지만, 실제로 윤리적 삶에 객관적 기초나 근거가 될 만한 것을 내세우는 데 대해서는 호의적이다. 윤리학의 객관성을 기초 지워줄 절대적인 어떤 것을 상정하고 그로부터 윤리적 지식을 연역하거나 윤리적 판단의 진리성을 정당화하려는 시도들이 잘못된 것임은 분명하지만, 이런 것을 상정할 필요까지 부정하는 것은 아니라는 말이다. 그는 "이상적인 인간상이나 이상적 삶의 관념이 필요하고 유용하다"고 말하고 있다. 그것이 실재론자들이 생각하듯이 절대적 또는 수렴적 진리이기 때문에 가정되는 것이 아니라, 이러한 인간상이나 삶에서 배울 점이 있기 때문이라는 것이다.

그는 이러한 실천적 필요를 만족시켜 줄 객관주의의 모델을 고대 그리스 사상 특히, 아리스토텔레스 윤리학에서 찾고 있는 것 같다. 즉 인간 본성에 관한 관념에 의해 도덕적 판단의 객관성을 유지하려는 방식이 그나마 수용 가능한 윤리적 이론의 형태가 될 것이라고 보는 것이다.

모델을 취함에 있어서 경계해야 할 점은 "윤리적 삶을 영위하는 것이 각자에게 더 나은 이유가 인간 본성에 관한 고찰들로부터 도출되어야 한다"는 소크라테스적 조건이라고 본다. 어느 정도 공유된 삶의 질서 위에서 이러 이러한 세계가 최선의 세계라는 것을 보여줄 실천적으로 수렴 가능한 삶의 가치를 상정할 수 있다 하더라도, 또는 어느 정도 사회과학이나 심리과학에서 인간의 필요나 기본적인 동기에 관해 수렴하는 대답을 마련해 줄 것을 기대할 수 있다 하더라도, 문제는 이러한 지식이 최선의 윤리적 삶의 형태를 결정할 수는 없는 것이기 때문이다. 이러한 지식은 매우 일반적이어서 구체적 상황에 있는 사람들에게 어떤 것이 최선의 삶인지를 말해 주기에는 너무 모호한 것이다. 더 나아가서, 인간 본성에 관한 고찰에서 발견되는 어떤 인간 본성에 관한 일반적 이해가 곧 구체적인 개인의 윤리적 믿음의 객관성, 즉 어떠어떠한 삶이 나에게 최선의 삶이라는 믿음의 진리성을 보증해 줄 수는 없다. 설사 보편적인 인간 본성이 객관적으로 어떤 것이라는 것이 확증되었다 하더라도 그로부터 모든 개인들이 그러한 선을 추구해야 한다는 결론이 도출되지는 않는 것이다. 만약 그런 도출 관계를 주장한다면, 그것은 사회 생리학 못지 않게 행위자들을 억압하는 입장이 될 것이다.

분명히 해둘 것은 윌리엄스가 아리스토텔레스의 윤리학 모델을 선호하고 있긴 하지만, 그는 아리스토텔레스와는 입장이 분명히 다르다는 사실이다.[43] 대신, 윌리엄스는 이러한 탐구로부터 우리가

---

43) 따라서, 이런 차이를 무시하고 아리스토텔레스가 받아야 할 비판을 그대로 윌리엄스에게까지 적용하는 것은 분명히 잘못된 것이다. 또는 "시간적으로 떨어져 있는 사회에 대해 우리의 평가 개념을 적용할 수 없다는 간격 상대주의 주장"과 "고대의 윤리학 모델이 현대의 우리가 받아들일 수 있

일반적으로 인간에게 가장 만족스러운, 최선의 윤리적 삶은 어떠어떠한 것이리라는 하나의 윤곽(schema)을 얻을 수 있다면, 그것으로 충분하다고 본다.[44]

한 가지 궁금증이 남는다. 다원화된 삶의 방식과 가치들이 공존하는 세계로 현대 사회를 파악하고, 이런 다원적 상황으로 인해 현대인들에게 성찰적 사고가 불가피해졌음을 인정하면서도, 왜 그는 굳이 고대 공동체를 우리의 바람직한 모델로 취하고 있는가? 그는 이 의문을 풀어줄 직접적인 어떤 언급도 하고 있지는 않다. 윤리적 지식을 가질 수 있었던 고대 사회를 선호하는 데서 그는 현대 사회에서도 수렴하는 윤리적 지식(확신)을 가질 수 있기를 **열망하고 있음을 짐작할 수 있다. 왜 그는 그런 사회에 대한 포부를 표현하는가?** 그런 사회가 반성적 사고가 만연해 있는 현대 사회보다 구성원들 간의 결속력이 클 것이며, 이런 결속력은 함께 사는 공동체로서의 사회를 유지라는 데 필수적인 것이기 때문인가? 그런 결속력이 사회적 발전이나 효율성을 기대할 수 있게 해줄 것이기 때문인가? 그런 사회가 성실한 개인들이 도덕적으로 방황하며 겪게 될

---

는 그나마 최선의 것"이라는 윌리엄스의 두 주장이 모순적이라는 비판 역시 잘못된 것이다. 윌리엄스는 그 어느 곳에서도 수정되지 않은 채로의 아리스토텔레스의 모델을 취해야 한다고 말하고 있지 않다.

44) 그는 이에 관해 다음과 같이 말한다. "조밀한 개념을 사용한 판단이 참이라거나 알려질 수 있는 것이라는 것을 객관적인 근거가 마련해 주는 것은 아니다. 그러나 그들 중의 어떤 것이 조밀한 개념을 사용하기에 가장 적합하지를 우리로 하여금 인식하게 해주는 할 것이다. 매우 일반적인 한 명제와 구체적인 여러 명제들의 두 극단 사이에서, 윤리적 믿음들은 그 믿음들이 인간 존재를 위한 최선의 사회적 세계라는 것이 보여진 — 이 낙관적인 프로그램 위에서 — 세계 안에서 자신의 길을 발견하도록 도와주리라는 모호한 의미에서만 참일 수 있다." B. Williams(1985), p.155.

불행을 최소화해 줄 수 있을 것이기 때문인가? 그렇다면 그는 아리스토텔레스의 문제로 다시 빠지는 것은 아닌가? 즉 그 결속력은 누구를 위한 결속력이며, 사회적 발전이나 효율성은 무엇을 위한 것인가라는 물음이 그것이다. 이것은 5장에서 본격적으로 제기될 물음이기도 하다. 어쨌든, 그런 사회에 대한 희망을 갖는 한, 도덕적 지식의 가능성이나 윤리학의 가능성에 회의하는 도덕적 회의주의나 허무주의에 빠지지 않을 것이라는 점은 명백해 보인다.


## 3. 실행의 윤리에서 본 도덕성과 자기성실성

### 1) 도덕적 당위와 실천적 필연성

이상의 윌리엄스의 윤리론은 이 논문에서 견지하고자 했던 도덕이론과 자기성실성 간의 관계에 대한 입장을 지지해 주는 이론적 토대가 된다. 도덕적 지식이란 기초주의적 정당화를 요구하지도 않으며, 기초주의적 정당화에 의한 도덕적 지식의 확립이란 가능하지도 않다는 의미로 이해되는 그의 실행으로서의 도덕성 개념은, '인간 행위를 규제하는 도덕적 허용과 금지 규칙들을 궁극적인 토대 위에서 정당화하려는 종류의 시도'들이 왜 이제껏 성공할 수 없었는지 설명해 준다.

행위를 규제하는 도덕적 규범들의 특징은 공통적이지 않으며, 어떤 규범을 도덕적이게 하는 특징은 상황에 따라 다양하다. 도덕 지식이란 도덕개념 사용자가 속해 있는 삶의 상황 즉 사회적 언어적인 제도와 분리될 수 없으며, 그 지식의 객관성 역시 사회에서 받아들여지고 있는 관행들과 개념 적용의 실행들에 의해 확립되는 것일 뿐, 보편적이며 필연적인 근거에 의해 보장되는 종류의 객관성이 아니다.[45)]

도덕적 지식의 실재론적 객관성을 부정하는 입장에서, 이제 현대 도덕 철학자들의 생각과는 달리, 도덕적 당위(ought)는 실천적 숙고에서 최고의 합리성을 보장하지 않는다. 왜냐하면 도덕적 당위란 실제로 삶의 제도로부터 나온 실천적 필연성(practical necessity)의 한 종류일 뿐이기 때문이다.[46)] 도덕성이란 인간이 개입하는 여러 삶의 제도들 중의 한 제도일 뿐, 그것이 모든 삶의 제도들의 의미를 규제하는 상위 질서가 아닌 것이다. 따라서 도덕적 가치나 도덕적 원칙의 절대성을 근거로 개인의 삶이나 행위들이 그것에 의해 지배되어야 한다거나, 개인에 대한 도덕적 간섭주의가 정당하다는 주장은 거부될 수 있는 것이다.

이제 실천적 숙고에서 합리적 이유는 모두에게 같지 않다. 그

---

45) 이는 도덕적 지식의 객관성은 맥락주의적인 방식으로 확보된다고 윌리엄스가 믿고 있음을 보여준다. 윌리엄스의 입장을 그가 사용했던 용어를 그대로 받아들여 표현한다면 '반객관주의 모델'이지만, 그것이 도덕판단은 그 어떤 객관성의 기준도 갖고 있지 않다거나 따라서 어떤 도덕판단도 다 가능하다는 류의 반객관주의와는 구별되는 것임을 분명히 해야 한다. 윌리엄스에게 적용되는 '반객관주의'란 실재론자들이 가정하는 이른바 '반성적 사고를 통해 접근할 수 있는, 인식주관과 독립되어 실재하는, 도덕적 실재에 수렴하는 도덕적 지식'만을 객관적 지식이라 여기는 반성주의적 객관성을 부정하는 의미이다. 이런 류의 실재론적 객관성의 부정이 어떤 객관성의 기준도 있을 수 없다는 것을 함축하는 것은 아니기 때문에, 윌리엄스의 '반객관주의'는 이제 '실행적 객관주의'로 이해하는 것이 정확하다.
46) cf. B. Williams(1985), pp.114~123; B. Williams, "Practical Necessity", *Moral Luck*(Cambridge University Press, 1981), pp.124~141.

개인이 어느 제도에 참여함으로써, 어떤 원칙에의 헌신에 의해 자신을 정체화하느냐에 달려 있다. 예컨대, 종교적 제도에 참여함으로써, 따라서 종교적 원칙들에 헌신함으로써 자신의 삶의 의미를 발견하는 사람에게는 종교적인 이유가 최선의 합리적 행위의 이유를 제공할 것이다. 미적인 제도에 참여하는 사람에게는 물론 그 제도의 원칙이 행위 선택의 상황에서 최고의 합리적 이유를 제공할 것이다.

그렇다고 이 말이 도덕제도가 개인에 따라 행위할 이유를 줄 수 있기도 하고 전혀 그런 이유를 주지 못할 수도 있다는 것을 의미하는 것은 아니다. 도덕제도가 단지 개인적인 결정 여하에 따라 개입하지 않을 수도 있는 그런 종류의 제도가 아님은 분명하다. 왜냐하면, 여러 사람이 같은 시간과 공간에서 비슷한 필요와 자원을 공유할 수밖에 없는 공동의 삶을 살아야 하는 한, 그리고 그 어느 누구도 이러한 인간 조건을 완전히 자유롭게 초월할 수 없는 한, 사회적 규율 체계로서의 도덕제도는 인간적인 삶을 살아야 하는 각자에게 불가피한 선택이기 때문이다. 뿐만 아니라 더 중요한 것은 우리는 이미 도덕적인 제도들 속에서 양육되고 성장하여 왔으며, 도덕개념들을 사용하는 언어적 체계 속에 살고 있기도 한 것이다. 그럼에도 불구하고 자신이 알고 있는 도덕적 이유가 전혀 행위의 동기가 되지 못하는 트라시마코스와 같은 반도덕주의자(amoralist)가 있기도 하지만, 이는 극히 예외적인 경우에 속할 뿐이다.

우리의 삶과 도덕적 제도는, 이미 그 제도를 완전히 제거해 버린 인간의 삶을 상상하기도 불가능할 정도로, 불가분리의 관계에 있다. 도덕적 술어들을 제거한 채로 언어적 사유를 한다는 것 역시 불가능한 듯이 보인다. 그러나 도덕제도가 불가피한 것이라는 사실로부터 도덕적 제도가 인간에게 최고의 합리성을 보장한다거나, 도덕적 제도로부터 인정되는 이유들이 행위자들이 가장 중요하게 고려해야 할 실천적 이유들이라는 도덕 지상주의적(moral supremacy) 결론은 도출되지 않는다. 우리는 무도덕적인(non-moral) 삶의 가치가 있음을 인정하며, 어떤 경우 이런 가치가, 타인을 해치고자 의도해서는 안 된다는 제한 조건 안에서, 때로는 도덕적 가치보다 더 우선할 수 있음에 열려 있어야 한다.

## 2) 가치의 다원주의와 자기성실성의 가치

도덕적 당위가 다른 실천적 필연성과 다른 종류의 절대적 합당성을 갖는 것은 아니라는 이상의 주장은 도덕적 규범을 특히 타인이나 타인의 행위에 적용함에 있어 관용적일 것을 요구한다. 개인들은 도덕적 가치 뿐만 아니라 여러 다른 종류의 삶의 가치들을 추구한다는 것, 삶에 있어 어느 것이 다른 것보다 특별히 가치 있는지를 객관적으로 결정해 줄 가치의 우선 서열이 없다는 것, 그리고 어떤 상황에서도 지켜져야 할 절대적인 실질적 도덕원칙이 없다는 것, 이들 세 명제 위에서 우리는 가치 다원주의를 받아들이는 것이 합리적이다.

이제 다음과 같이 말할 수 있다. 고갱이 도덕 지상주의적인 삶을 살아야 할 절대적 이유는 없다. 그는 예술적 가치에서 자신이 살아야 할 이유를 찾고, 도덕적인 인간으로보다는 예술가로서의 자신에게서 자신의 정체성을 확인했을 수 있다. 그는 자신의 삶의 목표와 그것을 이루는 방식(기획)을 선택할 수 있는 것이다. 그렇다고 해서 이런 삶의 선택이 다른 삶의 가치나 원칙들과 반드시 배타적인 것은 아니다. 훌륭한 예술가이면서 동시에 도덕적인 사람일 수 있으며, 성공적인 경영인일 수 있는 것이다. 그러나 어떤 경우 이런 삶의 가치들이 양립 불가능한 상황이 있을 수 있으며 이때 양자택일이 불가피한 경우가 있는 것 또한 부인할 수 없는 사실이다. 뿐만 아니라 항상 여러 가치들을 양립시킬 수 있는 절충적 방식으로 선택하는 것이 최선이라고 해야 할 이유도 없다. 어떤 가치에 얼마만큼의 삶의 가치를 배당하는 것이 최선인가를 말할 수 있는 객관적인 가치의 할당 원리도 없다. 왜냐하면 우리는 가치의 우선 순위를 측정할 수 있는 절대적인 기준을 갖고 있지 않기 때문이다. 실제로 고갱은 예술성에 자신의 삶의 가치 대부분을 두는 사람이었다고 상상할 수 있다. 고갱은 자신의 가족을 버린 사람으로서 무책임하다는 비난을 면치 못할지 모른다. 또한 타인의 비난이 아니라 하더라도, 고갱 역시 그 자신이 속해 있는 도덕제도 안에서 양육된 한 개인으로서, 가족에 대한 의무를 다하지 못한 데 대한 자기 비난이나 자책을 피하기 어려웠으리라 볼 수 있다. 따라서 외부로부터 쏟아지는 도덕적 비난을 마땅하게 여겼을지 모른다. 그러나 그럼에도 불구하고, 그는 예술적 가치와 다른 가치들 간의 타협을 그 자신의 삶에서 용납할 수 없었을 수 있다.

그렇다면 이런 고갱의 행위는 윤리적으로 어떻게 평가되어야 하는가? 그는 제도로서의 도덕성에 어긋나는 사람이었지만 예술가로서는 좋은 사람이었다고 말해야 하는가? 아니면 그는 예술가로서의 삶의 가치와 도덕적 인간으로서의 삶의 가치를 양립시키는 최적의 절충적 선택을 했어야 했다고 말해야 하는가? 그래서 어느 하나의 가치에 치우쳤던 그의 선택은 그릇된 것이었다고 판단해야 하는가? 또 짐의 경우는 어떤가? 짐은 무고한 한 사람을 죽이지 않음으로써 다른 여러 무고한 삶이 죽게 된 결과 때문에 비난받을 것인가? 아마도 무고한 사람을 죽여서는 안 된다고 믿는 상식 사회에서 그는 비난받지 않을 것이다. 반면, 그보다는 좀더 반성적인 사고를 하는 사람들 사이에서는— 예컨대 셰플러의 무오류 최적자(infalliable optimizer)들의 세계에서라면— 그는 비난받아야 할 사람인지도 모른다. 이처럼 실행으로서의 도덕성이 우리의 도덕적 책임, 비난, 칭찬에 실질적 내용을 결정한다면, 어떤 개인이나 그 개인의 선택이 도덕적인가 아닌가는 그 개인적 관점과 그가 속해 있는 도덕제도의 관점이 일치하느냐 불일치하느냐의 우연적 사실에 의존한다고 말해야 하는가?[47]

이런 문제들 앞에서 우리는 윌리엄스의 개인적 관점의 도덕적 독립성 논제를 채택할 수 있을 것이다. 도덕적 독립성 논제란 도덕 개념의 적용이나 공평성의 요구가 **무의미한** 상황이 있다는 것을 인정하는 것으로, 도덕적 원칙을 따르도록 요구할 수 없는 중요한 개인적 이유가 있으며, 이런 개인적 이유에 의한 행위는 도덕적 평가의 대상이 될 수 없다는 것이다. 조난당한 배의 경우라든지 짐과 조지의 경우들이 바로 그런 예이다. 이 같은 이유로, 윌리엄스는 조난당한 배에서 승객을 구하는 것이 옳기 때문에 아내보다 승객

---

47) 나는 실제로 이런 우연성이 실행으로서의 도덕성에 개입하고 있다고 생각한다. 따라서 도덕성을 필연적 체계로 이해하고자 했던 이들과 달리, 도덕적 운(moral luck)이 성립한다고 본다. 더 나아가 이 같은 도덕운을 중요하게 고려하는 윤리이론이 그렇지 않은 이론보다 더 나은 이론이라고 본다. 왜냐하면 도덕운을 부정하는 이론은 독단적인 도덕적 주체론을 낳기 쉬울 뿐만이 아니라 다른 가능한 도덕적 경험들을 폄하하거나 무시하는 이론으로 전개되기 쉽기 때문이다. 이 점에 대한 자세한 논의는 여성주의 윤리를 논하는 다음 장에서 구체적으로 보여질 것이다.

을 구하라고 요구하는 입장만이 아니라, 자기 아내를 구한 행위를 허용하는 행위자 중심 도덕이론이라 하더라도 그것의 허용 근거는 도덕적으로 정당화될 수 있다는 것에서 찾는 입장, 아마도 셰플러나 네이글의 입장, 역시 지나친 도덕주의적인(moralistic) 견해라고 보고 있다.

이와 같은 도덕적 독립성 논제를 셰플러는 다음과 같이 해석하고, 이를 두 가지 이유로 비판한다. 윌리엄스의 주장은 이런 상황에서의 행위를 도덕적 정당화 여부에 의해 평가하려는 태도 자체가 동기에 관한 도덕주의적 견해에 개입하고 있는 것이라고 보는데서 비롯된 것이다. 물론, 이것이 사실이라면 이는 지나친 도덕지상주의적 견해라고 해야 할 것이다. 왜냐하면, 그처럼 긴급한 상황에서의 행위에 대해서까지 도덕적인 동기를 요구하는 입장은 보통의 사람의 감당할 수 없는 것을 요구하기 때문에 그럴듯하지 않다는 것이다. 그러나 셰플러는 개인적 이유가 도덕적으로 정당화될 수 있기 때문에 그의 행위가 부도덕한 것이라 볼 수 없다고 보는 입장이 반드시 동기에 대한 도덕적 개입을 함축하는 것은 아니기 때문에, 윌리엄스는 잘못된 가정된 것이며 따라서 이런 가정에 의존하고 있는 그의 논증은 실패했다는 것이다.

셰플러의 논박은 정당한가? 그렇지 않은 것 같다. 개인적 관점의 도덕적 독립성 논제는 이상의 비판에 노출되지 않는 방식으로 해석될 수 있기 때문이다. 긴급한 상황에서 아내를 구하는 것이 도덕적으로 정당화된다는 주장이 잘못이라는 비판의 논점은, 그런 주장이 도덕적 동기를 요구하는 견해에 개입하기 때문에 잘못되었다는 것이라기보다, 오히려 그런 행위의 허용 가능성을 도덕적으로 정당화하려는 태도에 대한 것이라고 보아야 할 것이다. 즉 구체적인 상황에 대한 논의 없이, 어떤 상황에서든 행위를 평가할 객관적인 또는 합리적인 관점에서 정당화되는 원칙에 대한 탐구에 매달리는 전통적 태도에 대한 비판인 것이다. 이렇게 볼 때, 윌리엄스는 셰플러와 다른 논의를 하고 있는 셈이다. 윌리엄스는 개인적 관점을 반영하는 도덕규범이 이론적으로 정당화될 수 있는가 여부에 관심이 있는 것이 아니라 그런 규범들을 어떻게 적용해야 하는가에 대한 관심과 관련하여 도덕적 독립성 논제를 주장하고 있는 것이다.

셰플러의 두 번째 비판은, 극한 상황에서의 '개인적 관점의 도덕적 독립성 논제'를 받아들이면, 우리는 도덕적·평가가 적용되지 않는 인간 행위의 영역이 있다는 것을 인정하는 것이 되며, 이것은 자발적인 인간의 어떤 행위도 원칙적으로 도덕적 평가를 거부할 수 없다는 것을 뜻하는 "도덕성은 편재적이다"(morality is pervasive)라는 일반적 관념을 수정 또는 포기해야 한다는 것이다. 뿐만 아니라, 도덕적 독립성을 주장할 극한 상황의 기준을 확정할 수 없는 만큼 이런 주장은 자칫 임의적인 것이 될 수 있다는 것이다.48)

이것 역시 도덕적 독립성 논제가 도덕적 편재성 논제와 대립되는 것이라고 보아야 할 필연성은 없기 때문에 우리가 받아들일 필요가 없다. 왜냐하면, 이미 말했듯이 도덕적 제도가 어떤 개인에게도 불가피한 삶의 제도란 점을 인정하고 어떤 행위든지 의도적인 것이라면 도덕적 평가의 대상이 될 수 있다는 것을 인정하면서도, 어떤 무도덕적인 가치가 삶에서 갖는 중요성을 인정하고 그것을

---

48) S. Scheffler, "Morality's Demands and Their Limits", *The Journal of Philosophy*, vol. LXXXIII, no. 10, 1986, pp.532~533, 535~537.

선택하는 것을 허용할 수 있다고 보는 것은 모순이 아니다. 다시 말해서 우리는 도덕의 편재성을 인정하지만, 도덕원칙의 적용에는 한계가 있어야 함을 말하는 것이다. 이것은 도덕적 독립성 논제와 편재성 논제가 양립 불가능한 것이 아님을 말해 준다.

개인적 이유의 도덕적 독립성을 주장할 수 있는 상황과 그렇지 않은 상황을 구분해 줄 객관적인 기준이 없다는 비판 역시 논박할 수 있다. 적어도 윌리엄스는 그 기준을 우리에게 분명히 제시했다고 생각된다. 그것은 행위자의 삶의 궁극적인 이유가 선택의 대상이 되고 있는 상황이라는 기준이다. 행위자의 존재 이유가 되는 종류의 삶의 원칙을 희생하면서까지 도덕원칙에 따를 것을 요구할 수 없다는 행위자 윤리가 제시한 바 기준이다.

행위를 선택함에 있어서, 그것이 의도적으로 타인의 삶을 해치고자 하는 것이 아닌 한, 개인적 삶의 원칙에 따를 여지를 주고자 하는 도덕이론 안에서는 다음과 같이 말할 수 있다.

> 그 자신의 인격을 정체화해 줄 만한 어떤 무조건적인 원칙에 진실되게 결의하고 그에 따라 자기성실성(integrity)을 만족시키는 행위를 선택했을 경우, 그 행위는 허용된다.

예컨대, 고갱의 행위가 '비정한' 것이었다 하더라도, 예술가로서의 삶의 길을 따르기로 결단한 것이었다면, 비록 그의 선택이 최선의 것도 아니고 우리가 충분히 공감할 수 있는 것도 아니더라도, 그런 선택을 한 그를 존중해야 할 것이다. 난파된 배에서 자신의 아내를 구하고자 했던 선장은 선장으로서 의무를 개인적인 이유 때문에 깨뜨린 것이지만, 그래서 그의 행위는 '쩨쩨한' 것일지 모르지만, 우리는 그가 아내를 구하는 시간에 다른 승객들을 구해야 했다고 판단하고 요구할 수 없을 것 같다. 따라서 우리는 그들의 행위를 무조건 도덕의 이름으로 비난할 수 없다. 도덕적인 실행에서 벗어난 그들의 행위가 비록 다른 선택을 했더라면 더 좋았을 것이긴 하지만, 우리는 그들이 처한 상황에서 자신의 삶의 방식을 선택하는 것을 허용하는 방식으로 '윤리적'의 개념을 이해해야 하지 않을까?

실행으로서의 도덕성이 해야 할 것과 하지 않아야 할 것을 처방한다면, '자기성실성'은 그러한 처방을 적용하는 데 있어 개개인의 개성을 존중하고 그가 처한 상황을 고려할 것을 요구하도록 하는 인격적인 개념일 것이다. 또한 그것은 도덕적으로 불운한 이에 대한 배려를 요구하는 윤리이다. 도덕 지상주의적인 것만을 허용하는 방식으로 도덕성을 이해하는 윤리학보다 무도덕한 인간적 가치들까지도 포괄하여 자신의 삶의 방식을 선택할 여지를 남겨두는 윤리학을 요청하는 것에 동의한다면, 이상의 논의에 무리를 발견할 수 없으리라 본다.

마지막으로, 이 논의가 일반적인 상황에 적용될 수 있는 도덕 원칙이나 규칙들이 있다는 것을 전면 거부하고, 오직 개인적인 이유에 호소하는 모든 행위들이 허용되는 방식으로 도덕성을 이해해야 한다는 도덕적 무정부주의적 주장으로 오해되어서는 안 되리라는 점을 강조할 필요가 있다. 이상의 논의에서 그런 것을 함축한다고 할 수 있는 어떤 주장도 발견할 수 없으리라 생각한다. 오히려 이 논의는 행위의 규범 원리들이 있음을 전제하고, 그 규범 원리들을 적용할 때 고려해야 할 조건에 관한 것임이 밝혀졌다.

여기에서 취하고 있는 입장은 특별한 이유가 없는 한 일반적으로 지켜져야 할 의무나 규칙들, 우리들이 이미 받아들이고 있는 의무나 규칙들이 있음을 부정하지 않는다. 물론 그것들이 결과론적 공리주의자들이나 칸트적인 의무론자들이 믿었던 것과 같은, 어떤 하나의 기본적인 가치나 원리에 의해 그 정당성이 보장되는 종류의 의무나 규칙이라는 점은 받아들이지 않지만, 그리고 도덕원칙이란 몰개인적인 관점에서 정당화되어야 한다는 생각과 대결하지만, 공동체적 실행의 제도 속에서 우리가 이미 획득한 도덕적 지식들이 있음을 부정하지 않는다. 행위 선택의 이유를 제공할 이들 도덕적 지식들의 정당성은, 앞에서 윌리엄스도 지적했듯이, 궁극적으로 사회적인 현상으로서 설명되어야 할 것이지만, 우리들은 그런 지식을 사용함에 있어 상황에 따라 의무론적인 방식으로, 결과론적인 방식으로 등등으로 그런 사용 방식을 정당화할 수도 있다. 단, 어떤 경우 인격적 존재로서 본연의 고결성(integrity)을 지키기 위해 따라야 할, 즉, 어떤 다른 이유에 의해서도 유보될 수 없는 그 개인의 무조건적 원칙이 있다는 것을 인정하고, 이를 허용하는 방식으로 도덕적 지식이나 일반적 원칙은 사용되어야 하며, 행위의 '도덕적 옳음'을 이해해야 할 것임을 주장한 것이다.

이상의 논의는 옳음의 개념을 정의하고자 하는 도덕이론이 반드시 고려해야 할 최소 조건으로서, 그러나 일반적으로 간과되기 쉬운, 자기성실성의 조건을 환기시키고자 한 것이다.

# 5 장

## 여성주의 관점과 윤리개념의 전환 :
### '도덕성', '자기성실성', '도덕적 주체성'

도덕을, 어떤 여타의 실천적 명령 위에 있는 절대 지위를 부여하고자 했던 도덕 철학자들이 도덕적 의무를 무조건적 명령의 '당위'(ought)로 개념화했던 데 반해, 도덕성을 우연성이 개입하는 '독특한 제도'로 보는 실행으로서의 윤리학에서 도덕적 의무는 실천적 필연성(practical necessity)의 한 종류일 뿐이다. 당위는 "보편적 관점에 선 행위자로서 행위하고자 한다면"이라는 조건 하에서 지게 되는 실천적 의무의 한 종류에 지나지 않는 것이다.

이제 "무엇을 해야 하는가?"에 대답은 각 행위자 개인의 관점에서 그 모습을 드러내는 존재 이유, 구체적으로 말해서 특정 목표나 가치, 특정 대상에 대한 애착, 특정 관계에 대한 결단(commitment) 등을 고려해야 한다는 주장이 이들 논의들을 거쳐 비로소 가능해진 것이다. 특히 '절대적 명령'의 근거가 역사적 과정을 통해 만들어진 특별한 제도 안에서 의미를 갖는 것이라면, 개인의 정체성을 구성하는 명령들을 그 제도가 허용하도록 하는 것 역시 담론을 통해 만들어갈 수 있는 것이다. 마찬가지로 개인의 삶에서 특별한 의미를 갖는 관계에 대한 헌신 역시 윤리학이 인정해야 할 가치 있는 것들 속에 포함된다. 『니코마코스 윤리학』에서 아리스토텔레스가 중요하게 다루었던 우정의 가치가 최근 윤리학에 재등장하게 된 배경이다. 이것은 도덕이론이 공평성(impartiality)만이 아니라 편파성(partiality) 역시 존중해야 할 삶의 맥락이 존재한다는 것을 인정하는 것으로, 기존 도덕이론들이 대부분 간과했던 부분을 드러내고 있음에 분명하다.


## 1. 편파성의 윤리

### 1) 어떤 편파성, 누구의 편파성인가?

편파성의 스펙트럼은 넓다. 가족이나 특정인에 대한 개인적 차원의 편파성에서부터 어떤 민족 공동체나 국가에 대한 더 공적인 차원에서 작동하는 편파성에 이르기까지 우리 실제 삶의 맥락에서 수용하는 편파성의 대상 역시 여러 가지이다. 뿐만 아니라, 사회 속의 특정 그룹에 대한 편파성 역시 다양하다. 억압 아래 있는 그룹 연대성이나 인종적 자존심, 인종 우월주의나 남성 중심 사회가 형성해 온 남성 우월주의, 이들 역시 그 성격에 대한 도덕적 평가는 달라질 수 있지만 둘 다 편파성에 근거하고 있는 것은 사실이며, 이들이 사회에서 작동하는 중요한 실제들이라는 점 역시 부인할 수 없는 사실이다.

이들 편파성을 우리는 용인하기도 부인하기도 하면서 나름대로 편파성에 대한 판단을 갖고 있다. 예컨대, 물에 빠진 자식을 구하려고 하지 않았다면 더 많은 사람들을 구할 수도 있었을 상황에서, 자기 자식을 구한 사람의 행위는 우리 사회가 용인하는 정도에 속하는 편파성이다. 이렇게 보면, 우리 사회는 자기 배우자나 부모, 자식 등 가족에 대한 편파성을 대체로 받아들이는 것이다. 그렇다고 자기 동생에게 중요한 직책을 맡기기 위해 자격은 더 출중하지만 자신과 연고가 없는 다른 사람을 방해하는 것까지 인정되지는 않을 것이다.[1]

그렇다면 수용 가능한 편파성의 기준을 우리는 어디에서 찾아야 하는가? 앞장에서의 논의는 허용 가능한 편파성과 그렇지 않은 것은 행위자가 속한 공동체의 삶의 형식 속에서 분별될 것이라 시사하고 있다. 다시 말해, 그것은 보편적 정당화가 가능한 합리적 기준에 의해 판단되는 것이 아니라, 같은 삶의 실행 속에 참여하는 이들이 공유하게 되는 공감대에 의존한다는 말이다.

합법적 편파성의 기준을 삶의 방식을 공유하는 공동체 안에서의 인습이나 관행, 전통에서 찾는 것에는 문제가 없는가? 그것이 인습이나 관행이 곧 도덕적 정당성을 판가름하는 기초가 될 수 있다고 해석되는 한 그것은 심각한 위험을 내장하고 있는 것이 틀림없다. 인습이나 관행이 도덕적 기초로 기능할 때 그것은 인습이나 전통 속에 내재된 부정의함을 합법화하는 역할을 할 것이기 때문이

---

1) 그렇지만 모든 경우가 이렇게 분명한 것은 아니다.

다. 비록, 사회 공동체가 공유하고 있는 삶의 형식이라는 것 자체가 그 나름대로의 변화의 논리를 갖는 생명력 있는 것이라는 점을 인정하더라도, 사회 유지적인 성향이 강한 보수적 기제 역시 간과하지 않아야 할 것이다.

허용 가능한 편파성의 기준을 주어진 공동체의 삶의 형식에서 찾는 것이 곧바로 비판의 가능성을 막고 기존 질서를 유지하려는 지나친 보수주의와 연결되지 않으려면, 무엇보다 그것은 공동체 안에 작동하는 권력의 비대칭성에 주의를 기울이는 것이 필요하다. 역사를 함께 한 공동체 안에서도 위계적인 권력은 작동하며, 권력의 비대칭성은 약자의 위치에 있는 이들의 목소리를 없는 것처럼 만들곤 함으로써 강자 또는 다수를 점하는 삶의 방식만을 합리적이고 합법적인 것으로 반영하는 경향이 강하기 때문이다. 어떤 주어진 공동체를 사회, 정치, 역사, 경제, 문화적인 힘들 및 반성적 정신의 힘 등등의 긴장 관계 속에서 역동적인 변화에 열려 있게 하려면, 윤리학은 공동체 안에서 침묵하고 있는 이들의 소리를 드러내는 방법을 갖출 필요가 있다.

공평성을 중심적인 가치로 삼는 현대 도덕이론이 공평성에 반대되는 부정적인 것으로 이외에 달리 편파성의 의미를 주목하지 못함으로써 그 한계를 드러내 왔다면, 편파성을 삶의 맥락 속에서 인정되는 가치로 삼으려는 이론들 역시 그 편파성의 윤리적 의미를 정교화하는 데는 실패해 왔다고 볼 수 있다. 편파성의 도덕적 가치는 같은 공동체에 속한 이들 사이에서도 그가 어느 그룹에 속하는가에 따라 달라질 것이며, 그룹들 간의 상대적인 필요성, 이익, 힘, 특권 등에 따라 달라질 것임에도 불구하고, 공유한 삶의 형식이라는 뭉뚱그려진 추상체에 호소하는 선에서 논의가 멈춰서 있는 것이다.

여기에서 편파성의 가치를 주제화한 기존 윤리적 논의들을 여성주의 관점에서 살피고 있는 메릴린 프리드만(Marilyn Friedman)에 필요가 있다.[2] 그녀는 개인적 자기성실성과 도덕성의 문제에 주목한 윌리엄스의 성과를 인정하면서도 그가 논증을 위해 사용하는 예들이 매우 젠더 정형화되어 있다는 점을 놓치지 않고 있다. 난파된 배에서 구해야 할 대상이 아내로 설정됨으로써 여성은 항상 남성의 도움을 필요로 하는 나약하고 수동적이라는 젠더 이미지를 무비판적으로 그대로 답습하고 있다는 점, 위대한 예술 활동을 위해 가족을 떠나는 고갱의 예에서도 위업을 위해 가족의 안녕을 분연히 떨치고 떠나는 남성의 젠더 정형성은 반복되고 있다는 것이다. 더 나아가서, 편파성을 옹호하는 데 있어서도 이들 남성 저자들은 주로 가족에 대한 특혜나 편파성을 주로 정당화 가능하거나 허용해야 할 종류의 편파성의 예로 삼고 있다는 것 역시 그들이 속해 있는 사회의 가치관과 경험을 검토함 없이 그대로 반영하고 있다는 것이다.

프리드만이 무엇보다 이들 편파성 논의에 대해 문제삼는 것은 이들이 가족이나 친구에 대한 편파성의 합법화에는 상당한 의견합의를 이루고 있음에도 불구하고 왜 다른 특수한 관계들에 관해서는 그런 것이 없는가이다. 공동체주의자 학자 중에서 어떤 이들이 이웃이나 도시 또는 국가와 같은, 자신의 지역적·민족적 공동체의 성원들을 향한 편파성을 옹호하기도 하지만, 이들 역시 놀랍

---

2) Marilyn Friedman, "The Social Self and the Partiality Debates", *Feminist Ethics*, ed. Claudia Card(University Press of Kansas, 1991); *What are Friends For?: Feminist Perspectives on Personal Relationships and Moral Theory*(Cornell University Press, 1993).

게도 편파성을 놓고 쟁론을 벌이면서 젠더나 인종을 언급하는 경우는 거의 없다는 것이다.

나의 논점은 가까운 관계의 세계를 넘어서는 편파성의 합법성에 대해서는 아무런 합의(consensus)가 없다는 것이다. 지역이나 국가 공동체에 대한 편파성을 옹호하는 이들 역시도 공동체들이나 사회적 그룹들 간에 존재하는 관계의 역사적 특수성에 주목하지 않는다는 것은 아이러니컬하다. 즉, 그룹들 간의 지배와 종속의 위계관계라든지, 제도화된 억압이나 제국주의적 정책들에 대해서 다루지 않는다. 그룹에 대한 충성도 넓은 스펙트럼 안에 있는 편파성의 일종이다. 예를 들어, 민족적 자긍심, 억압 앞에서의 그룹 연대성이 그것이다. 또한 백인 우월주의, 남성 쇼비니즘, 이성애주의 역시 마찬가지다, 그룹 충성의 도덕적 가치는 문제의 사회적 그룹의 역사, 필요, 이해관계, 권력, 특권과의 관계 속에서 다양하다. 어쨌든 이런 이슈는 아직 편파성 논쟁에서 제대로 다루어진 바 없다.[3]

프리드만은 이들이 전통적으로 재가된 관계들을 편파성의 패러다임으로 삼음으로써, 이들 친밀한 관계의 전통에 내재한 억압이나 차별과 같은 점들에 대한 무비판적 태도를 갖게 한다고 말한다.

이들의 편파성 옹호는 가까운 개인적 관계들과 관련된 우리의 사회적 전통에 대해 일반적으로 아무런 문제의식을 갖고 있지 않다. 그러나 이들 전통은 도덕적으로 최소한 두 가지 점에서 의심스러운 것이다. 첫째, 전통은 너무 제한되어 있어서, 인습의 울타리 바깥에 있는 모든 가까운 개인적 관계들을 비합법적인 것으로

---

3) M. Friedman(1991), p.168.

만든다. 둘째, 이들 전통은 그 자신의 도덕적 문제의 은신처를 제
공하는데, 그 문제는 편파성을 승인하는 데 급급한 나머지 편파성
옹호자들에 의해 간과되었다.[4]

　여기에서 프리드만이 의미하는 '도덕적 문제'란 특혜나 편파성이
허용되는 전통적 가족관계들은 모든 이들에게 열려 있는 것이 아
니라, 특정 유형의 사람들만이 오직 특수한 방식으로 관계를 가지
는 것을 허용하는 매우 배타적이고 제한적 성격을 갖는 것과 같은
문제를 뜻한다. 예컨대, 전통적으로 여성들은 남성들과 동등한 배
우자로서 자격을 가질 수 없었으며, 오직 위계적 부부관계에 따라
야 했고, 게이나 레즈비언 관계는 아예 허용조차 되지 못해 왔던
것이다. 뿐만 아니라 그녀는 전통적으로 허용된 형태의 관계들조
차도 도덕적으로 불안정하다고 말한다. '사생활'(privacy)이라는 이
름으로 공적 조사를 받지 않도록 보호되는 인습적 친밀성의 관계
들은 대부분 편파적 혜택만큼이나 학대나 착취의 장소를 제공해
오고 있음을 환기시키는 말이다. 사회적으로 인가된 특혜적인
(favoritism) 관계의 대부분이 여성의 입장에서 보면 남성 중심의
불균형한 사적 권력의 자리였음을 지적하는 것이다.
　여기에서 분명해지는 것은 공동체적 삶의 형식 속에서 도덕적
의미들을 이해하는 가운데서도 그 삶의 형식이 어떤 역사적 조건
에서 형성되어 온 것인가를 재점검하는 성찰적 관점이 여전히 요
구된다는 점이다. 공유하는 삶의 방식이 선험적으로 주어진 것도
이상적 인간 조건 속에서 성취된 것도 아니라면, 그것이 이루어지
는 데 작용했던 힘들의 부당한 영향들을 비판적으로 점검하는 것

---

4) M. Friedman(1991), pp.170~171.

은 필수적이라 할 것이다. 특히 비대칭적인 권력관계 속에서 약자에 위치에 있는 이들의 이해와 견해, 경험들은 무시되는 방식으로 인습과 전통은 구성되어 왔기 때문에, 이들의 관점에 서서 기존의 인습과 관행, 전통들을 반성하는 것이 방법론적으로 요구되는 것이다.5)

## 2) 도덕성: 권력과 여성주의 편파성

편파성의 문제가 주목되지 못했던 까닭은 어디에 있었을까? 특

---

5) 이 점은 여성주의 윤리학이 간과하지 않아야 할 중요한 점을 시사해 준다. 여성주의적 연대성, 여성들의 공동체를 말할 때 상정하게 되는 공동체주의적 논리가 여성에게 항상 유리하지만은 않다는 점이다. 그것은 여성주의 윤리학이 공동체적인 편파성을 용인하는 윤리학의 체계를 옹호하고자 한다면, 먼저 공동체라는 개념에 대한 면밀한 검토가 있어야 할 것임을 말해 준다. 공동체가 그 자체로서 좋은 것이라는 점을 받아들인다 하더라도, 공동체적 논리가 전체주의화할 위험을 간과해서는 안 된다. 전체주의 논리는 때로 전체를 위해 개인이나 특정 그룹의 희생을 요구하기 때문이다. 이때 희생되는 것은 일반적으로 그 공동체에서 힘없는 그룹이라는 점을 감안할 때, 여성이 그 대상에서 예외가 되지 않는다. 공동체의 유대가 현대보다 강했던 과거 시대의 여성들이 현대 여성들보다 나은 삶을 살았다는 이야기는 들어본 적이 없는 만큼, 공동체주의가 곧 여성주의적 편파성과 만나지지는 않는다는 것이다. 이제까지의 자유주의 논의 뿐 아니라 공동체주의 논의 역시, 그들이 인류 공동체, 사회 공동체를 말할 때, 여성의 소리를 하나의 존중되어야 할 독립된 공동체의 목소리로 인식하고 있지 못하다는 점에서 여성주의적 비판의 대상이 되어야 한다. 여성들은 그들이 말하는 공동체가 누구의 공동체인가를 분명히 하도록 함으로써 그들의 논의가 남성 중심의 공동체에 대한 논의가 되는 것을 경계할 수 있으리라 생각된다. 공동체주의자들이 말하는 공동체 속에 여성들도 포함되어 있는가? 포함되어 있다면, 어떤 모습으로 포함되어 있는가를 물어야 할 것이다.

히 힘의 불균형이라는 맥락 속에서 편파성의 문제가 깊이 있게 탐구되지 못했던 이유는 무엇인가? 그 대답은 도덕을 현실을 넘어선 이상적인 것으로 개념화하려는 도덕 철학자들의 노력과의 관계 속에서 찾아져야 할 것이다. 그것은 도덕성을 권력과 무관한 것으로, 또는 권력과 대립되는 것으로 정의하려는 시도들과 관련이 있는 듯이 보인다. 그 기원은 멀리 플라톤의 대화록에서 찾아지곤 한다.

『공화국』에서 소크라테스는 정의(right)가 강자의 이익이라는 트라시마쿠스의 견해에 반대하면서, 정의는 '그 자체로 좋은 것'임을 논증하고 있는데, 이것이 바로 도덕성을 권력과는 무관한 것으로 이해해야 한다는 것을 논증한 것으로 해석되곤 하는 것이다. 그러나 엄밀히 말해서 이 해석은 부정확한 것이다. 왜냐하면, 소크라테스가 반대했던 것은 타인을 향해 고삐 풀린 듯한 맹목적 지배력과 순치되지 않은 강탈적인 욕구의 실행이었지, '권력'에 반대한 것은 아니었기 때문이다. 실제로『공화국』에서 소크라테스가 제시한 이상국가는 세밀하고 광범위한 강제와 조정 등 권력의 효과적인 협력이 필요함을 보여주고 있다. 도덕성은 권력 질서와 무관한 것이 아니라, 오히려 진정한 도덕적 질서의 현실적 성취는 여러 유형의 생산적 권력들 간의 개입을 통해 가능하다는 점을 말하고 있는 것이다.

도덕성을 현실적인 이해관계나 권력에 의해 영향받지 않는 것으로 이상화하는 시도는 서구 윤리학 안에서 끊임없이 이어져 왔는데, 그것은 아마도 권력을 배제함으로써 어느 쪽에도 치우치지 않는 '그 자체로 좋은 것'에 대한 도덕인식에 도달할 수 있을 것이라는 믿음 때문이었을 것이다. 그것은 실제적인 이유도 가지고 있었다. 만약 도덕성이 권력의 산물이라면, 도대체 권력을 갖지 않은 이들이 자신의 정당성을 호소할 곳은 어디이겠는가? 만약 도덕성이 너무 많이 사실적인 문제가 되면, 그것을 그렇게 만든 권력을 누가 갖는가의 문제가 되면, 권력이 없거나 적은 이들은 그나마 자신의 억울함과 부당함을 호소할 곳이 아무것도 없게 된다는 생각이 이 물음 뒤에는 강하게 깔려 있다. 이런 두려움은 현실적인 근거를 갖고 있는 것이 사실이다. 역사적으로 지배 권력에 저항하는 약자들의 힘은 도덕적 정당성에 호소하는 데서 왔으며, 그 도덕적 정당성의 힘에 의지하는 경우가 많았던 것이다. 도덕적 강제에 의해 제한되지 않는 권력이란 힘없는 이들에게만이 아니라 모든 이들의 두려움의 대상이라 해야 할 것이다.

이런 위험을 진지하게 고려한다면, 권력 행사의 정당성 여부를 판단하고 권력 실행을 제한할 수 있는 것으로서 기능하는 도덕성을 권력과 다른 이상적인 것으로 설정하려는 노력은 자못 자연스러워 보인다. 그리하여 윤리학자들은 도덕성의 권위를 권력과는 무관한 데서 찾았고, 이런 노력은 이상의 토대를 어디에 마련하는가에 따라 도덕성을 신의 계시. 신의 명령, 불변의 자연 도덕법칙, 비자연적 성질에 대한 직관, 순수 실천 이성의 선험적 논리, 도덕 언어의 논리, 행위자의 필요조건, 이상적 담화 상황의 화용론적 선험적 전제들 등등, 여러 가지 이론들로 제시되어 왔던 것이다.

그렇지만, 이런 시도는 실제 그것이 의미를 구성하는 맥락에 존재하는 권력을 보지 못하게 함으로써 기존의 권력관계를 유지 재생산하는 기능에 기여하게 될 위험이 있다. 이런 위험을 피하는 길은 도덕성이 권력의 합법적인 작동 여부를 검사하고 판단하는 잣대이자, 스스로 권력의 맥락 속에 놓여 있음을 자인하는 것이다.

린다 알코프(Linda Alcoff)는 도덕성을 권력과 엄격히 구분되는 것으로 이상화하고자 하는 시도를 마키아벨리로부터 연유하는 근대적 패러다임의 일부로 보고 있다. 이것은 삶의 근대적 조직을 관통하고 있는 공·사 구분의 한 모습이다. 도덕은 개인적이고 사적인 것인 반면, 정치는 공적인 것이라는 이분법은, 도덕은 여성적인 것이고 정치는 남성적이라는 이분법으로 이어진다. 그것은 여성을 도덕적인 존재로 사적 영역에 가두는 효과를 갖는 것이다. 이런 이분법은 너무나 강고해서 현대적 삶의 방식을 비판하는 급진적 이론가들에게서도 나타난다. 이들은 구조적 비판에 참여한다는 것은 정치에 참여하는 것이지 윤리에 참여하는 것이 아니라고 믿는다. 도덕이론은 시대에 뒤떨어지거나 논점을 벗어난 것으로 취급하는 것이다.

여성주의자들 사이에도 여성의 문제를 도덕적 문제로 만들지 말 것을 주장하는 이들이 있다.6) 메릴린 프리에(Marilyn Frye)는 여성주의 철학자들이 윤리적 이론화를 해야 하는지에 대해 직접적으로 문제 제기한 바 있다. 그녀는 윤리학은 "아마 포기되어야 할 것"이라 말한다. 윤리학의 역사가 가부장제의 역사적 맥락에서 깊숙이 연루되어 일했던, 통치할 수 있었던 남성 시민-행정가에 의해 전개되어 왔다는 점을 지적하면서, 윤리학은 특정 인종, 계급, 역사의 필요를 위한 것일 뿐이라는 것이다.7)

이들은 정치적 구조와 그것의 지배적 작동의 문제를 우선해서 해결하지 않는 한 여성 주체, 여성 윤리 등은 지배적 권력이 그들의 이익을 위해 생산해 낸 의심쩍은 것일 뿐이라고 주장한다. 이

---

6) cf. Bat-Ami Baron and Ann Ferguson eds., *Daring to Be Good*(Routledge, 1998), p.xvii.
7) Marilyn Frye, "A Response to Lesbian Ethics", *Hypatia*, 1990, p.133.

주장 뒤에는 지배적 권력 구조 안에서 생산된 모든 것은 억압적인 것이라는 가정이 있다. 그러나 그 가정은 근거가 없는 지나친 것이다. 어떤 전제적 권력 아래에서도 인간의 경험은 그 권력의 주조 방식을 초과한다. 여성의 경험은 가부장적 권력 아래에서도 가부장적 가치와 의미만을 구현하는 것이 아니라, 그것을 넘어서 자기 의미를 추구할 수 있는 자원임을 여성주의 역사가 바로 예증하고 있다.

이들의 주장이 비록 여성 문제를 구조적이고 정치적인 문제가 아닌, 사적이거나 개인적인 문제로 사소화시켜 버릴 효과를 우려한 것이라고 하더라도, 이것 역시 도덕적 목소리는 정치적으로 적합하지 않다는 도덕과 권력을 이분화하는 지점에 서 있다는 점에서 현대적인 남성 원리 위에 있다. 이들은 공사 구분을 전제로 한 도덕성 개념을 사용함으로써 그들이 말하는 정치적 주체로서의 여성 개념을 오히려 약화시키고 있다는 점을 스스로 간과하고 있는 것이다.

도덕성을 단순히 권력적 이데올로기로 해체함으로써 윤리학에 종말을 고하기보다는 도덕성에 대한 개념 전환을 통해 대안적인 윤리학을 모색하고자 하는 여성학자들은 도덕성에 대한 새로운 이해 방식들을 탐구한다. 그 방식은 다양하지만, 크게 두 가지로 나눌 수 있는데, 하나는 지배권력 이데올로기와 도덕성의 내재적 또는 결정적 연결성을 부인하는 입장이다. 그들은 기존의 도덕성 속에 작동하는 지배 권력을 비판하면서, 지배 권력화하지 않는 윤리가 어떻게 가능한가를 모색한다. 그러나 '어떻게'에 대해서 여성주의 윤리학은 일치된 견해를 갖고 있지 않으며 수렴의 전망도 분명치 않다.[8]

또 다른 하나는 도덕성과 권력은 필연적으로 상호 구성적 관계에 놓여 있다고 보는 입장이다. 그러나 이들은 윤리학의 가능성을 포기하지 않는다. 대신 윤리학의 임무는 새로운 윤리적 대안을 마련하는 것이 아니라 도덕성에 내재하는 부당한 권력의 작동을 드러내는 작업이라고 보는 것이다. 예컨대, 권력적 구성물로 설명하는 데 따르는 규범적 공허함을 문제로 여기는 마가렛 워커(Margaret U. Walker)는 도덕성을 해체하기보다는 권력과의 관계 속에서 그것을 이해함으로써 오히려 "도덕적 정당화를 주장하는 권력의 합법성을 테스트하는 도구"를 마련한다.9) 그녀는 도덕성 '그 자체' 안에 있는 권력의 제거할 수 없는 역할을 드러내 보이는 데서 성립하는 윤리학적 탐구가 경험적으로 책임 있고 정치적으로 해방적인 것이라 보고 있는 것이다. 전자가 재구성 작업이라면, 후자는 일종의 해체 작업이라 할 수 있다. 그렇다고 이 두 입장이 완전히 별개라고 볼 필요는 없다. 후자의 작업을 통해 더욱 해방적이고 민주적인 윤리의 가능성이 모색될 수 있기 때문이다.

윤리학에 대한 입장의 차이와 전망의 불투명함 속에서도, 여성주의 윤리학자들은 권력의 비대칭성에서 오는 지배, 억압, 차별, 폭력에 도전하며, 평등하고 상호 호혜적 관계의 질서를 위한 윤리

---

8) 여성주의 윤리학 논의에 참여하고 있는 학자들이 출발하고 있는 주류 이론의 영향에 따라 Ferguson은 현재 여성주의 윤리학의 흐름을 크게 실존주의 윤리학, 의사소통적 윤리학, 공동체주의적 윤리학 등 세 갈래로 분류하기도 한다. Ann Ferguson, "Feminist Communities and Moral Revolution", *Feminism and Community*, eds. Penny A. Weiss and Marilyn Friedman(Philadelphia: Temple University Press, 1995).

9) M. U. Walker, *Moral Contexts*(Rowman & Littlefield, 2003), pp.103~104.

를 목표한다는 점에서 공통적이다. 도덕규범을 불평등한 권력관계 속에서 파악한다는 점에서 이들 여성주의자들의 윤리학적 접근은 정치적이며, 동시에 특정 지배 집단(특히 남성)의 특정 종속 집단(여성)에 대한 권력을 영속시키는 이데올로기로 작용하는 인습적 가치 체계의 부도덕성을 밝힌다는 점에서 윤리적이다.

## 2. 여성의 도덕운과 자기성실성

### 1) 도덕적 행위성의 남성 전유

여성주의 윤리학의 논의는 캐롤 길리건(Carol Gilligan)의 『다른 목소리로』를 기점으로 활발해져 왔다. 길리건은 도덕 인지 심리학자이며 그 책 역시 윤리학 저술은 아니다. 그녀는 이 책에서 여성들을 대상으로, 그들이 갈등적 선택의 상황에서 어떤 방식의 추론을 거쳐 도덕적 결정을 내리는가를 심층 면접 및 관찰 조사를 했다. 그녀는 이 조사를 토대로 여성의 도덕적 사유 패러다임이 남성의 그것과 다르며, 기존의 도덕 인지 발달론의 주장이 남성 패러다임을 기준으로 이루어져 왔음을 밝히고 있다.

나는 그녀의 주장에 둘러싸고 도덕 인지 발달론자 또는 여성주의자들 사이에 오간 수많은 논쟁들을 일일이 소개할 생각은 없다. 대신, 그녀가 돌봄의 관점과 정의 관점 간의 관계를 형태 심리학에서 흔히 사용되는 이중 그림과 유비해서 설명하는 부분에 주목하고자 한다.[10] 그것은 어떻게 불평등한 권력 관계 속에서 판단의 주체가 약자의 주체성을 전유하는가를 설득력 있게 보여주기 때문이다.

　이중 그림이란 어떻게 보면 토끼로 보이지만 다르게 보면 오리로 보이는 그림이 한 예이다. 게슈탈트 심리학에서 주로 사용하는 이 그림은 어떤 사람에게는 토끼로밖에 보이지 않지만, 또 다른 어떤 사람에게는 오리로밖에 달리 보이지 않는다. 경우에 따라 이 그림을 토끼로도 오리로도 볼 수 있는 사람이 있긴 하지만, 그 사람 역시 같은 시점에 오리와 토끼로 동시에 볼 수는 없다. 오리로 그 그림이 보이는 순간 그 그림은 토끼로 인지될 수 없는 것이다. 바로 이것이 시각의 전환을 요구하는 이중 그림의 특징이다. 흥미로운 점은 그 그림에서 두 가지를 다 지각할 수 있는 사람의 경우에도, 사람에 따라 어느 한 쪽으로 보는 경향이 달라진다는 것이다. 예컨대, 토끼로 보려는 시각 전환을 의도적으로 하지 않는 한 나는 여전히 그 그림 속에서 오리를 지각하게 되는 경향이 더 강하다는 것을 발견하게 된다.

　이제 이 그림은 오리 그림인가, 토끼 그림인가? 사실 이 물음은 무의미하다. 이 그림을 오리로 보는 것이 옳은지, 토끼로 보는 것이 옳은지의 논의는 의미가 없다. 그것은 토끼 그림일 수도, 오리 그림일 수도 있기 때문이다.

　그러나 그 그림에 대해 말할 수 있는 자격을 갖춘 이가 있고 그렇지 못한 이가 있다는 조건이 들어오면, 문제는 달라진다. 누가 그 자격을 갖춘 자인가? 오리로 그 그림을 파악하는 자만이 그 그림에 대해 말할 자격을 갖는다고 정해지면, 이제 그 그림은 오갈

---

10) Carol Gilligan, "Moral Orientation and Moral Development", *Women and Moral Theory*, eds. Eava Feder Kittay and Diana T. Meyer(Rowman & Littlefield, 1993).

데 없이 오리가 된다. 오리 그림으로 보는 것이 옳으며, 토끼로 보는 것은 틀린 것이거나 기껏해야 그림을 보는 눈이 덜 발달한 것으로 평가된다.

길리건은 이것을 기존의 도덕적 성숙성 척도와 유비시켜 보고 있다. 소위 남성의 실천적 사고 방식이 발달시켜 온 정의의 관점과 여성의 그것이 발전시켜 온 돌봄의 관점과의 관계가 바로 이 이중 그림과 유사하다는 것이다. 이중 그림이 시각에 따라 다르게 보일 뿐 이 두 시각 사이에 우열의 차이가 없듯이, 돌봄의 관점과 정의의 관점은 서로 다를 뿐 도덕적 우열이 있을 수 없기는 마찬가지이다. 그러나 도덕적 인지 발달론은 돌봄의 관점을 중심으로 한 여성들의 실천적 사고 방식을 미성숙한 것으로 정의의 관점에 익숙한 남성들을 성숙한 것으로 우열화해 왔다는 것이다.

그것은 누가 성숙함의 척도를 결정할 수 있는가와 관련되어 있는 문제이다. 모든 학문의 영역이 그래왔듯이, 윤리학의 영역에서 말할 자격을 갖춘 이들이 있었으며, 그들의 태도가 갖는 경향성이 곧 도덕적인 것으로 공식화되었다. 도덕이란 그림 속에서 무엇을 볼 것인가에 대해 일치된 동의가 있어야 한다고 믿는다면, 그리고 거기에 권력의 위계질서가 존재한다면, 어차피 그곳에는 거기에서 그들과 다른 것을 보는, 또는 보고자 하는 이들의 지각과 의지는 묻혀질 수밖에 없다. '무엇'에의 일치된 합의는 도덕에 대한 일방적 전유의 위험 속에 필연적으로 노출된다. 그것은 다르게 보는 이들의 존재를 무화하는 방식 속에서만 가능하다.

차이를 인정하지 않고 그것을 무가치한 것으로 묵살해 버리는 주체의 특징을 나오미 셰만(Naomi Scheman)은 '인식론적 편집증'이라 명하고 있다.[11] 상대가 나와 다른 것을 이야기할 때, 그 이야기에 귀를 기울이는 대신 무의미한 것으로 배제해 버리는 방식을 그녀는 근대 남성의 심리학적 편집증 기제를 통해 설명하고 있는 것이다. 근대적 인식 주체에게 두드러지는 이 기제의 단적인 예를 데카르트, 오셀로 등에게서 찾고 있다. 더 이상 의심할 수 없이 확실한 것에 자신의 믿음의 닻을 내리고자 하는 열망은 끝내는 데카르트로 하여금 자신의 감각조차 의심하게 만들어버린다. 데스데모나의 사랑을 확인하려는 오셀로의 끝없는 의심은 마침내 데스데모나를 죽임으로써 끝이 난다. 확실성에 대한 집착은 변화하는 바깥 세계가 주는 불확실성에 대한 두려움의 다른 모습이다. 나에게 확실하지 않은 것은 제거된다. 나와 다른 것, 내가 이해할 수 없는 것은 위험하다. 타자는 나와 동일하지 않으면 안 된다. 그것은 나를 위협하는 존재로서 불안을 준다.12)

나와 다른 타자를 인정하지 않는 이런 방식은 곧 관계를 부정하는 것에 다름 아니다. 때문에 셰만은, 데카르트의 코기토는 다양한 주체들 간의 차이를 제거되고 남은 결국 하나의 주체가 스스로 보편적 주체임을 선언하는 것으로서 유아론적인 것이라 보고 있다. 관계를 떠난 일방적인 지배의 논리인 것이다.

근대 도덕이론에서 도덕 행위자는 도덕성에 대한 정의와 정합하는 방식으로 개념화된 존재이지, 구체적 자기 역사를 갖는 실존적

---

11) Naomi Scheman, "Thought This Be Method, Yet There is Madness in It: Paranoia and Liberal Epistemology", *Feminist Social Thought: A Reader*, ed. Diana T. Meyer(Routledge, 1997).

12) 셰만은 프로이트의 정신분석학을 빌어 이를 설명하고 있다. 즉, 나와 다른 타자들을 부정하고 배제하는 것의 정당성을 이들은 그들 타자들이 순수하지 못하고, 열등하다는 데서 찾곤 하지만 실은 그것은 훈육으로 인해 억압된 자신의 욕망을 타자에게 투사하여 부정하고 있는 것이라는 것이다.

존재들로 등장하는 것이 아니라는 사실 역시 같은 맥락에서 설명할 수 있을 것 같다. 예컨대, 도덕 행위자는 도덕성 또는 도덕원칙을 인식하고 그에 따라 의지하고 행위하는 자율적 존재로서 등장한다(Kant). 때문에 그들은 아무도 물주고 기르지 않았음에도 비온 뒤에 들판에 스스로 솟아 올라온 버섯과 같은 존재로 홉스에 의해 묘사된다. 현실 속에서 일상을 사는 이들은 갑자기 자율적이고 독립적인 성인으로 세계 속에 출현한 자들이 아님에도 마치 태초부터 완전한 인간이었던 것처럼 상정하는 이유는 어디에 있을까? 그것은 차이에 대한 두려움이다. 차이는 불완전한 데서 비롯된 것이기에 이상화된 하나의 주체로 통일되어야 한다는 것이 주어진 이유이다.

구체적인 환경 속에서 성장한 이들은 동일하지도 완전하지도 못하다. 이들이 어떤 양육자에 의해, 어떤 사회문화 속에서 성장하고, 어떤 환경에 의해 영향받는가는 일반화해서 말할 수 없을 만큼 다양하다. 이런 차이와 다양성은 통제될 수 없는 것으로서 근대적 주체에게는 불안의 원인으로 파악될 뿐이다. 동질적이어서 하나의 필연적 원리에 의해 설명되고 통치될 수 있기를 바라는 열망이 현실 세계 속의 행위자들이 갖고 있는 개성과 특수성을 보지 못하게 만들고 있다.

근대적 주체에 대한 세면의 분석을 어떻게 받아들일지는 독자에 따라 다를 수 있다. 그러나 내가 흥미롭게 보는 점은 이 분석 방식이 매우 경험적이라는 데 있다. 이때의 '경험적'이라는 의미는 실증주의적 의미의 그것이 아니다. 대신, 데카르트를 비롯한 근대적 주체들을 그녀는 맥락을 초월한 위치에서 진리를 설파하는 저자들로서가 아니라, 구체적 성장사를 갖는 개인들로서 접근하고 있다는 의미에서 '경험적'이다. 이들이 살았던 시대적 배경과 그들이 양육되었던 환경 속에서 이들이 누구인지를 이해하려는 시도는 그들의 말을 절대적 진리로서가 아니라 구체적 서사(narrative)로 이해하려는 노력이다. 그것은 보편화 가능한 추상적 주체로서가 아니라 구체적 개인의 역사를 통해 살아 있는 하나의 이야기로 파악하려는 시도로 보는 것이다.

## 2) 도덕적 주체와 도덕운

도덕적 주체를 특정 역사나 상황에 의해 특수화되는 것으로서 개념화할 때 중요하게 다루어져야 할 부분은 우연성(contingency)의 지점이다. 특정한 상황 속에서 행위 주체가 형성되는 것이라는 점을 진지하게 고려하는 입장에서 행위자의 주체성은 그 행위자가 처해 있는 맥락과 분리해서 이해될 수 없는 것으로 개념화된다. 이때 행위 주체의 내용을 구성하는 맥락과 행위자의 관계는 우연적이다. 다시 말해, 행위자는 자신의 지정학적 위치를 사전에 선택할 수 없었으며, 자신의 삶의 환경 역시 애초부터 스스로 의지할 수도, 의지한 결과도 아니라는 말이다. 그것은 개인의 선택 이전의 문제이며, 어떤 의미에서 개인의 제어(control)의 범위를 넘어서 있는 문제이다. 즉, 운(luck)의 문제인 것이다.

운의 문제는 근대 도덕이론에서 무시되는 것이 일반적이다. 행위의 책임을 누구에게 지울 것인지를 판결할 원리를 중심으로 체계화된 근대 도덕이론에서 운은 도덕적 체계 자체를 흔드는 개념이기 때문이다. 행위자 의지나 선택에 운이 결정적 역할을 할 가능성을 받아들일 때 그것은 도덕적 책임을 지우는 것의 정당성에 혼란을 가져올 수 있는 것이다. 이 때문에 근대 도덕이론에서 도덕운 이란, 마치 존재하지도 않는 것처럼, 다루어지지 않았다. 1970년대 말에 들어와 도덕운의 문제는 윌리엄스와 네이글에 의해 윤리학적 주제로 다루어졌고 최근 들어 워커 등 여성 철학자들이 이 문제를 언급하고 있는 정도이다.13)

어떤 행위의 결과가 행위자의 의도와 상관없이 우연성이 개입하여 결정될 때 생기는 운(incident luck)의 문제는 행위의 결과를 중심으로 도덕적 평가를 체계화하고자 했던 공리주의에서 특히 중요하게 다루어진다. 행위의 결과에 의해 도덕적 평가를 해야 한다고 주장하는 공리주의자들에게, 행위의 우연적 결과에 대한 평가를 행위자에게 돌리는 것이 과연 온당하냐는 근본적 의문이 제기될 수 있기 때문이다.

윌리엄스도 바로 이런 맥락에서 공리주의를 비판한다. 실제로 행위의 결과는 행위자가 의도한 대로 나오는 것이 아니라 그 행위가 일어난 상황에 작용하는 인과적 요소들에 의해 초래되곤 하는데, 그 결과의 책임을 행위자에 돌리는 것은 부당하다는 것이다. 윌리엄스의 경우, 행위의 결과는 행위자의 의도나 의지에 의해서라기보다는 행위자의 통제 범위를 넘어선 인과적 연쇄에 의한 경우가 많다는 사실을 토대로, 이런 인간의 상황의 취약성을 고려한다면, 행위자의 무조건적 결의를 도덕적으로 허용해야 한다는 주장을 펼치기도 한다.14)

---

13) Bernard Williams, *Moral Luck*(Cambridge University Press, 1981); Thomas Nagel, *Mortal Questions*(Cambridge University Press, 1979); M. U. Walker, "Moral Luck and the Virtues of Impure Agency", *Moral Contexts*(Rowman & Littlefield, 2003) 등 참고할 것.

네이글은 충분히 주의를 기울였더라면 피할 수 있었던 교통사고로 행인을 죽게 만든 운전자의 경우라든지 나치 치하에서 나치의 협력자가 된 사람의 경우를 통해, 도덕에도 운이 작용한다는 사실을 보여준다. 운전자의 경우 그날 그 자리에 지나가는 행인이 없었다면 그 정도의 운전 부주의는 아무런 문제가 되지 않았을 수 있었다는 점에서, 살인자가 된 그는 도덕적으로 불운하다고 말할 수밖에 없다. 그 시간에 그곳을 지나는 행인이 있고 없고의 문제는 그의 통제 영역을 벗어나 있다는 점에서 순전히 운이다. 나치 협력자 역시도 크게 다르지 않다. 그가 그 시대에 태어나지 않았거나 다른 나라에 살았다면 그는 나치에 가담할 기회를 갖지 않았을 것이라는 점에서 그의 나치 협력 역시 불운이 개입한 것이라 볼 수 있다. 그가 그 시대 독일에 살았다는 것은 운의 문제인 것이다. 더 나아가서, 그의 성품이 달랐더라면 역시 상황은 달랐을 수 있는데, 그의 성품 역시 그 자신의 의지에 의해 선택한 것이 아니라는 점에서 운의 영역에 속하는 것이다. 운전자의 경우를 결과적 운(resultant luck)이라 한다면, 나치 협력자는 환경의 운 또는 상황의 운(circumstantial or situational luck)으로 구분하기도 한다.

이들의 운에 대한 논의는 여전히 도덕적 책임을 중심에 놓는 논의 틀 속에서 전개되고 있다. 네이글은 성품에 작용하는 상황적인 운이나 행위자가 맞은 환경적인 운의 문제를 거론함으로써 순수 합리적 질서 속에서 개념화된 도덕성이 부딪쳐야 하는 현실적 모순을 드러내주고는 있지만, 더 이상의 논의 진전을 원치 않는다. 도덕적 운을 진지하게 고려하게 되면, 기존의 '책임', '행위성' 등등

---

14) 이것은 3장을 참고할 것.

의 기본적인 개념들에 혼란이 초래될 것을 우려하기 때문이다. 예컨대, 행위자의 성품이 그 자신의 통제 범위를 벗어난 환경적 요인에 의해 영향받은 것이라면, 그 성품에 대한 책임을 그에게 물을 수 없고, 또 그 성품 때문에 하게 된 어떤 행위에 대해 그 책임을 그 행위자에게 전적으로 돌리기 어려워지는 것이다.[15]

나는 이들과는 다른 지점에서 도덕운의 문제를 흥미로운 것으로 본다. 그것은 도덕적 주체 형성에 작용하는 운의 요소를 좀더 깊이 있게 살펴볼 필요가 있다고 보는 것이다. 성품에 작용하는 환경적 운을 고려하지 않는 것은 도덕적 주체를 단일화하려는 기도와 연결되어 있다고 보기 때문이다. 이때 단일화는 주체들 간의 차이를 지움으로써 권력 있는 이들이 주체들을 대표하는 것을 의미한다. 다시 말해, 성품 형성에 작용하는 환경적 요인의 중요성을 인정하지 않을 때, 다양한 행위 주체들은 권력 있는 이들, 즉 남성 엘리트들의 주체에 흡수되거나 종속되게 되는 것이다.

행위자를 이상적 존재로 추상화하지 않는 한, 모든 이들은 주어진 환경들과 다양한 방식으로 상호작용해 가면서 자신의 주체를 형성해 가는 과정적 존재들이며, 상황화된(situated) 존재들이다. 그렇기 때문에 주체는, 아리스토텔레스나 윌리엄스가 사용하는 의미의, 그 사람의 성품(character)에 해당한다. 통상 '성품'이 경험적으로 형성된 것이라면 '주체'는 경험적인 것을 초월해 그를 그이게 하는 그의 본질과 같은 어떤 것으로 상정되곤 한다. 그러나 주체에

---

16) 인과적 고리 속에 놓여 있는 것으로서 행위자를 개념화할 때 나타나는 책임의 문제에 대해 다루고 있는 글은 최근 워커의 글에서 발견할 수 있다. M. U. Walker, "Moral Luck and the Virtues of Impure Agency", *Moral Contexts*(Rowman & Littlefield, 2003).

대한 '경험적' 접근은 이런 이분법 위에 있지 않다.

무엇보다 성품은 주체의 도덕적 행위성과 분리되어 생각될 수 없다. 다시 말해서 어떤 것을 도덕적인 것으로 보는가는 그의 성품에 의존한다는 것이다. 동일한 사태 앞에서 측은함의 정서를 중심으로 그 사태의 의미를 조직해 내고 그 의미에 적절한 조치를 취하기도 하지만, 또 다른 이는 분노의 정서를 중심으로 그 사태를 해석하고 그에 합당한 반응을 하기도 한다. 이것은 아리스토텔레스의 '상황 파악'(aisthesis)과 관련시켜 설명할 수 있다. 그것은 생의 과정 속에서 획득된 일종의 직관적인 상황 지각 능력이다. 이것은 사전에 숙고와 같은 어떤 의식적 추론 없이 그저 주어진다는 점에서 '직관적'이다.

그것은 행위의 출발로서, 행위자가 상황을 그렇게 본다는 점에서 행위자 의도적이지만, 그 의도성은 계산되거나 의지한 의도성이 아니다. 앤스콤이 말하는 '의도'이다.16) 초인종이 울릴 때 일어나 현관으로 가는 것은 나의 의도적 행위지만 그 의도는 "초인종이 울리는 것은 현관에 누가 와 문을 열어 달라는 의미이고, 이곳에 나 이외에는 아무도 없기 때문에 문을 열기 위해서는 내가 일어나 현관 쪽으로 걸어 나가야 한다"는 일련의 추론 과정에 의한 것이 아니다. 그것은 생각 없이 이루어지는 체화된 행위이다. 마찬가지로, 상황을 달리 보지 않고 그렇게 보는 것은 나이지만, 그것은 나를 구현하고 있는 체화된 반응이다.

상황 파악은 직관적 파악이다. 지각적 판단은 논증적 인식도 아

16) G. E. M. Anscombe, *Intention*, 2nd ed.(Cornell University Press, 1963).

니고 보편적 인식도 아니며 달리 있을 수 있는 것에 대한 판단도 아니라는 점에서, 그것은 학적 인식도 이론적 인식도 숙고적 인식도 아니다. 또한 그것은 단순히 육체적 감각도 아니다. 아리스토텔레스는 그것을 "감각적 지각과 구분되는 지각"이라 말한다. … (행위의) 출발적 기초를 마련하는 지각은 이 상황에서 고려해야 할 더 중요한 특징이 무엇인가에 대한 행위자의 실천 인식의 틀을 전제한다는 점에서 감각적 지각과는 분명히 구분된다. 이때, 인식의 틀과 지각 내용 사이에는 내적 연관이 있다. 여기에서 한 가지 중요한 사실이 드러난다. 숙고에 의한 행위의 선택은 숙고자의 사람 됨됨이를 드러낸다는 사실이다.[17]

어떤 정서를 중심으로 도덕적 의미를 파악하는가가 바로 그의 도덕적 성품이라 불릴 수 있다. '도덕적 성품'이란 일련의 믿음과 욕망들과 관련해서 이해될 수 있는 행위자의 특정한 도덕성에 대한 지각 또는 사고 방식, 도덕적 반응 양식, 행위에의 경향성이라고 이해할 수 있다. 그것은 사회 구조와 그것에 대한 행위자의 도덕적 인지 체계의 상호작용 안에서 형성된 행위자의 욕구와 도덕적 믿음 등에 수반하는 일련의 정서적 경향성이며, 곧 삶의 역사 속에서 형성된 사태를 보는 행위자의 체현적 지각 방식이다.

누가 어떤 도덕적 성품을 갖는지는 법칙화해 설명할 수 없을 만큼 복잡하다. 어떤 거시적 삶의 구조도 그 구조 안에 살고 있는 개개 행위자의 성품을 인과적으로 결정할 수 없다는 점에서 도덕적 행위자는 약한 의미의 자율성을 갖는 것이 사실이다.[18] 그러나 분

_____

17) 이 책 p.103.
18) 바로 이것은 도덕적 행위자 자신의 내부적 체계와 그 행위자가 처해 있는 외부적 체계가 이항 대립적으로 분리되어 개념화될 수 없음을 시사한다. 도덕적 행위자는 외부적 체계를 내면화한다. 그러나 그 내면화 방식은 외

명한 것은 어느 누구의 성품도 자신의 삶의 맥락으로부터 완전히 자유로울 수 없다는 점이다.

아마도 현관 초인종 소리가 울리는 상황에서도 일어나 현관으로 가는 사람은 대개 그 집안의 여성이나 아이들일 것인 반면, 그 소리에 별 다른 주의나 반응을 하지 않는 이들은 그 집의 성인 남성들일 확률이 높다. 이처럼 젠더화된 사회는 상황에 대한 기본적 반응 방식을 성에 따라 다르게 구성하며, 더 나아가 행위자의 성품을 젠더화하는 데까지 미친다.

행위자의 제어 범위를 벗어난 요인의 힘은 태어나면서부터 젠더를 가르고, 다르게 양육하며, 다르게 대우하는 제도 하에서 여성과 남성에서 강력하게 작용한다.19) 여성만이 아이를 낳아 기르고 가족을 돌보는 활동을 하며 남성은 '출세'의 활동을 하도록 엄격히

────────

부에 의해 내부가 인과적으로 결정되는 기계적인 방식이 아니며 거울처럼 반영하는 방식은 더더욱 아니다. 행위자는 자신의 위치에서 그것을 해석하고 분석하며 자신에게 맞는 방식으로 그것을 채택하고 받아들인다.

19) 여성의 믿음과 욕구의 체계는 가부장적 제도 하에서 남성의 그것과는 달리 형성된다. 가부장적 제도가 행위자 외부 질서로 주어져 있을 때, 그 행위자가 여성이라면, 가부장 제도의 조건을 고려하면서 자신의 욕구와 필요를 만족시킬 수단을 찾게 된다. 이때 자신이 원하는 것을 이루기 위해 어떤 선택을 할 것인가를 숙고할 때, 이 숙고의 과정에는 그 상황에 관련되는 관념과 정보와 지식들이 들어오게 된다. 여기에서 행위자의 선택에 영향을 주는 사회구조가 실재한다는 사실과 그 구조 안에 있는 행위자의 자율의 가능성은 양립 가능하다. 여기에서 단지 사회적으로 주어진 조건에 수동적으로 적용해 온 것으로서 여성을 개념화하는 방식이 주는 위험을 피할 수 있다. 전적으로 사회적으로 결정되는 것을 보는 강한 사회 구성적 입장에서 여성들은 수동적이고 피해자적인 모습으로 그려진다. 이것은 피해자로서의 연대성을 마련하는 전략으로 유효할지 모른다. 그러나 이것은 어떻게 가부장적 사회의 부정의에 저항하는 주체로서 설 수 있는지를 설명하지 못한다.

젠더 분업이 지켜지는 사회에서 태어나 보고 배우고 자라나는 과정을 거쳐 성장한다면, 여기에서 여성이 도덕적인 것으로 경험하는 것과 남성이 경험하는 것 사이에 차이가 날 것임은 쉽게 예상할 수 있다. 여성의 덕목과 남성이 가져야 할 덕목의 목록은 상이하게, 여성은 순종의 미덕, 겸손함의 미덕, 섬김의 미덕을 갖춰야 하는 반면, 남성은 용기의 미덕, 지배의 덕목, 출세 등이 강조되는 사회에서 양육된다면, 도덕적 성품에서 젠더화된 차이는 어쩌면 당연한 결과라 할 수 있다.[20] 그 차이는 생물학적 또는 어떤 변화할 수 없는 결정요인 때문에 생긴 것이 아니라, 구조적 요인이 작용한 것이라고 추론할 수 있다.

문제는 이들 차이는 단지 개성의 차이가 아니라 권위의 차이와 분리될 수 없는 방식으로 엮여 있다는 점이다. 젠더 차이는 빨강과 노랑의 관계가 아니라, 주체와 종속의 관계이다. 그것은 우열의 등급 평가와 무관한 것이 아니라, 차별을 정당화해 주는 것과 구성적 관계에 있다. 따라서 그것은 다양성의 문제가 아니라 권력의 문제인 것이다.

실제로 근대 윤리학에서 도덕적 행위자를 개념화하는 방식은 공적인 영역에서의 사회생활을 주무대로 하는 근대의 지배 계급 남성들의 경험과 무관하지 않다는 점은 많은 이들이 지적해 왔다.[21] 근대의 시민 남성들의 공적인 영역은 주로 시장으로 대표되며, 그곳에서 만나는 이들은 대부분 성인들이며, 자신의 이익에 따라 행위하는 자들로서, 각자의 개인사가 상관없는 종류의 만남이다. 이

---

20) 유교의 훈육 과정을 통해 어떻게 여성이 젠더화되는가는 허라금, "유교의 예와 여성", 『시대와 철학』(2003)을 참고할 것.

21) Virginia Held, *Feminist Morality*(The University Press of Chicago, 1993).

런 인간관계의 경험을 축으로 도덕적 행위자를 개념화했을 때 그것은 철저히 합리적인 원칙에 따라 행위하는 자가 된다. 그리고 이들이 도덕적 행위자의 전형으로 취해진다.

반면, 무력한 유아를 성인으로 길러내는 역할을 담당했던 여성들은 미성숙한 이들로 위치 지워진다. 이들의 행위 방식이 그들과 다르기 때문이다. 여성들은 인간을 그 자체 독립적이고 자율적인 존재로서 경험하기보다는 상호의존적 관계 속에 위치해야 하는 취약한(vulnerable) 존재로, 도움을 필요로 하는 존재로 경험한다. 여성들의 활동 영역을 사적 영역에 제한했던 사회에서 이들이 타자와 관계 맺는 맥락이 남성의 그것과 다른 데서 온 차이이다. 젠더화된 사회에서 성의 차이는 경험의 차이를 가져오고, 그것은 다시 상황 파악 방식이나 갈등의 해결 방식, 문제의 설정 방식 등등의 차이를 결과하지만, 그 차이는 성숙과 미성숙한 단계로 등급화되고, 여성은 도덕적 주체이기는 모자란 열등한 존재가 되어 버린다.

그 자신의 제어범위를 벗어난 요인들과의 상호작용 속에서 출현한 다양한 도덕적 주체들이 존재할 때, 그 중 어느 하나를 이상적인 도덕적 모델로 삼는 것, 이것이 바로 도덕적 주체의 남성 전유이다. 하나를 이상화함으로써 다른 것들을 열등화한다면, 사회적 지위가 운에 의해 결정되는 사회가 건강한 사회일 수 없듯이, 운에 의해 도덕적 지위가 결정되는 도덕성의 세계는 건강하지 못하다. 무엇을 도덕적으로 우선한다고 보느냐가 성품에 따라 다를 수 있음을 인정한다면, 어떤 특정한 하나의 관점이나 반응 양식을 도덕적으로 객관적이고 중립적인 것으로 보편화하는 것은 권력의 행사일 뿐임 또한 수긍해야 한다. 그것은 자신의 관점을 그렇게 만들 수 있는 권력 있는 이들이 도덕적 논의의 세계를 전유하고 지배하는 방식일 뿐이다. 이것을 분명히 인식하는 것은 다시 근대 윤리학이 제시한 윤리적 세계가 전제적이고 엘리트적이었음을 재확인시켜 준다.

### 3) 여성의 도덕적 자기성실성

근대 윤리학 안에서 여성들은 도덕적으로 열등한 것으로 간주되었다. "누군가의 행위의 중대한 국면이 그의 제어 범위를 벗어난 요인들에 좌우되는데도 우리가 여전히 그런 국면에 비추어 그를 도덕판단의 대상으로 취급하는 경우 그것은 도덕적 운으로 불릴 수 있다"는 네이글의 '도덕운'의 개념에 따르면, 여성들은 성품으로 인한 도덕적 불운을 겪어 오고 있는 것이다.[22] 행위자의 성품에 개입하는 우연적 요소들을 주목하지 않는 한, 많은 여성들은 도덕적 불운을, 많은 남성들은 도덕적 행운을 맞는다. 도덕운도 젠더화되어 있는 것이다.

이 경우 여성은 자신이 도덕적인 것이라 지각하고 느끼는 것 대신에 '도덕적'인 것이라고 공식화된 명령들을 따를 것을 요구받는다. 대개 여성의 도덕적 감정과 판단은 소외되거나, 아니면 '도덕적 명령'과 자신의 소리 사이에서 오락가락함으로써 일관성 없다는 평가를 받게 되는 처지에 빠진다. 스스로의 도덕적 원칙에 따라 행할 수 없다는 점에서 여성은 도덕적 자기성실성(moral integrity)을 유지할 수 없게 되는 것이다. 이제 여성은 도덕적 주체가 될 수

---

22) 토마스 네이글이 '도덕적 운'으로 명명한 것과 관련된다. 토마스 네이글, "도덕적 운수", 게리 왓슨 편(최용철 역), 『자유의지와 결정론』(서광사, 1990), p.290.

없는 것인가? 이 질문에 대해 여성주의 윤리학자들 중에는 남성의 경험에 기초한 도덕적 주체 개념 대신 여성의 경험에 기초한 여성적 주체 개념을 대안으로 제안하기도 한다.23) 이을 둘러싼 논쟁이 간단치 않은 만큼, 이 주제는 별도의 논의를 필요로 한다. 대신 나

23) 여성들은 전통적으로 자신의 도덕적 경험을 소외시킬 것을 요구하는 사회 안에서, 기껏해야 가정이라는 영역 안에서 자신의 도덕적 인식을 실천할 수 있었다. 각기 다른 도덕적 관점이 공존하는 것을 격려하는 윤리학에서는 이들 도덕적 가치가 각기 다른 영역 안에 분리 배치되는 것을 비판한다. 예컨대 돌봄의 가치는 개인적 관계로 맺어지는 사적 영역에, 정의의 가치는 공적 영역에 분리 배제하는 것을 비판한다. 그것 역시 근거 없는 것이기 때문이다. 따라서 여성주의 윤리는 성품의 젠더 이분화를 재생산하게 만드는 외부적 조건들에 특별히 비판적 관점을 가지며, 그런 조건들의 변경을 위한 활동을 요구한다. 어떤 도덕적 성품도 가치로운 것이라면, 그 성품이 딱히 젠더에 따라 분업적인 방식으로 함양되어야 할 이유가 없다. 이분화된 도덕적 젠더 분업이나 영역 구분은 비대칭적 권력관계를 유지하고 재생산하는 기능을 하기 때문이다. 이 때문에 여성주의 윤리학자들은 성품이 형성되는 사회화과정에 적극 개입할 것을 주장하며(D. T. Meyer, *Self, Society and Personal Choice*, Columbia University Press, 1989), 아이들이 제대로 성장할 수 있는 세계를 만드는 데 주목한다(V. Held, 1993). 행위자를 중심으로 하는 윤리학은 아이들을 어떤 성품의 행위자로 성장시킬 것인가를 무엇보다 중요한 윤리학적 주제로 삼을 것이다. 성품으로서 이해된 행위자를 중심으로 한 윤리에서 논의의 중심은 사안에 대해 옳고 그름을 판단해 줄 원칙이나 기준이 아니라, 어떤 조건이 서로의 도덕적 입장의 차이를 만들어내는가의 문제로 이전한다.

이제 도덕적 세계가 특정 관점을 절대화하지 않는 길은 다른 관점들을 또 하나의 도덕적 관점으로 인정하는 것이다. 어떤 사안에 대해 무엇을 도덕적으로 보는가, 무엇을 우선적인 것으로 보는가의 문제에서 다양한 관점들을 인정하는 것이다. 그것은 도덕적 세계의 민주화를 요구하는 것에 다름 아니다. 그리고 사회적으로 취약한 입장에 놓여 있기 때문에 주변화될 가능성이 많은 입장에 더 관심을 기울인다.

또 하나의 관점으로 인정한다는 것은 어떤 것인가? 모든 것이 도덕적 관점이 될 수 있는가?

는 자기성실성의 입장에서 이 의문을 탐색해 보고 싶다. 이미 앞의 여러 장에 걸쳐 나는 자기성실성을 중심으로 도덕적 행위자를 개념화하는 논의를 전개시켜 왔기 때문이다. 이제 자기성실성을 유지하기 어려운 상황에 놓여 있는 여성들의 행위성은 주체적일 수 없는 것인가?

린 맥팔(Lynn McFall)은 자기성실성을 "행위 지도적인 원칙들로 이루어진 일관된 체계에 대한 무조건적 결의"로 정의한 바 있다. 그리고 그 원칙에의 결의는 진정성을 갖춘 것이어야 한다는 것 역시 분명히 했었다. 맥팔의 이 두 가지 자기성실성의 조건은 남성이 주체를 전유한 도덕세계 속에서 여성들이 만족시키기 매우 어려워 보인다. 여성들은 자신의 도덕적 경험에 반하는 것을 도덕의 이름으로 요구받는 경우들에 빈번히 마주치게 되는데, 이때 그녀는 진정성을 포기하거나, 아니면 일관된 원칙을 부정해야 하기 때문이다.

넉넉지 못한 경제 상황 속에서 부모를 돌보아야 할 처지에 놓인 한 젊은 여성의 경우, 그녀는 자신이 하고자 하는 학업의 계속적 정진과 부모 부양이 서로 자신 안에서 갈등하고 있음을 발견한다. 부모가 원하는 것을 위해서는 학업을 포기하고 직업을 구해야 하는 상황인 것이다. 자신이 원하는 삶의 방식과 부모에 대한 의무가 갈등한다. 무엇보다 유교 전통 속에서 익혀온 수신이 딸로서의 의무를 자신에게 요구하지만, 동시에 '나는 나'라는 또 다른 목소리가 나에 대한 의무를 스스로에게 요구한다.

여기에서 자신의 삶의 방식을 위해 학업을 계속하는 것은 이기적이라는 도덕적 비난을 받을 수 있다. 그것은 외부적인 것만은 아니다. 학업에 정진하는 것이 나 스스로 용납되는 것도 아니란 점에서 그 비난은 내면적인 것이기도 하다. 나 역시 부모에 대한 효를 나 자신에 대한 의무보다 이차적인 것이라 보지 않는 것이다. 그 역도 마찬가지다.

이상이 근대와 유교의 전통 속에 있는 여성들이 일상에서 빈번하게 경험하는 갈등이라면, 빅토리아 데비온(Victoria M. Davion)은 여성주의자로서의 경험 속에서 맥팔의 자기성실성 조건을 비판적으로 검토하고 있다.24) 그녀는 추상적인 행위의 원칙들에 대한 무조건적 결의가 오히려 자기성실성을 훼손할 수 있음을 논증함으로써 자기성실성 개념의 수정을 시도하고 있다.

그녀는 "도덕적 자기성실성이란 변치 않는 핵심적 결의에 달려있다"는 생각이 여성주의자들이 격려해 온 종류의 급진적 변화와는 모순된다고 보기 때문이다. 변화가 급진적이기 위해서는 뿌리에 해당하는 가장 깊은 차원, 즉 핵심에서 일어나는 것이어야 하는데 그런 변화는 맥팔이 의미하는 자기성실성과는 양립 불가능하다는 것이다. 맥팔의 의미에 따르면, 여성주의자로서의 변화는 자기성실성을 상실하는 대가를 치를 때에만 비로소 가능해지는 것이 되고 만다는 것이다. 따라서 그녀는 도덕적 자기성실성에 여성주의가 가치를 두고자 한다면, 여성주의자의 급진적 변화를 설명할수 있는 방식으로 그것을 재개념화할 필요가 있다고 주장한다.

나는 셰먼과 데비온이 소개하고 있는 마리아 루곤스(Maria Lugones)에 주목하고자 한다.25) 루곤스는 히스패닉 지역 공동체에

---

24) Victoria M. Davion, "Integrity and Radical Change", *Feminist Ethics*, ed. Claudia Card(University Press of Kansas, 1991), pp.180~192.
25) Maria Lugones, "Hispaneando y Lesbiando: On Sarah Hoagland's Lesbian Ethics", *Hypatia*, 5, no. 3, 1990, pp.138~146.

뿌리를 둔 미국의 라틴계 레즈비언이다, 그녀는 히스패닉 공동체의 일원이자 교육받은 미국 시민이며, 여성주의 공동체의 레즈비언이라는 다문화적 정체성을 갖는다. 그녀는 자신의 개인적인 경험들을 자기성실성의 문제와 연결시킨다.

그녀는 자신이 속해 있는 서로 다른 공동체 속에서 획득한 원칙들 속에서 자기 자신의 정체성을 확인한다. 그 원칙들은 자신 안의 목소리들이다. 이 원칙들은 서로 논리적 모순은 아니지만 정합적이지도 않다. 그러나 통합적 자아의 정합성을 위해 서로 대치되는 목소리 중 어느 한 쪽을 제거하는 방식을 그녀는 원치 않는다. 그 같은 해결 방식은 키에르케고르를 비롯한 많은 철학자들이 취했던 것이다. 그들은 지고의 선, 보편적 원칙 앞에 통일된 자아이기 위해 합리적 주체가 치러야 할 희생으로 그것을 받아들였다.[26] 그러나 루곤스는 그렇게 할 수 없다. 그 중 어느 하나만을 선택하는 것은 곧 자신을 부정하는 것, 자신을 죽이는 것으로서 체험되기 때문이다. 무조건적인 것으로 주어지는 이들 원칙들은 각 문화적 실행 속에서 체현된 그녀 자신의 목소리들이기 때문이다.

그녀는 자신의 정체성은 통합된 것으로서가 아니라 다중적 존재로 존재할 수 있는 그녀의 역량에 의존한다고 말하는 데서, 하나의 원칙을 무조건적으로 고수함으로써 달성되는 남성적 자기성실성과는 전혀 다른 자기성실성을 그녀가 실천하고 있음을 보여준다.

---

26) 이들 중 어느 하나의 원칙만을 선택하는 방법은 무조건적인 것으로 지각되는 원칙들을 합리적인 것과 비합리적인 것으로 구분하는 작업을 통해 이루어지곤 한다. 그러나 무조건적 원칙들은 그 구분을 통해 우열을 가릴 수 있는 종류가 아니다. 대개 그것들은 삶 속에서 체화된 목소리들이라는 점에서 합리적·비합리적 구분을 넘어서 있다.

그녀는 미국 라틴계 레즈비언으로서 서로 다르지만 연결되어 있는 두 개의 자아들을 갖고 있다(having two … selves)고 고백한다. "나는 이들 두 가능성들이 내가 통일된 하나의 존재가 될 수 있을 만큼 통합(integrated)될 수 있을지 잘 모르겠다. 그렇게 되는 것이 과연 바람직한 것일지에 대해서도 잘 모르겠다. 그러나 내게 분명해 보이는 것은 각각의 가능성이 내가 단일한 하나가 아니고 다중적인 존재로 있는 한, 각 가능성은 다른 가능성을 배제할 필요가 없다는 것이다."[27]

주목해야 할 것은 루곤스가 비록 단일한 존재라는 의미에서 통합되지 않았다 하더라도 이들 두 자아가 연결되어 있다고 진술한다는 점이다. 각각은 그 자신의 시각에서 다른 것을 이해하고 비판할 수 있다. "자아들은 연결될 수 있기 때문에 하나는 또 다른 하나를 비판할 수 있고 그리하여 예컨대, 천천히 문화적으로 퇴물이 되어 가는 것에 무감해지거나 이성애주의에 동화되어 가는 것과 같은 자기-배반의 타락(demoralization)을 피할 수 있다"는 것이다.

이같이 연결을 유지하는 것은 물론 쉽지 않다. 그것은 엄청난 작업을 요구한다. 자신이 누구인지를 이해할 수 있게 해줄 수많은 자신에 대한 지식을 밝히는 작업과, 지배와 종속에 대항하는 그녀의 싸움이 수반되어야 하는 것이다. 이것을 그녀는 '경계지'(borderland)에서의 작업이라고 명명한다. 경계지 위에서 이들 두 자아들 각각은 서로를 이해한다.[28]

그녀는 이들 두 자아의 존재가 자기 배반을 막도록 돕는다는 것

27) Maria Lugones(1990), p.145.
28) Maria Lugones(1990).

이 중요하다는 것을 강조한다. 마찬가지로 자아들 간의 연결이 의식적인 작업에 의해 이루어진 것이라는 점 또한 중요하다. 두 자아가 서로 자기 배반을 막도록 돕는다면, 그것은 바로 자기 자신에게 진실할 수 있게 돕는 것이다. 자신을 기만하지 않고 스스로에게 솔직해질 수 있도록 하는 것이다. 자아들 중 하나를 죽이는 것은 자기 배반, 자기 기만이다. 곧 자기성실성의 파괴인 셈이다. 만약 각각의 자아가 다른 자아의 죽음을 원하거나 다른 자아의 근본 프로젝트를 훼방하고자 한다면 그 다중적 존재는 자기성실성을 지킬 수 없게 될 것이다. 자기 파괴적 증오와 분노 대신 자아들 서로의 이해와 용서가 있다. 이것이 없다면 다중적 자아는 자아들 사이의 연결이 끊어진 분열적 자아로 남아 있어야 한다.

단일하다기보다는 다중적인 이 존재의 성장 과정은 이음새 없이 매끈할 수 없다. 그것에 균열과 옹이가 있을 것이기에 전체 과정에서 보자면 일관성이 없을 수 있다. 그러나 다중적 존재가 자아들의 관계를 유지하는 과정은 자신이 누구인지, 또 누구도 되고 있는지, 누구로 되고자 하는지를 검토하고 반성하는 과정이다. 그것은 끝없는 자기 성찰의 과정이라는 점에서 충동적이지도 즉자적이지도 않다. 그것은 자아의 성장을 약속한다. 데비온은 이런 자아를 모니터하는 자아라고 부르기도 한다. 모니터하는 과정으로서 다중적 자아의 주체는 자기 자기성실성을 갖는다.

어쩌면 루곤스가 말하는 다중적 존재 상황은 심각한 갈등 상황의 한 종류로 볼 수도 있다.[29] 그러나 그 상황은 자아의 분열을

---

29) 이 부분에 대한 자세한 논의는 3장 1절 2) "가치 간의 갈등과 인격적 성실성"을 참고할 것. 루곤스는 현재 자기에게 자기통합성으로서의 integrity는 바람직하지 않다는 점을 설명한다.

강요받을 만큼 심각하다는 점에서 일반적 갈등 경우와는 구분할 필요가 있다. 분명 도덕적 주체의 자리에 위치한 이들이 겪게 되는 가치 갈등과, 루곤스가 보여주는, 도덕적 타자의 위치에 있는 이들이 부딪치는 갈등에는 차이가 있다. 이 차이는 단일한 자아와 균열된 자아의 다름에서 비롯된다. 후자를 전자의 갈등과 구분하기 위해 '다중적 자아의 존재 상황'으로 명명하는 것이 더 적합해 보인다.

논의를 요약하면 다음과 같다. 도덕적 불운 속에서도 여성은 도덕적 주체이다. 도덕적 주체로서의 자기 자기성실성을 가질 수 있기 때문이다. 자기성실성은 자신이 의지하는 합리적 원칙을 지킬 때 이루어지는 것이 아니다. 인간 조건의 취약성은 단독자로서의 자기성실성이 아니라, 다중적 자아의 자기성실성을 요구하고 있다. 그것은 자아들 상호간의 비판과 대화를 통해 자신이 누구일 것인가를 끊임없이 성찰하고 점검하는 과정 속에서 성장해 가는 자기성실성이다. 따라서 자기 분열적이게 만드는 도덕적 불운 속에서 다중적 자아로서의 자기성실성을 유지하는 여성들은 진정한 의미의 도덕적 주체이다.


## 3. 여성의 도덕적 주체성과 여성주의 윤리

### 1) 다중적 자아의 도덕주체와 돌봄의 윤리

이상에서 개념화한 도덕적 주체 개념에 대해 다음과 같은 의문이 있을 수 있다. 균열적인 다른 입장들이 주체를 구성한다면, 그 주체는 정합하는 일관된 입장을 가질 수 없기 때문에, 판단하고 결정하는 진정한 의미의 도덕적 주체가 될 수 없으리라는 우려이다. 따라서 개인적 차원에서는 주어진 상황에서 무엇이 행해야 하는가를 결정할 수 없고, 제도적 차원에서는 도덕적 사안과 관련된 정책을 세우는 데 분명한 자기 입장을 가질 수 없다는 비판이다.

일관된 논리 속에서 해결을 찾으려는 관점을 취한다면, 그 비판은 맞는 이야기이다. 그러나 그러한 상황을 도덕적 사실로 받아들이는 데서 출발하자는 것이 이 논문의 요지이다. 이것을 도덕적 사실로 받아들이지 않을 때, 분명한 결정은 용이하고 어떤 정책이 세워져야 할 것인가는 명확히 판단될지 모르지만, 그런 분명함과 명확함 속에 작동하는 권력의 횡포는 피할 수 없을지 모르기 때문이다. 따라서 위의 우려하는 바가 사실일 수는 있으나, 그것이 비판의 대상이 될만한 것이라는 데는 동의하지 않는다.

권력의 횡포에 예민한 여성주의 윤리학은 '명확 분명함의 가치'와 '배제하지 않음의 가치'가 경합할 때, 후자의 가치에 우선을 두어야 한다.[30] 이것은 비대칭적 권력 관계 속에서 특히 중요하다.

---

30) 명확하고 분명함의 가치가 가장 중요하다면, 그것이 중요하게 되는 배경은 무엇인가? 윤리에서의 명확함과 분명함은 누가 윤리적으로 옳으냐 그르냐를 판별할 때 가장 중요하게 된다. 그 판별의 필요성은 많은 경우 행위자에게 도덕적 책임을 묻고자(보상이나 처벌의 방식으로)할 때 긴급해진다. 도덕이 통제하고 질서 지우는 권력의 기제로서 이해될 때, 판단은 필요하고 분명함이 무엇보다 윤리학에서 중요한 가치가 되는 것이다. 그러나 많은 여성주의 윤리학자들은 행위의 담지자로서 행위자를 보거나, 권리와 책임의 귀속지로 보기보다는 개개의 행위자 그 자체를 목적으로 삼기를 희망한다. 이런 입장은 권리와 책임의 정당한 분배를 윤리의 핵심 기능으로 보는 대신, 행위자를 중심 가치로 삼는 윤리학에서 권리란 공동체에 동등하게 참여할 권리, 구체적으로 그것은 자신의 목소리의 존재를 주장할 권리를 가장 우선적인 것으로 이해하며, 책임이란 개인에게 귀속된다기보

그것은 나에게는 너무나 분명하게 보이는 것을 전혀 다르게 보는 이들을 만나게 되었을 때, 특권적 위치에 있는 나의 확신을 유보하고 반성하게 해줄 것이기 때문이다. 그리고 약자의 위치에 있는 이들이 무엇을 보고 있는지를 말할 기회를 줄 수 있을 것이기 때문이다. 그들이 역사적으로 자신의 목소리를 갖지 못하고 사회적으로 가시화되지 않은 이들일 경우 더욱 그러하다. 그리고 그들이 보는 것을 보기 위해 나의 위치를 그들의 위치로 이전시키는 노력을 해야 할지 모른다.

이것이 그들도 나(우리)도 취약한 한계 지워진 존재임을 인정하는 방식이기 때문이다. 그리고 취약한 존재들 사이에 관계 맺는 방식으로서, 서로를 신뢰하는 것이다. 이런 신뢰 또한 언제든 깨질 수 있는 것인 만큼 그것이 관계의 안정성이나 주체의 안정성을 보장하지는 못하지만,31) 타자와 나의 이분법을 넘어서려 할 때, 그리하여 현존하는 타자를 넘어 미래의 인간에까지 더 나아가서 자연과의 관계에까지 관심의 지평을 넓히고자 결단한 이는 이를 기꺼이 감수할 수밖에 없다. 이것은 도덕적 다중성을 인정하는 방식이며, 어쩌면 이 과정에서 나는 나의 확신이 깨지는 경험을 하게 될지 모른다. 그렇다 하더라도, 자신의 도덕적 정서와 정체성을 절대화하고 그것을 중심으로 사안들을 평가하고 판단하는 것이 갖는 폭력성을 타자로서 경험한 이들이 행위자로서 타자에 대해 동일한 우를 범하는 것을 경계할 때, 이런 정합성으로서의 자기성실성의 균열은 피할 수 없는 것일지 모른다.32)

---

다는 집단 공동체에 귀속하는 것으로 이해한다.
31) Annette Baier, *Moral Prejudices*(Harvard University Press, 1994).
32) 여성주의 윤리학 안에는 사실상 근대 윤리학적 개념에 적합한 도덕적 행

그 자체 자율적 체계를 갖는 것으로 윤리를 상정하지 않고, 역사, 사회, 문화 등등의 다층적인 삶의 맥락 속에 그것을 위치시킬 때, 옳고 그름의 문제는 분명함과는 거리가 먼 것처럼 보인다. 같은 이유로 여성주의 윤리학은 일관되고 정합적인 방식으로 어떤 사안에 대해 이야기하기 어렵다. 무엇이 행해져야 하고 무엇을 우선적인 것으로 보아야 하는가는 일관된 체계를 통해 판결될 수 없으며, 같은 사안이라도 그것이 위치한 맥락에 따라 그 속에서 판단되어야 할 것이기 때문이다. 이것이 어떤 행위를 도덕적인 것이라 보아야 하는가, 또는 어떤 식의 사고가 도덕적으로 더 나은가를 결정해 줄 도덕의 본질 또는 도덕의 필연성을 상정하지 않는 곳에서 출발하는 접근 방법이다. 이것은 도덕적 본질 규정에 기초해 특정

위자란 없다. 대신 나름대로 도덕적인 것을 지각하고 자신의 지각에 적합한 방식으로 행위하(고자 하)는 모든 이는 도덕적 행위자로서 자격을 갖는다. 누구든 자신의 상황에 의해 조건화되고 한계 지워지는 자라는 사실이 중요하게 취급된다. 특히 이들이 양육의 과정 속에서 길러지며 사회화 과정을 거치는, 변화의 과정 속에 형성된 감성적 반응의 체계를 갖는 즉 특정한 성품을 갖는 존재라는 점이 간과되지 않는다(D. T. Meyer, 1989; Jean Grimshaw, *Philosophy and Feminist Thinking*, University of Minnesota Press, 1986). 여성윤리 안에서 이들은 자기 이익을 합리적으로 추구하는 익명적 존재들이 아니라, 누구에 의해 어떤 방식으로 어떤 환경에서 길러졌는가에 대한 구체적 이야기를 갖는 존재들로 이해한다. 이 점을 심각하게 고려하는 한, 도덕적 행위자는 도덕적 원칙이라 상정된 어떤 원칙에 정합하는 방식으로 세계를 이해하고 자신의 행위에 대한 의미를 조직화해 내는 내적으로 정합하고 일관된 행위자로서 개념화될 수 없다. 삶의 세계에 대한 의미가 하나의 통일된 의미로서 고정되어 있지 않다면, 또한 삶의 세계가 일관된 원칙에 의해 조직되어 있지 않는 한, 그런 다중적이고 복잡하고 때로는 파편화되어 있는 다양한 맥락 속을 살아가는 행위자 역시 다중적 복잡성을 갖고 때로는 파편화되어 있는 믿음과 욕구와 정서를 갖는 존재로서 이해하는 것이 타당하다.

한 도덕적 주체를 상정하고, 옳고 그름의 판단을 정당화해 줄 체계로서 도덕이론을 구성하는 것이 아니라, 기존의 도덕이론에 투영되지 못했던 현실 속의 주변화되고 비가시화된 행위자들의 목소리들을 통해 '도덕적인 것'에 접근하는 방식이다.

여성들 간의 차이를 승인하는 여성주의 내부에서도 이런 윤리는 필요하다. 특히 공공 정책에 영향을 줄 여성주의 공적 영역의 행동들과 관련해서 그러하다. 이런 활동이 요구하는 제휴는 항상 쉽지 않음을 증명해 왔고, 심각한 모순 없이 효과가 있지도 않음을 증명해 왔다. 자넷 제이콥슨(Janet R. Jakobsen)은 특히 미국의 공공 정책과 섹슈얼리티의 문제들 주변에서 형성된 제휴의 과정에서 보여준 여성주의적 입장이 처한 복잡함을 이야기하고 있다.33) 그녀가 핵심적으로 지적하고 있는 것은 여성들이 공적 담론 영역에 들어갈 때 사실상 내적으로 정합적이고 합리적일 것을 요구하는 근대 공적 영역 담론의 명령에 의해 과결정(overdetermine)되기 때문에, 다중적 맥락 속에 놓여 있는 여성의 특수성에 헌신하려는 여성주의의 목표는 공적인 영역에서 완수할 수 없게 된다는 것이다.

공적 영역 담론에 들어가면서 행동가들은 근대적 모델에 따라 그들 스스로를 도덕적 행위자로서 구성한다. (근대적 도덕 행위자는) 내적으로 정합적이고 합리적이고 자율적인 것으로서 — 다양성과 복잡성을 조정하기 위해 작동하는 — 특히 정합성에의 요구는 자기성실성을 위협하는 어떤 요소들 — 애매성, 갈등, 모순과 같은 — 도 배제할 것을 요구한다. 이는 갈등과 애매성을 상호 구

---

33) Janet R. Jakobsen, "Agency and Alliance in Public Discourses about Sexualities", *Feminist Ethics and Social Policy*, eds. Patrice DiQuinzio and Iris Marion Young(Indiana University Press, 1997).

성적 대립쌍(mutually constitutive oppositions)으로 구조화하게 만
든다. 그리고 복잡한 관계로서 일어난 낯선 동료와의 제휴는 대립
의, 이쪽이나 저쪽, 어느 한 쪽으로 평정된다.[34]

그녀는 이에 대항해서 내부적 정합성(internal coherence)을 내부
적 파편화(internal fragmentation)로 뒤집으려는 의지를 제안한다.
그것이 이항 대립을 통해 자신의 정체성을 정의하려는 정합적 주
체성을 벗어나 명석 판명한 정체성들 사이 공간, 경계지에서 활동
하는 주체를 가능하게 한다고 보는 것이다. 그녀는 근대 공적 담론
안에서 제휴 형성에 문제스러운 것으로 증명되어 온 바로 그 복잡
성과 다중성을 채용함으로써 근대 행위자의 정합적이고 통일된 측
면들에 저항하는 대안적인 행위자 모델을 제안하고 있다.[35] 이것
은 파편화된 행위자 그 자체를 미화하는 것이라기보다는, 사회에
서 무시되고 배제되어 왔던 타자화되어 있던 이들과 관계 맺는 방
식을 이야기하고 있는 것으로 읽을 때 의미 있다. 그 관계 맺음이
타자를 대상화하는 것을 넘어서는 방식의 것이 되기 위해서는, 그

---

34) Janet R. Jakobsen(1997), p.187. 바로 그 예를 필자는 미국에서의 포르노
그라피 관련 정책에서 든다. 그녀는 정합성을 유지하는 행위자로서 포르
노그라피 문제에 개입할 때, 그 결과는 바로 보수주의냐 자유주의냐의 대
립 속에 휘말리게 된다는 것이다.

35) 그녀는 구체적으로 머서(Mercer)의 독해 방식을 통해 그것을 제시하고, 그
것이 어떻게 정책에서의 활동 주체와 연결되는지를 미국에서의 여러 가지
정책, 예컨대 후천성면역결핍에 감염된 몸에 대한 정책 활동의 경험을 통
해 보여준다. 이런 각기 다른 다중적 맥락 속에 걸쳐 있는 자신의 다중적
정체성들을 연결시키고자 하는 어렵지만 포기해서는 안 될 시도를 하고
있는 글들은 이외에도 다음과 같다. Maria Lugones(1990); Victoria M.
Davion(1993); Naomi Sheman(1989).

관계 맺음의 과정에서 자기 균열을 받아들여야 한다는 것을 시사한다.

## 2) 민주적 관계의 윤리

여기에서 이중 그림의 비유로 다시 돌아가 보자. 도덕이란 다중 그림에서 그것을 보는 이들 간에 적어도 하나의 일치된 합의가 필요하다면, 그것은 똑같이 보자는 합의가 아니라 그 그림을 보고 있는 이들 사이에 관계를 유지할 수 있는 자기 성찰과 상대 이해가 필요함을 인정하는 합의이다. 보고 있는 이들 사이에 차이가 있을 수 있다는 사실을 받아들이면서, 다른 그림을 보고 있는 이들 사이에 서로 공유되지 않는 기질과 성품과 지각의 차이를 인정하면서, 서로를 충분히 알 수는 없지만, 그들 역시 나와 같은 인간이며 자신에게 충실하고자 하는 이들이라는 신뢰가 선행하는 관계가 필요함을 인정하는 데 대한 합의이다. 즉, 어떤 원칙에 대한 합의보다는 상호 신뢰의 관계 형성이 우선이라는 인식에 대한 동의이다.

이런 신뢰를 중요하게 보는 지점에 서면, 어떤 사안(그림)에서 돌봄의 가치를 우선적으로 볼 것인가, 정의의 가치를 우선적으로 볼 것인가의 문제가 해결해야 할 가장 우선적인 윤리학적 과제로 등장케 한다기보다는, 다르게 보는 이들에 대한 상호 신뢰는 어떻게 이룰 수 있는가 더 중대한 과제가 될 것이다. 실제로 우리는 도덕이란 그림에서 무엇을 보아야 하는가를 논하기 이전에 이미 어떤 식으로든 자신의 위치에서 도덕이란 그림을 보고 있다. 이것은 윤리학적 탐구의 출발에서 전제해야 할 도덕적 사실이다.

이것을 도덕적 사실로 인정하는 윤리학은 상대에 대해 이해하려는 태도를 요구한다. 그것은 단지 추상적 차원에서 이해되는 자율적 존재로서의 인간에 대한 존중 이상의 것을 요구한다. 너와 나의 차이만큼의 거리를 두고 유지되는 형식적인 관계, 그 이상의 상호 존중을 요구한다. 인간의 존재 조건은 항상적 거리 유지를 가능케 할 만큼 단순하지 않기 때문에, 이런 존중의 방식은 사실상 허구이기 때문이다. 오히려 적극적인 상대에 대한 이해를 통해 관계하는 방식, 여기에서부터 출발하는 윤리학은 이제 단지 반성적 철학의 방법에만 의존할 수는 없다. 철학적 반성의 방법은 주어진 내용을 어떻게 정당화할 수 있는가를 다루는 데는 유효하다. 그러나 서로가 다른 내용을 보고 있다면, 그리고 그런 서로 다르게 보고 있음이 윤리학이 다루어야 할 중요한 주제가 되고 있는 맥락에서 철학적 반성의 방법은 충분하지 않다.

왜냐하면 철학적 반성의 방법은 다르게 보고 있는 지점을 떠나 그것을 객관화하려는 시도이기 때문이다. 그리고 상대가 서 있는 지점을 떠나서는 결코 그 그림을 볼 수 없기 때문이다.

서로 다른 이들을 이해함을 통해 지배적이지 않은 관계 맺는 방식을 탐구하는 윤리학은 관계들이 놓여 있는 삶에 대한 다양한 접근 방법을 허용한다. 어떻게 서로 다른 것을 보게 되는가를 이해하는 것이 관계 맺으려는 자들이 출발하는 지점이며, 그것은 데카르트가 말하는 나의 의식 안에 '명석 판명한' 것으로 인지되는 것을 통해 이루어지지 않기 때문이다.

이제까지 윤리학 안에서 타자였던 여성의 도덕적 경험을 여성의 입장에서 이해하려 했던 노력은 바로 이런 관계 윤리학적 탐구 방식을 대변한다. 그것은 하나의 일치된 도덕적 정의(definition)를 위해 고군분투했던 근대 윤리학에서, 침묵을 강요당했던 다른 목소리를 드러냄을 통해 도덕 안에 관계를 존재케 하는 방식인 동시에, 여성의 입장에서 보면 그것은 자신의 목소리를 찾는 방식이기도 하다. 도덕이라는 그림 속에 자신을 드러내는 방식이다. 그것은 도덕세계 안에 여성 자신의 존재를 승인해 줄 것을 요구하는 방식이다. 동시에 여성주의는 어떻게 하여 그런 차이가 나타나게 되는지에 주목한다. 이상의 논의를 도식화해서 그려보면 다음과 같다.

이차 질서(메타윤리) : 여성주의 윤리
일차 질서(규범윤리) : 도덕행위자 1(돌봄의 윤리, 여성적 윤리), 도
　　　　　　　　　　　 덕행위자 2(정의의 윤리, 남성적 윤리), …
　　　　　　　　　　　 도덕행위자 n

이상의 구도 아래, 여성주의 윤리가 말하는 '관계 지향적', '배려', '가치' 등을 이차 질서의 차원에서 취해지는 것으로 이해하는 방법은, '여성적 윤리'(feminine ethic)에 대해 불편함을 느껴 그것을 굳이 '여성주의 윤리'(feminist ethic)와 구별하고자 하는 이들의 우려를 제거할 수 있을 것이다.36) 그것은 돌봄의 윤리를 특권화하

---

36) 많은 여성 윤리학자들은 윤리에서의 '다른 목소리'가 '정의'보다는 '돌봄'에 더 강조를 두는 것이라는 생각을 반기지 않는다. Linda Nicholson, "Women, Morality and History", *An Ethics of Care*, ed. Mary Jeanne Larrabe(Routledge, 1993); Susan Moller Okin, *Justice, Gender and Family*(Basic Books, 1989); Alison Jagger, "Feminist Ethics: Projects, Problems, Prospects", *Feminist Ethics*, ed. Claudia Card(University Press of Kansas, 1991); Jean Grimshaw, *Philosophy and Feminist Thinking* (University of Minnesota Press, 1986); Lorrain Code, "Second Person", *Science, Morality and Feminist Theory*, eds. Marsha Hanen and Kai Nielsen(The University of Calgary Press, 1987). 이런 우려는 이제까지의 현실에 비추어볼 때 타당한 측면을 갖는다. 일차 질서에서의 돌봄의 관점

는 것도 아니며, 또한 돌봄의 윤리가 여성의 윤리여야 한다는 것도 아니기 때문이다.

상위 차원의 여성주의 윤리학은 돌봄의 관점과 정의의 관점이 성별화되어 나타나는 사회화 과정과 삶의 외부적 질서를 문제시하며, 동시에 그런 질서 속에서 완전히 자유로울 수 없는 인간의 조건을 받아들이는 한에서, 이들의 관점의 차이를 승인하고 동시에 이들을 관계 지우고자 하는 성찰적 윤리이기 때문이다. 이것은 인종, 계급, 성별 등으로 권력 위계화된 관계 속에서 서로 다른 위치에 있는 이들이 갖게 된 도덕적 정체성의 차이를 승인하는 메타 윤리로서 여성주의 윤리를 이해하자는 것이다.

또한 이상의 구도에서 이해된 여성주의 윤리는 "돌봄의 활동을 해온 여성의 경험을 중심으로 한 편파적 입장으로 공평성의 가치를 무시한다"는 비여성주의 윤리학자들의 여성주의 윤리에 대한 비난이 잘못된 것임을 보여준다. 그것은 사실과 반대임이 드러난다. 특정한 자신의 관점(일차 질서)을 도덕적 관점으로 일반화해온 몰개인적 공평성의 입장이야말로 편파적인 것이다. 오히려 여기에서 논하고 있는 윤리는 모든 도덕적 관점에 대하여 문자 그대로 민주적인 공평성을 요구한다. 특정한 관점에서 도덕적인 것으로 지각되는 구체적 관계의 유지나 돌봄에 가치들은 인정한다는 것이 정의의 가치나 공평성의 가치를 인정하는 것보다 더 편파적이라고 볼 이유가 없다. 정의나 공평성이 도덕적인 가치인 것만큼이나 관계나 돌봄 역시 도덕적으로 가치 있는 것이라는 점에서, 그

---

을 곧장 '다른 목소리'와 등치시킬 때, 그것은 역사적 우연성을 필연화하는 논리로, 그것은 불평등한 권력관계를 변화시키기보다는 유지하고 정당화하는 근거로 기능해 왔기 때문이다.

리고 어느 것이 항상 더 도덕적으로 우선적인 가치라고 말할 수 없다는 점에서, 이들 관점은 도덕적으로 유효하다. 각자의 관점의 도덕적 유효성을 인정하는 상위 질서로서의 여성주의 윤리는 좀더 엄밀한 의미에서 공평성과 정의를 중시한다. 이때의 공평성은 몰개인적인 차원에 설 것을 요구하는 것이 아니다. 그것은 음식을 나누고 시간을 함께 하는 구체적인 생명 살림의 체험을 요구하는 것으로서 추상적이기에는 너무나 구체적인 공평성이다.

공평성이나 정의의 가치를 중심으로 하는 근대 윤리에 대한 비판은 사실상 여성주의자들만큼이나 비여성주의 공동체주의자들에게서도 흔히 찾아볼 수 있다. 그들은 공평성에 우선적 가치를 두는 논의를 비판하면서, "자기 자신을 돌보는 것, 자신과 가까운 관계에 있는 이들에 대한 의무"의 중요성을 강조한다.[37] 그러나 이상적 관망자로서의 몰개인적 관점, 어디에도 서지 않는 관점에서 내려와 구체적 개인적 관계를 인정하는 관점을 인정한다고 해서 이들이 곧 여성주의 윤리는 아닌 것이다. 이것은 개인적인 관계를 소외시키지 않으며 성품에 속하는 자기성실성의 원칙을 존중한다는 것이 곧 여성주의 윤리를 특징짓는 충분한 요소는 아니라는 것이다. 이들 중에는 가깝지 않은 사람들에게 자애로운 것은 옳은 것이라고 양보하면서도, 전체적으로는 범세계적 관심의 중요성에 대해 과소평가한다. 그 대신 '자기 자신의 것'에 대한 호의를 이상화한다. 반면에 여성주의자들은 '자기 자신의 것' 이외의 사람들에 대한 배려를 촉진하기 위한 이론적 관심에 더욱 헌신적이다. 이것이

---

37) cf. John Cottingham, "Ethics of Self-concern", *Ethics*, vol. 101, 1991, pp.798~817; "Partiality, Favoritism and Morality", *Philosophical Quarterly*, 36, no. 144, 1986, pp.357~373.

'차이'를 이론화하고 인종 및 계급 의식의 다양성을 여성주의 안에 병합하려는 작업에 여성주의자가 부여하는 중요성이다. 이론적이며 실제적인 여러 문화 간의 연결을 여성주의자들은 높게 평가하며 이를 위해 실천한다. 따라서 여성주의 윤리에서의 '범세계적 도덕적 문제'는 모든 개인들의 이익에 대한 문자 그대로 동등한 고려의 실행을 의미하지는 않는다. 대신 그것은 권력관계 속에서 배제되고 타자화된 목소리들을 우선적으로 고려할 것을 요구한다.

여성주의 윤리학은 권력의 비대칭성 속에 놓여 있는 윤리의 문제에 주목하며, 이런 맥락에서 소외되었던 도덕적 경험들을 복권시키고자 한다는 점에서 특징 지워질 수 있다. 여성주의 윤리학은 가깝지 않은 이들에 대한 책임을 도덕적 공평성의 실행 중의 하나로서 간직하고자 하는 것이다.[38] 근대 윤리학이 취하는 공평성 가치에 대해 여성주의자들이 우려했던 것은 이와 같은 부분에서의 우려가 아니다. 그것은 행위자 2(정의)의 관점에서 공평하다고, 또는 정의롭다고 본 것을, 실제로는 특정 관점 중의 하나에 불과함에도 불구하고, 보편화시키고자 하는 것에 대한 비판이었다.

나는 이런 관점이 여성주의자 뿐만이 아니라 현재를 사는 누구에게나 시사하는 점이 있으리라 생각한다. 현대의 삶은 여성 개개인의 삶의 영역을 급격히 변화시켜 왔다. 그 중 가장 큰 변화는 생활 영역의 급격한 확대일 것이다.

여성의 생활세계는 가정에서 사회로, 이제는 전 세계로 확대된다. 여성은 자신이 위치해 있는 공간만을 사는 것이 아니라 전지구

---

38) Marilyn Friedman, "Impartiality", *A Companion to Feminist Philosophy*, eds. Alison Jaggar and Iris Marion Young(Blackwell Publisher, 2000), pp.393~401.

적으로 확대되어 있는 경제, 문화, 정보의 그물망 안에서 전지구를 생활공간으로 삼고 있다. 여기에서 여성은 전혀 공감하지 못하는, 경험하지 못한, 상상하지 못한 역사를 갖는 여성들을 만난다. 이 때문에 상대의 취약성과 역사성을 존중하는 여성의 관점에서 전혀 다른 맥락 속에 있는 여성들의 행위와 경험에 대해 어떤 태도를 가져야 하는지 종종 당황하게 된다. 또한 그들의 주장에 대해 수용할 수 없는 나의 정서를 발견하게 될 때도 많다. 이때 상대의 역사성과 구체적 맥락을 모르기 때문에 그에 대해 취할 수 있는 최선의 태도는 그저 관망하는 것인가? 침묵하는 것인가?

여성주의 윤리학은 그것 이상을 요구한다. 그것은 먼저 그들의 처지를 이해하려는 노력이다. 동시에 그들의 행위를 존중하는 방식이 자신의 정서를 부인하고 소외시킬 것을 요구하지도 않는다. 오히려 자신이 가진 정서가 무엇인지를 분명히 하고 비판적으로 성찰하는 것이다. 여성주의 윤리학은, 자신의 한계를 용서할 줄 아는, 자신에 대한 관용을 바탕으로 한, 타자와의 관계 맺음의 시도를 실천한다.

나는, 이 글에서 시도한, 도덕적 운(moral luck)을 중요하게 고려하는 방식으로 여성주의 윤리학을 이해하는 것이 '여성적' 윤리냐, '여성주의' 윤리냐를 놓고 벌어지는 쟁론에 하나의 해결점을 제공했으리라 생각한다. 또한 여성주의 안에서 입장들이 첨예하게 대립하여 전혀 만날 수 있을 것 같지 않은 방식으로 쟁점화되고 있는 많은 문제들, 포르노그라피, 매매춘, 임신 중절, 결혼 등등에 대해서도 어떻게 서로 접근할 것인가에 대한 하나의 시사점이 될 것이다. 이런 기대는 여성주의라는 연대성에 기초한 공동체를 넘어 다른 다양한 공동체들과의 만남에도 확장될 수 있어야 할 것이다.

# 6 장

## 실질적 다원주의 윤리를 향하여

다원성을 특징으로 하는 사회에서 요청되는 작동 가능한 윤리는 어떤 것인가? 후기 산업시대, 세계화 시대라 일컬어지는 오늘날의 가장 뚜렷한 특징으로 우리는 무엇보다 모든 부분에서 발견되는 다원성을 들 수 있다. 절대적 진리라 믿었던 것, 보편적 당위로 추구했던 삶의 방식 등등이 서로 다른 문화들이 갖고 있는 믿음의 체계나 실행들과 만나면서, 그 다원성은 누구도 부정할 수 없는 것이 사실이 되고 있다. 절대 이성에 근거한 인식적 토대주의를 서구 현대 문화 속에서 역사적으로 우연히 형성된 하나의 신념에 불과한 것으로 해체하는 탈근대론의 논의들이 이들 다원적 현상의 의미를 대변해 주고 있다.

1970년대 과학적 지식에 대한 쿤의 사회사적 접근이 인식적 다

원주의의 문을 연 이래 1980, 90년대 로티나 료타르 등, 근대 이
성에 대한 탈근대론자들의 메타 철학적 분석으로 이어지면서, 이
에 영향받은 우리 학계가 비교적 활발하게 이 문제를 다루어온 데
비해, 윤리적 다원주의는 토론의 주제로 다루어진 기억이 없다. 인
식적 다원주의 논의 결과가 윤리적 다원주의에 그대로 적용된다고
보았기 때문일까? 아니면 실천 이성의 보편적 합리성이 비교적 견
고하기 때문일까? 혹, 윤리적 규범의 정당성에 관한 논의는 이미
정서주의(emotivism)라는 메타 윤리적 분석에 의해 종결되었다고
보기 때문인가? 윤리는 실천적 영역에서의 행위를 목표한다는 점
에서 이론적 인식의 범위를 넘어선다. 행위가 구체적 맥락을 떠나
자신의 의미를 가질 수 없기에 실천 이성은 결코 메타적 관점에만
머무를 수 없는 데서 분명해지듯, 인식론적 논의가 윤리 문제에 그
대로 적용될 수 없을 것이다. 또한 윤리적 언명에 대한 메타 분석
이 실제 행위의 규범적 사실 자체를 부정하지는 못한다.

　이 글은 윤리의 기능이 행위를 지도하는 데 있다고 보는 데서
출발한다. 그리고 이미 그 기능을 발휘할 윤리의 맥락이 근대적 윤
리관을 통해 제시된 것과는 상당히 달라졌다고 보는 데서 출발한
다. 현대 사회에서 출현한 새로운 형태의 섹슈얼리티 문제, 생명
과학 발전에 따른 생명 윤리의 문제 등등, 실질적인 문제들에 대해
윤리학이 행위 지도적 기능을 충분히 발휘하지 못하고 있는 현실
이 그것을 확인해 준다. 본 논의는 윤리학적 진단과 처방을 요구하
는 많은 문제들이 가치 다원주의의 맥락에서 발생한다는 점을 주
목하고, 이런 맥락에 적합한 윤리 이해와 접근을 모색하고자 한다.

　논의는 가치의 다원성을 인정하는 맥락에서 규범적 정당성의 기
초를 발견하려는 시도들로부터 출발한다. 여기에는 롤즈의 정의의

윤리학이나 하버마스의 담론 윤리학이 해당될 것이다. 이들 다원
주의 윤리학이 실질적인 쟁점들에 효과적인 지도를 하는 최선의
접근을 보장하는지를 살펴보고, 그것의 한계를 점검할 것이다. 더
나아가서, 그 한계를 배태하고 있는 이들의 윤리학에 대한 기본 이
해를 문제삼고, 이들 기본 이해가 어떻게 구체적인 삶의 문제들을
윤리학 밖으로 내쳐버리게 됨으로써 실질적인 행위 지도적 기능을
제한하게 되는지를 분석할 것이다. 다음 이들 다원적 가치의 맥락
에서 생성되는 다양한 윤리적 실행들을 수용할 수 있는 대안으로
덕 윤리를 고려할 것이다. 끝으로, 덕 윤리가 가치 다원주의의 실
천적 규범으로 제시되는 것에 대해 제기되는 주요 비판들에 과연
어떻게 답할 수 있는지를 살펴보고, 윤리 다원주의의 실행에서 요
청하는 덕이 무엇인지를 여성주의 논의에서 찾아볼 것이다.


## 1. 현대 다원주의의 윤리학

다원주의는 단순히 다양성이 있음을 인정하는 데서 성립하지 않
는다. 인식적 활동에 지각, 감각, 인식, 평가 등의 다양한 층위가
있음을 인정하는 것 자체로 인식적 다원주의가 성립하는 것이 아
니듯, 윤리적 다원주의 역시 실천적 활동에 다양한 층위가 있음을
인정하는 것만으로는 성립하지 않는다. 인식적 다원주의는 이들
인지적 활동들 간에 차이가 있음을 인정할 뿐 거기에 어떤 인지적
가치의 우열을 매길 수 없다고 주장하는 데서 성립한다. 마찬가지
로 윤리적 다원주의는 다양한 실천적 이상 및 가치의 상이한 평가
방식이 존재함을 긍정하는 데서 더 나아가 이들 간의 윤리적 가치

의 우열을 가늠할 궁극 원리나 목적이 있을 수 없음을 받아들이는 데서 성립한다.

필자가 윤리적 다원주의를 불가피한 윤리적 선택으로 만드는 것으로 보고 있는 바, 가치 다원주의란 그 구체적 정의를 일원화할 수 없지만 기본적으로, 보편적으로 인정되는 삶의 궁극적 이상, 예컨대, 자유, 평등, 행복 등등이 하나 이상이라는 것, 또한 친밀성, 애정, 명예, 공정성 등등 인간의 삶을 좋게 하는 데 기여하는 가치들(그것이 보편화 가능한 것이든 아니든)이 다수라는 것, 그리고 이들 이상이나 가치들을 통약 가능하게 해줄 보편적 기준이나 근거는 없다는 것, 더 나아가서 이들은 구체적 상황에서 서로 근본적 갈등을 야기할 수 있다는 것을 긍정하는 입장이다.[1]

삶의 다원적 가치를 인정하고, 서로 다른 가치를 추구하는 이들 누구도 부인할 수 없는 규범적 정당성의 기초를 마련함으로써 객관적이고 보편 타당한 윤리학을 체계화하려는 시도는 가치 다원주의와 공존하기 위해 현대 윤리학이 취한 한 가지 방법이다. 따라서 이것을 일종의 다원주의 윤리(ethics of pluralism)로 분류할 수 있다. 그것은 궁극적인 삶의 목적, 또는 인간다운 삶의 모습을 단 한 가지로 규정하고 그에 부합되는 행위나 판단만을 윤리적인 것이라 간주했던 일원주의 윤리학과 구별된다. 이들 역시 삶의 다원적 가치, 명예, 건강, 부 등등을 인정하지만 이들은 이들 가치들이 삶에서 어떤 위치를 차지해야 하는가를 분명히 한정함으로써 규범적인 삶의 이상을 단일화하고 있다. 이런 가치의 단일성은 대개 전현대

---

1) cf. George Crowder, *Liberalism & Value Pluralism, Continuum*(2002); 허라금, "도덕적 갈등과 다원주의", 『철학』, 제68호, 2001.

적인 윤리들을 관통하는 특징이다. 그 대표적인 경우가 유교 윤리나 아리스토텔레스적 윤리라고 할 것이다. 반면, 이들 전자의 윤리는 이들 다원적 가치들을 한 가지 방식으로 질서 지울 수 없다는 점을 인정한다는 점에서 비로소 다원주의 윤리학을 구성한다. 계약론적 전통 위에서 전개된 정의의 윤리학을 비롯하여, 이상적 담화 조건에서 도출된 타당한 상호주관적 규범들과 행위 규칙들에 의해 윤리학을 정초하려는 하버마스의 윤리학을 들 수 있다.

이들 다원주의 윤리학은 근본적으로 동의 또는 상호주관성을 바탕으로 서로 이질적인 인생관이나 가치관을 갖는 이들 모두에게 받아들여질 수 있는 보편적 규범의 확립을 목표하고 있다. 여기에는 누구도 침해할 수 없는 권리를 지닌 자유한 존재라는 현대의 소위 독립적이고 자율적인 인간관이 전제되어 있다. 타당한 이유 없이 강제되어서는 안 될 자율적 존재들, 이들 개인들의 선택을 규제하고 강제해야 할 정당성을 이들은 상호주관성 내지 합리적 의사 선택에 의한 합의를 통해 마련하고자 하는 것이다. 각인이 동의한 규율에 의해 강제하는 것은 외부의 강제가 아니라 자발적 통치에 해당하는 것이므로, 이 경우 강제와 자율은 모순되지 않는다. 합의의 모델이 강제와 자율을 양립 가능하게 하는 자율적 인간의 윤리로서 채택된 것이다.

그러나 이들 양립 가능성을 보장해 줄 합의의 도출은 어떤 삶을 살아야 하는지, 어떤 가치를 어떻게 고려하는 것이 바람직한 것인지 등등, 소위 좋은 삶이 무엇인가에 대한 논의를 윤리학의 중심에서 분리시키는 것을 통해 이루어졌음을 알 수 있다. 즉, 가치의 문제를 각인의 주관에 달린 소위 자율의 영역에 속한 것으로 윤리적 논의로부터 배제하거나 이차적인 문제로 주변화하면서, 오직 합의

가능한 것의 영역에다 윤리적 논의를 제한하는 것이다.

자율적 인간을 강제하는 것의 정당화가 시급했던 시점에서 그 정당화의 기초에 대한 열망이 합의될 수 있는 것에만 윤리적 접근의 정당성을 인정하는 길을 택하도록 함으로써 어떻게 살아야 하는가와 같은 전통적으로 윤리에 중심에 속했던 논의들이 이들 논의로부터 제거된 것이다. 실질적 가치의 채택 문제를 자율에 맡김으로써 문자 그대로 자유주의 윤리가 성립한 것이다.

강제적 규범의 집행을 정당화해 줄 명분을 발견하고자 하는 이들의 열망이 우선적으로 합의될 수 있는 영역에 행위 지도적 윤리학의 기능을 제한하는 방향을 택하게 한 것이다. 일반적으로 도덕적 갈등에 대한 가장 일반적인 자유주의적인 해결의 단초가 어떤 정책을 정치적 의제로부터 제외할 것인가를 결정해 줄 상위 원리에 관해 시민들이 합의할 수 있다는 데 있음에서도 그 열망은 확인된다. 그들은 구체적인 정책들에 대한 불일치를 초월하는 중립성 또는 공평성과 같은 원리를 상위 원리로 도입함으로써 해결을 시도하는 것이다. 이런 원리들에 의해 어떤 쟁점들이 윤리적으로 강제가 정당화될 만한 것이고 그렇지 못한 것인지를 판가름해 준다고 본다.

보편화 가능한 주관적 가치들에 대한 고려를 윤리적 사유 속에 포괄하는 칸트주의자 네이글조차도, 삶의 가치들이 충동할 경우 그 해결을 개인적인 사고의 위치에서 벗어나 더 보편적이고 몰개인적인 관점으로 나가 발견되는 상위 원칙을 통해 모색한다. 같은 전통에 서는 롤즈의 경우도, 행위자 자신의 사적 정보를 적절히 통제해 주는 무지의 베일을 쓰고 있는 상태에서 그 원리를 찾기는 마찬가지이다. 공평하고 중립적인 지점에서 이루어진 판단이나 합의는 객관적이고 보편타당한 것으로서 윤리적 정당성을 갖는 반면, 그런 지점에서 합의를 찾을 수 없는 문제의 경우, 그것은 정의와는 무관한 것으로서 각자의 가치관의 기초 위에서 행위할 자유를 각자에게 남겨둔다는 것이다. 종교적 신앙이라든가, 임신 중절, 섹슈얼리티 등등에 대해 입장들간의 대립적 갈등은 이런 객관적인 지점에서의 합의를 찾을 수 없으며, 따라서 이런 쟁점에 국가는 개입하지 말아야 하며, 양 입장을 자유의 원칙에 의해 허용해야 한다는 것이다.[2]

이상의 논의로부터 우리는 그들이 채택하고 있는 윤리관을 정리할 수 있다. 그것은 윤리란 옳고 그름의 판단의 대상이 되며, 그런 판단을 통해 찬양과 처벌을 판결하는 문제라는 것, 더 나아가서 그것은 행위자들을 통제하고 강제하는 것이라는 것, 따라서 그것은 공적이고 객관적인 기준의 마련이 가능한 주제들에 한정하여 윤리학은 탐구되어야 한다는 것으로 요약된다.[3] 이것이 윤리학의 보편적 타당성과 삶의 다원적 가치를 이원화시킴으로써 자유주의적 윤

---

2) 졸고(2001), "도덕적 갈등과 다원주의" 참고. 자유주의적 방식이 추구하는 목표는 요약컨대 이렇다. 동료 인간들에 의해 자신에게, 또는 그 역으로 자신이 다른 동료들에게, 부가해도 좋은 것이 무엇인가를 결정하는 데 있어서, 각자가 결단한 실질적인 가치관보다 우선하는 최대한 공평한 옳음의 기준(a maximally impartial standard of right)을 마련하려는 데 있다는 것이다. Thomas Nagel, "Moral Conflict and Political Legitimacy", *Philosophy & Public Affairs*, 1987, p.239.

3) 그것은 취향처럼 전적으로 주관성이 중심이 되의 문제로 분류되곤 한다. 윤리학적 주제가 되기에는 지나치게 사적 감정이 개입되기 때문인가? 아니면 그것은 어떤 삶을 살기로 하는가와 관련된 개인적 선택의 문제로 보기 때문인가? 섹슈얼리티는 사적인 문제, 자율의 영역에 속하는 문제로 취급된다.

리가 이룩한 다원주의 윤리학이다.

다원주의 윤리학이 취한 이 같은 이원화가 과연 강제와 자율, 정당성과 다원성을 합치시킨 절묘한 선택인지 여부는 면밀한 검토가 필요하다. 다른 것은 제쳐두고라도, 이런 강제가 정당한 공적 윤리와 자유의 원리가 강조되는 사적 윤리로 그 영역을 분리시키는 것은 우리가 경험하는 도덕성을 대변하는 일상적 윤리관과는 상당한 차이가 있는 것처럼 보인다는 것이다. 적어도 상식적 관점에서 임신 중절, 섹슈얼리티의 여러 쟁점들이 윤리적 고려의 대상이 될 수 없다는 것은 이상하기 때문이다.4)

좋은 삶의 문제와 도덕의 문제를 분리시키는 데 대해 하버마스를 비판하는 벤하비브는 '도덕적인' 것과 '개인적인' 것을 대비하여 개념화하는 그의 주장을 매우 '이상한 것'이라고 평가한다. 그것은 "보살핌의 사려를 이끌어내는 사랑, 우정, 친애, 섹스의 영역들은 보통 결혼이나 이혼의 문제 같은 개인적인 의사 결정 영역으로 이해되어야 한다"는 주장만큼이나 우리의 도덕적 직관과 어긋난다는 것이다.5) 소위 탈주술화된 근대 사회에서조차, 우리를 차지하거나

---

4) 이 같은 이원화가 결과적으로 윤리학을 상식적 윤리관 또는 현실의 문제들로부터 동떨어지게 만든 것처럼 보인다.

5) 예컨대, 피터 싱어는 자신의 윤리관을 밝히는 부분에서 성을 윤리적인 논의의 대상이 될 수 없는 첫 번째 것으로 제시하고 있다. "성은 전혀 특별한 문제를 일으키지 않는다. 성과 관련된 문제를 다룰 때 정직성, 타인에의 배려, 사리 분별 등이 고려 사항이 된다. 그러나 이러한 점에 있어서 성에는 아무런 특별한 것이 없다. 왜냐하면 똑같은 것이 자동차 운전과 관련된 문제를 다룰 때에도 해당되기 때문이다. 사실 자동차 운전이 야기하는 도덕적 문제들이, 환경적인 관점에서든 안전의 관점에서든 성행위가 일으키는 문제들보다 더욱 심각하다. 따라서 이 책은 성 도덕에 대해서는 논의하지 않는다." 피터 싱어(황경식 역), 『실천 윤리학』(철학과현실사,

우리에게 가장 깊이 연관되어 있는 도덕적 쟁점들은 합의의 윤리가 중심 과제로 삼아온 경제적·정책적 정의의 문제에서만이 아니라, '혈연, 사랑, 우정, 성의 영역'에서 타인과 갖는 관계의 질로부터 오는 것이 사실이기 때문이다. 그녀는 다음과 같이 말한다.

> 우리는 시민으로서의 우리의 정치적 삶의 초라함을 비탄해 마지않고 더욱 약동하고 추진력 있는 공민적 삶을 열망할지 모른다. 또한 우리의 경제적 분배 제도들이 지구상의 백만 인구의 기본적 필요조차 만족시키지 못할 만큼 매우 부정의하고 부도덕하다는 사실에 강력히 저항할지 모른다. 그러나 이 어떤 것도 민주 시민이며 경제적 행위자인 그들을 가장 깊숙한 데서부터 건드리는 도덕적 이슈들은 개인적인 영역에서 일어난다는 사실을 외면하게 하지는 못한다.6)

비판의 핵심은 좋은 삶에 대한 평가 문제로부터 도덕적 쟁점으로서의 정의의 문제를 구분하는 논변들이 성공적이지 못함을 지적하는 데 있다.

뿐만 아니라, 일상 속에서 심각한 갈등을 생산하는 이들 쟁점들이 윤리학적 탐구에서 제거될 때, 다시 말해 이들이 생산하는 실질적 갈등을 개인의 자율과 정치적 중립이라는 이름으로 남겨둘 때, 그 현실적 효과가 갈등 당사자들에게 결코 동일하지 않다는 점이다. 이런 실천적 상황에서 갈등을 합의의 원칙에 따라 단지 허용하기만 하는 것은 문제를 방기하는 것으로서, 해결이 될 수 없음이 분명하다. 따라서, 중립성이라는 이름으로 개입하지 않는 것은 현

---

1991).

6) Seyla Benhabib, *Situating the Self*(Polity Press, 1992).

실 속에서 관련 당사자들에게 결코 중립적이지 않은 결과들을 가져온다는 사실에 좀더 주목할 필요가 있다.

예컨대, 성 매매, 포르노그라피 등등의 성의 상품화를 두고 대립 갈등하는 입장들에 대해 국가가 중립성을 지킨다는 것은 무엇을 뜻하는가? 그것은 곧 이들 성의 상품화를 허용한다는 것을 의미한다. 결과적으로 그것에 반대하는 이들의 가치관, 삶의 이상 등을 무시하고 있는 것이다. 인공 중절이나 장기 매매 등등의 경우도 마찬가지이다. 그렇다고 이것이 그런 쟁점에서 금지를 강제해야 한다는 주장으로 오해될 필요는 없다. 이들 근본적 가치나 실질적 가치 등이 경합하는 구체적 상황에서 어떤 선택도 중립적 지점에 남아 있을 수 없으며, 의지하든 의지하지 않든 실질적인 어느 한 쪽을 선택하는 효과를 갖는다는 점에 주목해야 한다는 것을 말하고 있을 뿐이다. 그리고 이것은 윤리학이 이들 문제들을 다루어야 하며, 그것이 실질적 가치의 갈등의 맥락에서 어떻게 다루어져야 하는가를 결코 외면할 수 없다는 것을 함의한다.

이상의 지점들을 고려할 때, 합의적 절차의 공정성에 규범적 정당성을 기초 지우려는 시도들은 실제로 다원주의를 인정하는 입장이라고 보기 힘들다. 컥스(John Kekes)가 자유주의와 다원주의는 양립 불가능하다고 주장하는 까닭도 여기에 있다.[7] 다원주의는 다른 가치들보다 우선함이 정당화될 수 있는 어떤 특별한 가치도 없다는 입장에 개입하는 데 반해, 자유주의는 특정 가치들 간에 갈등이 있을 경우 자유주의자가 선호하는 특정 가치, 예컨대, 공평성,

---

7) John Kekes, *The Morality of Pluralism*(Princeton University Press, 1993), p.199.

객관성, 중립성 등의 가치가 다른 가치에 대해 우선한다는 입장을 취한다는 것이다. 결국, 다원주의 윤리학을 정립하기 위해 이들이 평가의 문제와 규범의 문제를 분리를 주장했지만, 실은 공정하고 무사적이며 비관계적인 덕을 중심으로 하는 특정한 삶의 방식에 헌신(commit)하고 있음이 드러난다.8) 실천적 맥락에서 자유주의는 같은 삶의 방식에 들어오지 않는 이들을 수용할 수 없다는 점에서 억압적일 수 있다.


## 2. 합의의 윤리와 그 도덕적 한계: 배제, 소외, 주변화

합의가 결코 규범적 정당성을 보장하는 기초가 될 수 없다고 주장하는 레셔(Rescher)는 그의 『다원주의』에서 이상(ideals)과 이상화(idealization)의 개념 구분을 통해 이를 논증하고 있다. 이상이란 그 실현이 긍정적으로 평가될 수 있는 것, 또는 바람직한 것으로 여겨지는 어떤 것이라 정의할 수 있다. 예컨대, '자유', '평등', '우애' 등이 그것이다. 그것은 실천적 영역에 속하는 가치로서, 우리의 실제 행위의 방향을 인도한다. 이상을 추구하는 실천적 활동에 의해 그 이상이 실현되었을 때 그 사태는 분명히 '좋은 것'이다. 다시 말해, 올바르게 사유하는 사람이라면 누구나가 그 실현을 열망하고 추구해야 할 본래적으로 좋은 어떤 것들이라는 말이다. 이와

---

8) 이 문맥과는 반대로, 어떤 이들은 이 점을 오히려 좋은 삶에 대해 이야기할 수 없다는 공동체주의로부터 제기되는 비판에 대해 자유주의 윤리가 반박할 수 있는 지점으로 삼기도 한다. 참고, 권용혁, "열린 공동체주의를 향하여", 『철학연구』, 제55집, 2001, pp.225~243.

달리, 이상화는 실제의 어떤 한계 혹은 결점이 제거된(예를 들어, 예민하고 정직한 사람들로만 이루어진 유토피아) 일종의 가상적 투사(the projection of a hypathesis)이다. 따라서 이상화는 추구되어야 할 실천적 가치가 아니라, 일종의 사유의 도구이다. 즉 현실화되는 것은 실제로 전혀 가능하지 않지만, 그런 식으로 생각해 보는 것이 유익할지도 모를 가상적 사태인 것이다.

요약하자면, 이상은 가치이나 이상화는 특정한 사유를 위한 도구이다. 때문에 행위는 이상을 추구해야 하지만, 이상화가 행위를 인도해야 할 근거는 없다는 말이다. "영원히 봄이 지속되는 세상은 우리가 그런 세상을 얻을 수 있다면 살기에 좋을 것이지만, 그런 방향으로 노력과 에너지를 사용하는 것은 의미가 없는 것이다". 이 때문에 레셔는 "적극적으로 평가된 이상화가 필연적으로 정당한 이상을 구성하는 것도 아니다"라고 말하고 있다.

레셔의 이상과 이상화의 개념 구분이 합의의 상태나 상황에 대해서도 적용될 수 있다. 왜냐하면 모든 이들 간에 이루어진 합의란, 모든 이들이 추구해야 할 이상적 가치가 아니라, 단지 이상화일 뿐이기 때문이다. 사상이나 의견의 통일을 추구하는 것이 무조건적으로 좋은 것이라는 관념, 곧 합의가 이상이라는 생각은 매우 위험한 것이다. 합의는 일반적으로 우리가 실제로 우리의 인식적 또는 실천적 사태를 진행해 가는 방식을 규제해야 할 이상이 아니다.

> 합의는 진리의 규준도, 가치의 기준도, 도덕적 혹은 윤리적 적당성의 지표도, 협동을 위한 예비 조건도, 정의로운 사회 질서를 위한 자치 공동체적 명령도, 그 자체 적당한 이상도 아니다.9)

여기에서 한걸음 더 나아가, 이상화된 절차를 통해 도출된 원칙에 우리의 행위가 따라야 할 필연적 이유가 없다고 말할 수 있다. 이상화가 일종의 사유의 한 방식이라고 언급한 데서 시사하듯, 이상화는 여러 가지 내용으로 구성될 수 있기 때문이다. 영원히 봄이 지속되는 것에 대해 그 지루함을 견딜 수 없어하는 이가 있을 수 있듯이, 무엇을 이상적인 것으로 보아야 하는지가 선험적으로 주어져 있는 것은 아니다. 또한 영원히 지속되는 봄을 상정하는 데서 도출된 삶의 방식이 실천적 규범으로서 작동 가능할지가 문제되며, 작동 가능하다 하더라도 그것이 문제스러울 가능성은 얼마든지 있다.10)

근본적 가치의 다원성을 갈등의 원천으로 보고 이의 해결을 윤리학의 목표해야 한다는 견해는 현대 윤리학에서 뿐만 아니라 윤

---

9) Nicholas Rescher, *Pluralism: Against the Demand for Consensus*(Oxford: Clarendon Press, 1993), p.199.

10) 합의에 기초한 정의의 원리가 기본적 인간 삶의 필요를 보장하는 실질적인 복지 문제에 있어 최선이라는 정의론자들의 주장에 대해서도 레셔는 다른 견해를 주장한다. "여러 맥락에서 공동체의 이익은 그 안의 분파들이 갖고 있는 파편화된 믿음과 가치들에 의해 가장 잘 제공된다. 예를 들어, 어떤 그룹의 사회복지는, 통상 서로 다른 정치적 하위-단위들이, 다른 정책을 추구하고 다른 프로그램들을 채택함에도 불구하고, 대안적인 평가를 시험할 수 있는 근거들을 제공할 수 있을 때 가장 효과적으로 조달된다. 그리고 (그것은) 한 그룹의 자치적인 복지는 일반적으로, 다른 종교 또는 문화적 '분파'나 '사상 학파'가 다른 개인적 필요나 성향을 갖고 잇는 개인들에게 그들의 뜻에 맞는 안식처(시설)를 제공할 수 있을 때, 더욱 효과적으로 제공된다(는 사실에서도 확인된다). 합의는 따분함, 복지부동, 정체, 자기 만족의 원인일 수 있다. 다양성을 거대 통일성으로 대치하는 합의가 오히려 지평의 협소화를 초래하고 선택의 폭을 축소시켜, 일을 파괴적으로 망쳐놓을 수 있다." N. Rescher(1993), p.197.

리학사 전체를 관통하고 있는 것이 사실이다. 앞절에서 이미 검토했듯이, 개개인의 자율성을 보장하기 위해 마련된 합의의 장치, 공정성을 보장하는 절차가 오히려 어떤 이들에게는 억압적 명령일 수 있음을 부인하기 어렵다. 무지의 베일을 쓰고 원초적 입장에서 합의한 기본적 가치들의 분배 원리에 의해 운영되는 사회에서 여전히 남게 될 배제와 소외, 주변화와 무기력의 문제가 같은 정의론의 맥락에서 정교하게 탐색되고 있다.11) 여기에서 아이리스 영(Iris M. Young)의 논의는 주목할 만하다. 합의할 수 있는 원칙이 정의의 기초가 되었을 때 그것은 차이를 중요하게 고려하지 않는 결과를 갖기 때문이다. 그 한 가지 결과는 윤리적 전유, 도덕성의 전유에 의해 일어난다.12)

## 3. 조밀한 개념으로서의 윤리학

실제로 우리는 (도덕이란) 그림에서 무엇을 보아야 하는가를 논하기 이전에 이미 그것을 나름대로 보고 있다. 어떤 것을 소중해하는 것, 즉 가치로운 것으로 여기는 것은 그것이 그럴 만하다고 판단하는 것이 아니다. 판단 이전의 경험이다. 우리는 어떤 것에 대한 평가적 경험을 하고 있는 것이다. 또한 어떤 것을 해야 한다거나 할 수 없다는 경험 역시 마찬가지이다. 이것은 윤리학이 출발 지점으로 삼아야 할 도덕적 사실이다.

---

11) Iris M. Young, *Justice and the Politics of Difference*(Princeton University Press, 1990).
12) 참고. 이 부분은 이미 앞장에서 자세히 다루어졌다.

우리의 평가적 경험에는 칸트식으로 사용(use)과 존중(respect)의 두 가지 축 위에서만은 설명할 수 없는 훨씬 복잡한 층위(사랑, 존경, 감사 등)들이 태도들이 존재하며, 각 다른 층위들은 반성(reflection)과는 다른 방식의 지각, 고려, 숙고 등의 다양한 사유 및 경험의 방식들과 연결된다.13) 이를 부정하려 할 때, 그 윤리학이 처방하는 요청과 행위자의 도덕적 경험 사이에는 심각한 균열이 발생한다. 그로부터 심각한 자기 부정의 경험을 강요하는 도덕적 요구가 일어난다. 합의를 중심으로 하는 사회가 개념화하는 윤리 속에서는 심각한 도덕적 쟁점들이 방치되거나, 아니면 윤리적 자기정합성(integrity)을 부정해야 하는 경우들을 피할 수 없는 것이다.

우리가 추구하는 통약 불가능한 이상들이 있으며, 우리의 평가적 태도 역시 다양하며, 그것을 개념화하는 방식이나 사회적 실행 또한 다양하다는 것을 인정하는 한, 합의의 관점과는 다른 지점에서 접근하는 다원주의 윤리학을 발전시킬 것이 요구된다. 그것은 합리적으로 해결이나 해소가 불가능한 실질적인 도덕적 갈등들이 있음을 인정하는 방식이다. 더 나아가서 이들 불일치를 해결하거나 제거해야 할 갈등으로 볼 것이 아니라, 차이의 문제로 보는 방식이다. 합의나 진리에 의해 판결되는 통일된 체계가 윤리적 최선이어야 할 까닭이 없다면, 그것을 차이로 보는 관점에서 취하게 될 윤리의 다원성을 승인하는 것(pluralism of ethics)이다.

어떤 특정한 원리 아래 이들 다원성을 위계적으로 체계화하는

---

13) Elizabeth Anderson, *Value in Ethics and Economics*(Harvard University Press, 1993).

것이 아니라, 행위자들의 자기성실성과 진정성을 중요하게 취급하는 윤리학을 대안으로 생각해 볼 수 있다. 그리고 그 진정성의 윤리는 좋은 삶과 정당성의 규범이 분리되지 않는 맥락 속에서 구성된 조밀한 개념들로 짜여진 덕 윤리의 접근 방식을 채택하게 될 것이다. 그리하여 구체적인 행위자의 의지나 의도, 성품, 덕목이 형성되는 사회 문화적 상황에 주목할 것이다.

핵심은 죄의식, 회한, 수치, 분노, 자긍심 등의 정서적 상태로 구체화되는 일상의 도덕경험을 합리성/정당성의 차원에서 재해석하고 옳고 그름의 판단으로 환원시켜 버리는 것이 아니라 그것을 도덕성의 기본 자원으로 삼아야 한다는 말이다. 우리가 도덕적인 것으로 경험하는 것들을 통해, 어떻게 판단하고 생각해야 하는가를 탐구해야 한다. 이것은 윤리학이 일상의 도덕경험과 만나야 한다는 것을 의미하는 것이기도 하다. 그런 만남의 지점에서 출발하여, 윤리학은 이런 경험들을 말이 되게 하는 작업으로 이해되어야 한다.

이 같은 맥락에서, 맥도웰이나 윌리엄스는 윤리학에서 공허하고 형식적일 수밖에 없는 '옳음', '그름', '선', '악'과 같은 성긴(thin) 개념들 대신 실질적인 내용을 갖는 '용기', '절제' 등의 조밀한(thick) 덕 개념들을 더 기본적인 개념들이라 여긴다. 이들 개념들은 우리들이 '왜'라는 물음이 더 이상 필요치 않은 자명하다고 생각하는 것들, 그리고 왜 그것이 그렇게 자명한 것인지 해명한다는 것 자체가 무의미한 것들, 이런 것들을 공유하는 삶의 공동체 안에서 비로소 그 의미를 갖는다. 이때 덕 개념은 정의(define)되는 개념이 아니다. 정의를 통해 주어진 개념을 이해하려는 시도는 덕의 본질을 상정하는 데서 비롯된다. 그러나 덕은 이미 결정되어 있는 본질을 갖는 것이 아니다. 무엇이 덕인가는 상황 속에서 분별되기 때문에 우리는 '덕'이라는 용어가 사용되고 있는 구체적 맥락을 통해 그것이 무엇인지를 파악한다. 제대로 된 사용과 잘못된 사용을 구분해 줄 일반화되고 보편화된 어떤 기준이 선재(先在)하지 않는다. 그것은 그 개념을 사용한 판단에 반응하는 공동체에 의존한다. 이런 점에서, 어떤 사회에서 사용되는 덕 개념을 파악할 수 있다는 것은 곧 그 개념이 사용되는 삶의 형식을 파악한다는 의미이다. 그것은 그 삶의 형식을 공감하고 공유한다는 뜻이기도 하다. 왜냐하면, 그 삶의 형식은 그 삶 바깥에서는 결코 원리적으로 설명되거나 이해될 수 없는 것으로서 그 삶 안의 관점에서만 가늠되는 것이기 때문이다. (덕을 기본으로 하는) 도덕이란 구체적인 삶의 조건이나 내용들을 추상한 일반 원리로부터 개별적인 상황에 적용되는 것이 아니라, 구체적인 삶의 경험들을 통해 그 경험들 속에서 그 모습을 드러내는 것이다.

'옳음', '그름', '선', '악'을 기본 개념으로 삼는 윤리이론에서는 그 구분의 기준이나 원리가 무엇인가에 학문적 논의가 집중되는 반면, 덕 개념을 기본으로 하는 윤리이론들은 어떤 상황적 맥락에서 그 개념들이 사용되는가가 논의의 중심이 된다. 전자가 구체적 상황을 초월한 보편적 맥락에서 발견되는 논리를 발견하고자 하는 반면, 후자는 구체적 맥락과 분리될 수 없는 행위 규범을 파악하려 하는 것이다. 여기에서 개인적인 것과 공적인 것, 삶의 가치와 규범적 정당성은 서로 분리될 수 있는 것이 아니라 상호 구성적 관계이다. 따라서 이들을 이분화하는 경계를 상정하는 것은 무의미하다.

이상의 덕 윤리는 다양한 윤리 개념의 길을 열어놓는 것처럼 보인다. 서로 다른 삶의 경험들과 삶의 전통들이 존재한다는 사실을 고려할 때, 통시간·공간적이고 보편적인 하나의 도덕개념만이 진리라는 관념은 분명 거부되어야 할 것이기 때문이다. 이제 여기에서 윤리의 다원성을 말하는 것은 실제적으로 보인다. 여성들이 공유하는 삶의 형식으로부터 출현하는 여성들만의 독특한 도덕적 지각은 남성들과는 상황을 다르게 읽어낼 수 있을 인정할 수 있다. 그것은 여성이 세상을 이해하고 경험하고 평가하는 관점에서, 즉 여성의 삶의 질서를 공유하는 관점에서 바라보지 않으면 결코 이해될 수 없는 상황 파악일 것이다. 여성들 고유의 상황 파악은 그 상황에서 무엇이 의미 있는가, 무엇을 해야 하는가에 대한 여성들 특유의 판단에로 인도할 것이다. 이상의 논변은 소위 '여성적인' 활동을 수행하는 삶의 방식을 공유하는 이들이 갖게 되는 그들만의 독특한 삶의 이상이나 사유의 방식이 있음을 승인하는 것이다.

실천적 맥락 속에서 그 의미가 밝혀지는 조밀한 개념의 윤리학이 항상 다원적인 윤리를 인정하는 것은 아니다. 아리스토텔레스의 덕 윤리나, 유교의 덕 윤리가 살아야 할 바 삶의 형식의 다원성을 받아들이지 않았듯이, 덕 윤리가 곧바로 윤리의 다원주의와 연결되는 것이 아님은 명백하다. 이들은 관계를 기능적인 것으로 파악하게 하는 형이상학적 최고선을 설정함으로써 관계 속에 있는 권력, 갈등의 문제를 조화의 문제로 해소해 버리면서 기존의 관계를 유지하는 데 기여해 왔다.

그러나 세계화 시대라고 말해지는 지금의 사회는 어떤 공동체도 외부와 단절되어 있는 사회가 아니라는 점에서, 전근대적인 일원주의적 덕 윤리로 전개되기는 어려우리라 보인다. 삶의 방식이 다른 타지인들과의 대면이 일상화된 상황에서 덕 윤리의 담론이 일

원론적인 덕 윤리의 부활로 인도하기는 사실상 불가능하다고 생각
되기 때문이다.


## 4. 공유하는 이해와 실천적 합리성

끝으로, 조밀한 개념들의 사용 방식에 주목하는 덕 윤리를 전개
함에 있어 제기될 비판들을 살펴보자. 중요한 비판은 그것이 비민
주적 정치질서를 합법화할 위험이 있으며, 도덕적 보수주의로 나
갈 가능성이 높다는 비판이다.

셰플러는『인간적인 도덕성』에서 근대 윤리학에 대한 덕 윤리
론자들의 비판은 부당한 것이라고 반론한다. 그는 옳음의 근본 원
리를 통해 실천적 상황에 접근하려는 원칙 중심적 윤리학이 갖는
중요한 두 가지 점을 지적한다. 그가 지적하는 한 가지는 사회적이
고 정치적인 삶에서 도덕원리들의 기능과 관련된 것이다.

> 사회 안에서 도덕원리들에 대해 토론하고 명료화한다는 것은
> 기존의 권력과 특권의 전체 배치에 대한, 좀더 일반적으로 말해서
> 기존의 사회제도와 관행들에 대한 도전을 공식화하고 판결하기
> 위한 하나의 공유하는 거점을 제공한다. 이상적으로, 그것은 모든
> 이가 이해할 수 있는(access), 그리고 그로부터 아무도 제외되지
> 않는 공적인 해명의 표준을 제공한다. 아무리 가난하거나 힘이 없
> 거나 사회적으로 주변적인 사람이라 하더라도, 아무리 영향력과
> 특권의 중심부에서 멀리 떨어져 있는 사람이라 하더라도, 도덕원
> 리들을 끌어들임으로써(invoke), 아무리 부자이고 힘있는 사람이
> 라 하더라도 무관함을 주장할 수 없는 도덕원리의 체계들의 언어

로 불만을 표현하거나 문제를 지적할 수 있다.[14)

오히려 이런 점을 볼 때, 덕 중심 윤리학이 갖는 사회·정치적인 함축들이 더 위험하다는 것이다. 현실 공동체 안에서 체득되는 덕 개념을 기본 개념으로 하는 윤리학은 자칫 구체적인 판단 능력을 갖춘 자들의 판단에 의존하는 엘리트주의로 나가거나 도덕적 판단을 각자에게 일임하는 실천적 지혜의 사유화를 초래할 위험이 있다는 것이다.[15) 이상의 그의 지적의 타당성을 일면 인정하면서도, 우리는 덕 윤리론자들 역시 여기에 대해 할 말이 있음을 지적해 두어야 할 것이다. 먼저 앞의 비판에 대해서는 셰플러가 덕 중심 윤리학자들이 말하는 실천적 지각, 실천적 합리성이라는 것에 대한 오해를 하고 있다고 말할 수 있다. 덕 윤리에서 언급되는 감각이니 지각은 결코 그들이 의미하는 바 '개인적'인 것도 '주관적'인 것도 아니다. 그것은 삶의 공동체 안에서 시행착오의 과정을 거쳐 획득된 능력으로서 결코 사적인 성격의 것이 아니다. 그것은 성문화될 수는 없지만 공유하는 감각과 판단과 지각 위에서 (원칙 중심 윤리학자들이 제시하는 원칙들이 하는) 기능을 할 수 있다. 어차피 덕 중심 논의에서는 개인과 사회, 주관과 객관의 이분법이

14) Samuel Scheffler, *Human Morality*(Oxford University Press, 1992), p.12.
15) 같은 책에서 그는 다음과 같이 말한다. "이런 방식으로, 그런 원리들의 공적인 명료화는 도덕적 관점의 자유주의적 특성을 반영하며, 도덕을 사물화(privatization)하려는 시도들, 즉 도덕적 관념이나 도덕적 진리에 접근할 수 있는 특권을 가졌다고 엘리트들에 의해 주장되는 그 주장이 갖는 비합법성을 폭로한다. 도덕원리들이 이들 기능을 가질 수 있다는 notion은 합리성에 관한 혼란에 근거해 있지 않다. 그것은 도덕적 사유 안에서의 개인적인 감각, 판단 및 지각의 불가결한 역할들에 대한 전적인 인식과는 어떤 식으로도 양립 불가능하다."

원칙 중심 윤리에서 상정하는 것처럼 그렇게 명백하다고 보지 않는다.

그러나 이상의 논변은 셰플러의 우려에 대처하기에 충분한가? 그것이 엘리트주의나 실천적 지혜의 사유화에 대한 우려를 불식시키기에는 충분할지 모르나, 덕 윤리가 인습주의적(conventiona-lism) 윤리관을 대변하는 보수주의 윤리란 비판에 대응하지 못했다고 볼지도 모른다. 인습주의라는 비난에 대해서는 다음과 같이 말할 수 있다.

인습주의란 "사회에 만연해 있는 규범이라면 무엇이든 간에 그것에 따르는 행위가 적절한 행위라고 주장"하는 입장이다. 그러나 이 글이 제시한 덕 윤리는, 윤리적 개념을 사용하는 데서 현존하는 사회적 규범들을 무조건적으로 따를 것을 요구하지 않는다. 반대로 사회 구성원들의 진정성을 언어화해 내지 못하는 사회적 질서에 대해 비판할 수 있다. (길리건의 이중 그림의 경우를 상기해 보라.) 따라서, 공유하는 삶의 이해를 덕 윤리가 강조하는 것은 인습주의를 반영하는 것이라기보다, 실천적 합리성의 반개체주의적 (anti-individualism) 성격을 반영하는 것으로 해석해야 한다. 개체적 개인이 실천적 합리성의 자족적 담지자가 될 수 없음을 말하고 있는 것이다.

실천적 합리성은 행위자가 자신의 태도를 행위를 통해 적합하게 그리고 소통 가능하게 표현할 사회적 규범의 맥락을 요구하며, 타인들이 파악할 수 있는 방식으로 그것을 표현할 사회적 규범의 맥락을 요구한다.[16] 한 사회가 그 구성원의 반성적으로 승인된 가치

---

16) "한 행위의 합리성 여부는 행위자가 참여하는 해석 공동체에서 상호주관

평가들을 적합하게 표현하는 데 요구되는 사회적 규범들을 결하고
있다면, 그런 규범을 제안하고 제도화하는 것 역시 가능하다. 이
가능성이 덕 윤리에서 부정될 이유가 없다. 공유하는 이해의 강조
가 그것의 무조건성을 주장하는 것으로 해석되는 것이 잘못이다.
공유하는 이해 위에서 말이 되는 진정성 역시 그 자체 영원불변의
가치를 갖는다거나 합리적 비판으로부터 완전히 면제된 윤리적 가
치를 갖는다고 말하는 것이 아니다. 공유하는 이해가 실천적 영역
에서의 비판적 사유 능력을 무기력하게 만들 만큼 절대적이지도
결정적이지도 않기 때문이다.[17]

　공유하는 이해를 떠나서는 말이 될 수 없는 그런 개념들을 사용
하면서도 그 맥락에 따른 사용의 비일관성이나 의미들 간의 비정
합성을 문제삼을 수 있다. 공유하는 이해와 비판적 사유의 방법은
길항 관계에 놓이며, 그 관계 속에서 공유하는 이해의 부분들 자체
가 변화해 갈 수 있다.[18] 공유하는 이해는 고정되고 확정된 것이
아니라 변화 속에 있는 과정적인 것이다.

---

　　적으로만 평가될 수 있다. 순수하게 행위자 '나름대로의' 합리적 판단도
　　없고 어떤 유형의 행위는 언제나 합리적이라고 확정해 놓을 수도 없다.
　　… 합리적 행위란 참여자의 상호주관적인 관점에서 충분한 이유에 의해
　　뒷받침된 행위이다." 장춘익, "실천적 합리성은 목적 합리성과 다른 독자
　　적인 지위를 갖는가", 『철학연구』, 제56집, 2000, pp.316~318.

17) 공유하는 이해 속에서 윤리적 의미들이 구성된다고 보는 입장이, 정합성
　　비판이나 반성적 평형, 성찰적 자기 비판과 같은 인간의 비판적 사유 능력
　　을 부인한다고 볼 하등의 근거가 없다.

18) 노이라트의 배의 비유를 여기에도 사용할 수 있다. 배의 수선(변화)은 부
　　분적으로(점진적으로) 이루어질 수밖에 없지만, 어느 시점에 이르렀을 때
　　그 배는 과거 어느 시점의 배와는 전혀 다른 배일 수 있듯이, 공유하는 이
　　해의 변화 역시 같은 식으로 설명할 수 있다.

실천적 영역에서 반성적 비판에 의해 마련된 성긴 개념을 기본으로 하는 규범적 정당화가 더 인습적인 부정의를 다루는 데 더 우선적이라는 셰플러의 논의만 하더라도 그렇다. 정당화의 규범만 하더라도, 정당화의 근거 문제가 무한히 제기되는 것이 아니다. 정당화는 더 이상 논증이 불필요한 지점, 즉 공유하는 이해의 지점에서 완성된다. 이것은 정당화가 정확히 우리가 끝내고 싶어하는 곳에서 항상 끝난다고 말하려는 것이 아니다. 정당화되지 못할 것은 아무 것도 없다는 뜻도 역시 아니다. 정당화의 과정에서 요구되는 비판 사고가 사회 변화의 중요한 도구였으며, 정당화 작업은 계속해서 부정의하고 비인간적인 정책들, 관행들 및 제도들에 대항하는 중요한 압력의 수단이 될 수 있음을 부정하는 것도 아니다.[19] 단지, 공유하는 이해와 정당화의 관행이 서로 배타적이지 않음을 주장하는 것이다. 공유하는 이해 없이는 정당화의 실천적 기능은 발휘될 수 없음을 말하는 것이다. 그리하여, 실천적 규범의 정당성은 이상화된 조건에서 도출되는 합의보다 훨씬 느슨한 '공유하는 이해' 위에서 구성된다는 것을 재확인하는 것이다.[20]

이밖에도 우리는 우리에게 익숙한 덕 윤리를 더욱 객관화하기 위해 다른 탐구의 방법들과 제휴할 필요가 있다. 거기에는 현재 개념들의 기원을 밝혀줄 개념사적 연구, 악의적이고 자기 기만적 동

---

19) cf. Samuel Scheffler, *Boundaries and Allegiances*(Oxford University Press, 2001).

20) 그것은 윤리적 상식에 호소하여 그 정당성을 확보하곤 한다. 이때, '공유하는 이해'란 인식적 실재라기보다 실천적 실재이다. 때문에 인식적 차원에서 접근되어야 할 것이 아니라 오히려 실행으로 접근되어야 할 어떤 것이다. 그것은 맥락적이며, 사회 역사적이며, 인습적이라는 점에서 보편적이라기보다 국지적이다. 이들 국지적인 실행들로 구성(constitute)된다.

기가 어떻게 개념의 비정합성을 은폐하고 승인해 왔는지를 밝힘으로써 현재 우리가 공유하는 이해가 얼마나 모순적인 것인가를 드러내줄 계보학적 방법, 실행 가능한 대안을 제공해 줄 다른 문화권의 도덕적 실행들에 대한 인류학적 조사 연구, 여전히 사용되고 있지만 이미 그 개념을 의미 있게 해주던 사회적 조건이 사라져버렸음을 보여줄 사회이론 등등이 포함될 것이다.21)


## 5. 차이와 갈등을 넘어서

이상의 논의는, 이성이 명령하는 오직 한 가지 가능한 해결책만을 받아들여야 되는 것으로 실천적 문제들을 해석하는 전통적인 합리주의나, 모든 종류의 입장을 개인적인 이익, '취향의 문제', 정치적 권력 등등의 다른 여러 비합리적 요인들로 환원하거나 해소해 버리는 포스트모던 상대주의 둘 다를 피하면서 그 사이에서 전개되었다. 그것은 합의가 중심이 되는 다원주의 윤리를 넘어서면서도, 자신과 다른 입장들과의 대면에서 자신의 입장에 정합한 선택을 할 수 있는 윤리를 모색하기 위한 것이었다.

다원적 가치를 긍정하는 맥락에서 필요한 윤리는 도덕적 갈등을 합리적 해결에 의한 제거의 문제로 보도록 만드는 것보다는, 상대 입장의 이해 가능성을 부정하지 않으면서 자신의 입장을 견지하도

---

21) 다소 다른 맥락에서 이들 방법들을 고려하고 있는 Elizabeth Anderson (1993)은 이밖에도 과학이 인과적 지식과 양립할 수 없는 규범적 편견들을 제거하고, 실현될 수 없는 실천적 이상들이 무엇인가를 밝혀주는 역할을 할 수 있다고 말하고 있다.

록 해줄 관점을 우선적으로 제안한다. 나와 반대되는 상대방의 입장도 합당할 수 있다는 것을 인정하면서도 나의 입장을 견지시킬 수 있는 능력은 윤리 다원주의가 도덕 행위자에게 요구하는 기본 능력이다. 그것은 바로 상대의 윤리적 태도를 돌보면서 성장하는 능력이다. 그것은 갈등을 옳고 그름의 구도에서 파악하는 것이 아니라, 서로가 처지가 다른 데서 비롯되는 차이의 문제로 그 상황을 바라볼 수 있는 능력을 요구한다. 자신과 상대를 객관화해 보는 것은 자신의 입장에 대한 회의주의를 함의한다고 주장되곤 하지만, 그것은 사실이 아니기 때문이다. 그것은 나와 다른 입장에 상대방이 설 수 있다는 것을 받아들이고 그 차이를 인정하는 것이 곧 무조건적으로 그의 입장을 지지한다는 것을 뜻하지 않는다.

갈등을 차이로 보는 관점이, 상대주의에 빠지지 않기 위해서는, 상대와 나에 관한 더 많은 정보와 지식들이 필요하다. 단지 옳고 그름의 판단 문제로 접근하는 데서는 시비를 가려줄 도덕 원칙이나 기준만으로 충분했겠으나, 차이의 관점은 상대와 나의, 진정성과 같은, 실천적 맥락에서 주어지는 근본적 경험들을 의미 있게 (make sense) 해주는 맥락, 즉 사회, 문화, 역사 등등 삶의 다차원적 맥락들에 대한 다양한 탐구를 필요로 하기 때문이다. 이런 탐구 활동은 상대를 구체적 행위자로 존중하는 그 자체 하나의 실행이며, 동시에 그것이 윤리 다원주의의 가능 조건이다. 동시에 이런 접근은 상대의 진정성이 차이의 맥락에서 이해할 만한 가치가 있는지를 가늠해 줄 한계를 가늠케 해줄 것이다.

실제로 우리의 일상적인 삶에서 다른 사람들과 도덕적인 갈등을 빚으며, 우리는 그에 대해 나름대로의 대처를 하고 있는 것이 사실이다. 그 대처는 단지 관계를 악화시키지 않으려는 방편적 수단으로 채택되고 있다고 볼 수 없는 측면들을 갖는다. 또한 그것은 단지 권력 관계로 환원해 설명할 수 없는 부분들 역시 포함한다. 그 부분의 핵심에는 "상대가 나와 같은 인간이며 동시에 나와 다른 구체적 인간"이라는 근대의 삶의 맥락에서 체화된 지각이 들어 있다. 이런 대처를 실천하는 과정에서 자신을 타인의 시각에서 객관화해 볼 기회를 갖기도 한다.

차이의 관점에서 우선적으로 필요한 덕목은 풍부한 기지(re-sourcefulness)와 사태를 새롭게 보려는 창조적 개방성이며,22) 더불어 상대의 처지에 공감할 수 있는 감정이입(empathy)의 능력이 될 것이다.23) 감정이입의 능력은 실천적 영역에서 나와 다른 타인의 태도나 관점을 수용하는 데 관찰자적 관점에서는 갖게 되는 지식이나 정보만으로는 부족하기 때문에 중요하다. 타인의 수용은 타인의 태도나 관점을 합리적이게 만드는 맥락들을 파악할 때 비로소 가능해지며, 타자를 그 맥락 속에서 상황화되어 있는 구체적 존재로 인지하고, 그 타자와의 감정이입을 통해 가능해지는 것이다. 필자는 이것을 여성주의 윤리학에서 제시되는 보살핌을 수행하는 데 함양되는 탁월성이라 생각한다. 그 탁월성은 타자를 일반적 관점에서 존중되어야 할 타자로 보는 데서 나아가 한계 지워진

---

22) David Wang은 풍부한 기지(resourcefulness)와 창조력의 덕목들이 필요하다고 제안하기도 한다. 반대편에 있는 사람들과의 불가피한 관계 훼손을 최소화하면서 자신의 도덕적 입장에 따라 행위할 수 있는 능력에서 뿐만 아니라 자신의 윤리적 체계와 갈등하는 체계가 갖는 어떤 요소를 나의 체계와 융합할 수 있는 능력을 위해서도 기지적인 탁월성과 창조적 탁월성이 필수적이라는 것이다. David Wang, "Coping with Moral Conflict and Ambiguity", *Ethics*, vol. 102, July 1992.

23) cf. Virginia Held, *Feminist Morality*(University Press of Chicago, 1993).

구체적 타자로 관계하는 능력이다. 그리고 우리는 이 타자의 구체
성을 어린아이들이 사회화되는, 의존적이고 상호적인 인간관계들
을 상기함으로써 인지할 수 있다.

　이런 덕목들은 현실 속에 쟁점이 되고 있는 다양한 문제들, 성
윤리의 문제, 생명의 문제 등등에 대해 다른 이야기들을 가능하게
해줄 수 있을 것이다.24) 우선 그것은 문제의 관련 당사자들의 다
른 목소리를 그들이 처해 있는 서로 다른 맥락 속에서 파악하고자
할 것이기 때문이다. 또한 이들 중 누구의 목소리가 들리지 않는가
를 살피고, 그 소리가 들리도록 할 방법에 관심을 가지고 활동할
것이기 때문이다. 그리하여, 적어도 그것은 자율적 선택의 문제라
는 이유로 쟁점을 사소화해 버리지도, 본질주의적 생명 철학이나
성 철학에 기반하여 도덕적 시비를 가리고자 시도하지도 않을 것
이기 때문이다. 차이를 존중할 줄 아는 이들 능력이 삶의 중심적
가치가 되는 윤리가 가치 다원주의를 중요하게 고려하는 진정한
의미의 다원주의 윤리의 모색이라 보는 것이다.

---

24) Le Moncheck, *Loose Women, Lecherous Men*(Oxford University Press, 1997).

# 참고문헌

권용혁(2001), 「열린 공동체주의를 향하여」, 『철학연구』, 제55집.

롤즈, 존(황경식 역, 1977), 『사회정의론』, 청조각.

아리스토텔레스(최명관 역, 1981), 『니코마코스 윤리학』, 서광사.

＿＿(유원기 역주, 2001), 『영혼에 대하여』, 궁리.

사회와 철학 연구회(2003), 「한국 사회와 다원주의」, 『사회와 철학』, 6 호, 이학사.

싱어, 피터(황경식·김성동 역, 1991), 『실천 윤리학』, 철학과현실사.

왓슨, 게리(최용철 역, 1990), 『자유의지와 결정론』, 서광사.

장춘익(2002), 「실천적 합리성은 목적 합리성과는 다른 독자적인 권위 를 갖는가?」, 『철학연구』, 제56집.

칸트, 임마누엘(이규호 역, 1974), 『도덕형이상학 원론』, 박영사.

플라톤(박종현·천병희 역, 1984), 『국가, 파이돈』, 휘문출판사.

한국철학회 편(2003), 『다원주의, 축복인가 재앙인가』, 철학과현실사.

허라금(1994), 「덕과 도덕적 실재론」, 『철학』, 제41집.

＿＿(1995), 「윤리 이론적 전통에서 본 여성주의 윤리학」, 『여성신학논 집』, 제1집.

____(1998), 「현대 윤리학의 위기와 페미니즘」, 『여성학 논집』, 한국여성연구원.

____(2001), 「도덕적 갈등과 다원주의」, 『철학』, 제68호.

____(2001), 「의미 상실 시대의 윤리학」, 『철학연구』, 제64집.

____(2002), 「유교의 예와 여성」, 『시대와 철학』, 13권 1호.

황경식(1989), 「덕의 윤리에 대한 찬반 논변」, 『현대사회와 윤리』, 서광사.


Alexander, Larry A.(1987), "Scheffler on the Difference of Agent-centered Prerogatives from Agent-centered Restrictions", *The Journal of Philosophy*.

Anderson, Elizabeth(1993), *Value in Ethics and Economics*, Harvard University Press.

Anscombe, G. E. M.(1963), *Intention*, 2nd ed., Cornell University Press.

____(1981), "Modern Moral Philosophy", Collected Philosophical Papers, vol. Ⅲ, *Ethics, Religion and Ethics*, University of Minnesota Press, pp.26-42.

Aristotle(1984), *The Nicomachean Ethics*, Sir David Ross trans., Oxford University Press.

Babbit, Susan E.(1996), *Impossible Dreams*, Westview Press.

Baier, Annette C.(1986), "Extending The Limits of Moral Theory", *The Journal of Philosophy*, pp.539-545.

____(1994), *Moral Prejudices*, Harvard University Press.

Bambrough, Renford(1989-1990), "Ethics and The Limits of Consistency", *Aristotelian Society Proceedings*, pp.1-15.

Becke, Lawrence C.(1991), "Impartiality and Ethical Theory", *Ethics*, vol. 101, no. 4, pp.698-700

Benhabib, Seyla(1987), "The Generalized and the Concrete Other:

the Kohlberg — Controvercy, Gilligan and Moral Theory", *Women and Moral Theory*, eds. Eva F. Kitty and Diana T. Meyer, Rowman & Littlefield.

Bennett, Jonathan.(1989), "Two Departures From Consequentialism", *Ethics*, October, pp.54-66.

Bentham, J.(1982), *An Introduction to the Principles of Morals and Legislation*, eds. J. H. Burns and H. L. A. Hart, London: Methuen.

Berofsky, Bernard ed.(1966), *Free Will and Determinism*, Harper & Row Publishers.

Blum, lawrence A.(1980), *Friendship, Altruism and Morality*, Routledge & Kegan Paul.

____(1991), "Moral Perception and Particularity", *Ethics*, vol. 101, no. 4, pp.701-725.

Bock, Gisela(1992), "Equality and Difference in National Socialist Racism", *Beyond Equality and Difference*, eds. Gigela Bock and Susan James, London and New York: Routledge.

Bond, E. J.(1983), *Reason and Value*, Cambridge University Press.

Brand, Myles & Walton, Douglas ed.(1976), *Action Theory*, Dordrecht: D. Reidel Publishing Company.

Brandt, R. B.(1989), "Morality and Its Critics", *American Philosophical Quarterly*, vol. 26, no. 2, April, pp.89-100.

Brink, David O.(1989), "Utilitarian Morality and the Personal Point of View", *The Journal of Philosophy*, vol. LXXXIII, no. 8, pp. 417-438.

Brooks, Richard(1991), "Morality and Agency", *The Journal of Philosophy*, pp.190-212

Brower, Bruce W.(1988), "Virtue Concepts and Ethical Realism", *The Journal of Philosophy*, vol. LXXXV, no. 12, pp.675-693.

Blackburn, Simon(1988), "How To Be An Ethical Antirealist", *Midwest Studies in Philosophy*, vol. XII, *Realism and Antirealism*, eds. Peter A. French et.al., Minneapolis: University of Minnesota Press, pp.361-376.

Callahan, D. and H. Trrisran Engelhadt, Jr. ed.(1976), *The Roots of Ethics*, New York, London: Plenum Press.

Chang, Ruth ed.(1997), *Incommensurability, Incomparability, and Practical Reason*, Harvard University Press.

Clement, Grace(1996), *Care, Autonomy, and Justice*, Westview Press.

Conly, Sarah(1984), "The Rejection of consequentialism, by Samuel Scheffler", *The Philosophical Review*, XCIII, no. 3, p.492.

____(1983), "Utilitarianism and Integrity", *The Monist*, vol. LXVI, no. 2, pp.298-311.

Cottingham, John(1986), "Partiality, Favoritism, and Morality", *Philosophical Quarterly*, vol. 36, no. 144, pp.357-373.

____(1991), "Ethics of Self-concern", Ethics, vol. 101, pp.798-817.

Crowder, George(2002), *Liberalism & Value Pluralism*, Continuum.

Cua, A. S.(1978), *Dimensions of Moral Creativity*, The Pennsylvania State University Press.

Cooper, John M.(1975), *Reason and Human Good in Aristotle*, Harvard University Press.

Dahl, Norman O.(1984), *Practical Reason, Aristotle, and Weakness of the Will*, University of Minnesota Press.

Darwall, Stephen L.(1984), "The Rejection of Consequentialism. Samuel Scheffler", *The Journal of Philosophy*, pp.220-226.

____(1986), "Agent-centred Restriction from the Inside Out", *Philosophical Studies*, no. 50, pp.291-319.

____(1987), "How Nowhere Can You Get (and Do Ethics)?", *Ethics*, pp.137-157.

308

Davision, D.(1982), "On the Very idea of a Conceptual Scheme", *Relativism, Cognitive and Moral*, eds. Krauz and Meiland, pp. 66-80.

____(1976), "Agency", *Action Theory*, eds. Myles Brand and Douglas Walton, Dordrecht: D. Reidel Publishing Company, pp.43- 62.

Davion, Victoria M.(1993), "Integrity and Radical Change", *Feminist Ethics*, ed. Claudia Card, University Press of Kansas, pp.180- 192.

Davis, Nancy(1980), "Utilitarianism and Responsibility", *Ratio*, 22, pp.24-25.

DeCew, Judith Wagner(1990), "Moral Conflicts and Ethical Relativism", *Ethics*, no. 1.

Ekman, Rosalind ed.(1965), *Readings in the Problem of Ethics*, New York: Charles Scribner's Sons.

Elshtain, Jean Bethke(1995), "The power and powerless of women", *Feminism and Community*, eds. Penny A. Weiss and Marilyn Friedman, Philadelphia: Temple University Press.

Engberg-Pedersen(1983), *Troels, Aristotle's Theory of Moral Insight*, Oxford: Clarendon Press.

Falk, W.(1986), *Ought, Reasons and Morality*, Cornell University Press.

Ferguson, Ann.(1991), "Socialist-Feminist and Antiracist Politics", *Sexual Democracy*, Westview Press.

____(1995), "Feminist communities and moral revolution", *Feminism and Community*, eds. Penny A. Weiss and Marilyn Friedman, Philadelphia: Temple University Press.

Finnis, J.(1983), *Fundamentals of Ethics*, Oxford: Clarendon Press.

Firth, Roderich(1970), "Ethical Absolutism and the Ideal Observer", *Readings in Ethical Theory*, 2nd ed., eds. W. Sellars and J.

Hospers, Prentice-Hall, Inc., pp.200-221.

Foot, Philippa(1978), *Virtue and Vice*, Oxford: Blackwell.

_____(1985), "Morality, Action and Outcome", *Morality and Objectivity*, ed. Ted Honderich, Routledge & Kegan Paul, pp.23-38.

Friedman, Marilyn(1991) "The Social Self and the Partiality Debates", *Feminist Ethics*, ed. Claudia Card, University Press of Kansas.

_____(1993), *What are Friends For?: Feminist Perspectives on Personal Relationships and Moral Theory*, Cornell University Press.

Fried, Charles(1970), *Anatomy of the Value: Problems of Personal and Social Choice*, Harvard University Press.

_____(1978), *Right and Wrong*, Harvard University Press.

Fraser, Nancy and Nicholson, Linda(1990), "Social Criticism Without Philosophy", *Feminism/Postmodernism*, ed. Linda Nicholson.

Galston, William(1992), "Pluralism and Social Unity", *Ethics*, vol. 102, July.

Geoffrey, Thomas(1987), *The Moral Philosophy of T. H. Green*, Oxford: Clarendon Press.

Gettier, Edmund(1967), "Is Justified True Belief Knowledge?", *Knowledge and Belief*, ed. A. Phillips Griffiths, Oxford University Press.

Gibbard, Allan(1985), "Normative Objectivity", *Nous*, vol. XIX, pp. 41-51.

Gilligan, Carol(1982), *In a Different Voice*, Harvard University Press.

_____(1987), "Moral Orientation and Moral Development", *Women and Moral Theory*, eds. Eva Feder Kittay and Diana T. Meyer, Rowman & Littlefield.

Grimshaw, Jean(1986), *Philosophy and Feminist Thinking*, Minneapolis: University of Minnesota Press.

Gutmann, Amy and Thompson, Dennis(1990), "Moral Conflict and Political Consensus", *Ethics*, Vol. 101, October, no.1.

Hampshire, Stuart ed.(1978), *Public and Private Morality*, Cambridge University Press.

Hare, R. M.(1963), *Freedom and Reason*, Oxford University Press.

____(1981), *Moral Thinking*, Oxford: Clarendon Press.

Held, Virginia(1993), *Feminist Morality*, The University of Chicago Press.

Herman, Barbara(1991), "Middle Theory and Moral Theory", *Nous*, vol. XXV, No. 2, pp.183-184.

____(1983), "Integrity and Impartiality", *Monist*, vol. LXVI, No. 2, pp.223-250.

Honderich, Ted ed.(1985), *Morality and Objectivity*, Routledge & Kegan Paul.

Hume, David(1878), *A Treatise of Human Nature*, 2nd ed., phyas revised by P. H. Niddith.

Irwin, T. H.(1980), "The Metaphysical and Psychological Basis of Aristotle's Ethics", *Essays on Aristotle's Ethics*, ed. Amelie Oksenberg Rorty, University of California Press, pp.35-54.

Jagger, Alison(1991), "Feminist Ethics: Projects, Problems, Prospects", *Feminist Ethics*, ed. Claudia Card, University Press of Kansas.

____ed.(1994), *Living with Contradiction*, Westview Press.

Jakobsen, Janet R.(1997), "Agency and Alliance in Public Discourses about sexualities", *Feminist Ethics and Social Policy*, eds. Patrice DiQuinzio and Iris Marion Young,, Indiana University Press.

Kant, Immauel(1956), *Critique of Practical Reason*, trans. L. M. Beck, New York.

Kagan, Schelly(1984), "Does Consequentialism Demand Too Much?

— Recent Work on the Limits of Obligation", *Philosophy and Public Affairs*, pp.239-254.

Kekes, John(1981), "Morality and Impartiality", *American Philosophical Quarterly*, vol. 18, no. 4, October, pp.295-303.

____(1983), "Constancy and Purity", *Mind*, vol. XCII, pp.499-518.

____(1993), *The Morality of Pluralism*, Princeton University Press.

Kitty, Eva F. and Meyer, Diana T. eds.(1987), *Women and Moral Theory*, Rowman and Littlefield.

Korsgaard, Christine M.(1986), "Skepticism about Practical Reason", *The Journal of Philosophy*, vol. LXXXIII, no. 1, pp.5-25.

____(1989), "Personal Identity and Unity of Agency: A Kantian Resonse to Parfit", *Philosophy and Public Affairs*, vol. XVIII, no. 2

Kraus, M. & Meiland, J. W. ed.(1982), *Relativism*, University of Notre Dame Press.

Larmore, Charles E.(1987), *Patterns of Moral Complexity*, Cambridge University Press.

Larrabee, Mary J. ed.(1993), *An Ethics of Care*, Routledge.

Le Moncheck, Linda(1997), *Loose Women, Lecherous Men*, Oxford University Press.

Locke, Don(1970), "The Trivializability of Universalizability", *Readings in Ethical Theory*, 2nd ed., eds. W. Sellars and J. Hospers, Prentice-Hall, Inc., pp.517-528.

Lugones, Maria(1990), "Hispaneando y Lesbiando: On Sarah Hoagland's Lesbian Ethics", *Hypatia*, vol. 5, no. 3, pp.138-146,

____(1992), "On Borderlands/La Frontera:An Interpretive Essay", *Hypatia*, vol. 7, no. 4, pp.31-37

____(1997), "Playfulness, 'World'-Travel, and Loving Perception", *Feminist Social Thought: A Reader*, ed. D. T. Meyer, Routledge.

Lukes, S. & Carrithers, M. & Collins, S. ed.(1985), *The Category of the Person*, Cambridge University Press.

MacIntyer, Alasdair(1981), *After Virtue*, University of Notre Dame Press.

____(1988), *Whose Justice? Which Rationality?*, University of Notre Dame Press.

____(1976), "A Crisis in Moral Philosophy: Why Is the Search for the Foundations of Ethics So Frustrating?", *The Roots of Ethics*, eds. Daniel Callahan and H. Trrisran Engelhadt, Jr., New York, London: Plenum Press, pp.3-20.

Marcus, Ruth Barcan(1980), "Moral Dilemmas and Consistency", *Journal of Philosophy*.

McDowell, John, "Virtue and Reason", *The Monist*, vol. 62.

McFall, Lynne(1987), "Integrity", *Ethics*, October, pp.5-20.

McGinn, Colin(1982), *The Sudjective View*, Clarendon Press.

Melden, A. I.(1977), *Rights and Persons*, University of California Press.

Meyer, Diana T.(1989), *Self, Society, and Personal Choice*, Columbia University Press.

____ed.(1997), *Feminist Social Thoughts: A Reader*, Routledge.

Mill, J, S.(1957), *Utillitarianism*, Indianapolis: Bobbs-Merril.

Mooney, Edward F.(1988), "Living with Double Vision: Objectivity, Subjectivity and Human Understanding", *Inquiry*, no. 31, pp. 223-244.

Murphy, Jeffrie G.(1969), "Kant's concept of A Right Action", *Kant Studies Today*, ed. Lewis W. Beck, La Salle, Ill.: Open Court, pp.471-495.

Nagel, Thomas(1970), *The Possibility of Altruism*, Princeton University Press, p.27

____(1979), *Mortal Questions*, Cambridge University Press.

____(1980), "The Limits of Objectivity", *The Tanner Lectuer on Human Values*, vol. 1, ed. McMurrin, University of Utah Press.

____(1980), "Aristotle on Eudaimonia", *Essays on Aristotle's Ethics*, ed. Amelie Oksenberg Rorty, University of California Press, pp. 7-14.

____(1985), "Subjective and Objective", *Post-Analytic Philosophy*, eds. John Rajchman and Cornel West, Columbia University Press, pp.31-47.

____(1986), *The View from Nowhere*, Oxford University Press, p.164.

____(1986), "Williams' Ethics and the Limit of Philosophy", *The Journal of Philosophy*, pp.351-360.

____(1987), "Moral Conflict and Political Legitimacy", *Philosophy and Public Affairs*, vol. 16, no. 3, pp.215-240.

Nicholson, Linda J.(1993), "Women, Morality and History", *An Ethics of Care: Feminist and Interdisciplinary Perspectives*, ed. Mary Larrabee, New York: Routledge.

Noddings, Nell(1984), *Caring*, Berkley: The University of California Press.

Norman, Richard(1983), *The Moral Philosopher*, Oxford: Clarendon Press.

Nussbaum, Martha C.(1986), *The Fragility of Goodness*, Cambridge University Press.

Offen, Karen(1992), "Defining Feminism: a Comparative Historical Approach", *Beyond Equality and Difference*, eds. Gigela Bock and Susan James, London and New York: Routledge.

Okin, Susan Moller(1989), *Justice, Gender, and the Family*, Basic

314

Books.

Pateman, Carol(1992), "Equality, Difference, Subordination: the Politics of Motherhood and Women's Citizenship", *Beyond Equality and Difference*, eds. Gigela Bock and Susan James, London and New York: Routledge.

Peacock, Christopher(1989), "No Resting Place: A Critical Notice of The View from Nowhere, by Thomas Nagel", *The Philosophical Review*, vol. XCVIII, no. 1, pp.65-82.

Pettit, Philip(1987), "Humeans, Anti-Humeans, and Motivation", *Mind*, pp.530-533.

Piper, Adrian(1986), "Two Conception of the Self", *Philosophical Studies*, no. 48, pp.173-197.

_____(1987), "Moral Theory and Moral Alienation", *The Journal of Philosophy*, pp.103-118.

Quinn, Warren(1987), "Reflection and the Loss of Moral Knowledge: Williams on Objectivity", *Philosophy and public Affairs*, vol. 16, no. 2, pp.193-209.

Railton, Peter(1992), "Pluralism, Determinacy, and Dilemma", *Ethics*, vol 102, July.

Rawls, John(1971), *A Theory of Justice*, Harvard University Press.

Rajchman, J. and West, C. eds.(1985), *Post-Analytic Philosophy*, Columbia University Press.

Raz, Joseph(1978), *The Morality of Freedom*, Oxford: Clarendon Press.

_____ed.(1978), *Practical Reasoning*, Oxford.

Rescher, Nicholas.(1993), *Pluralism: Against the Demand for Consensus*, Oxford: Clarendon Press.

Robins, Michael H.(1984), *Promising, Intending, and Moral Autonomy*, Cambridge University Press.

Rorty, Amelie Oksenberg(1980), *Essays on Aristotle's Ethics*, University of California Press.

Rorty, Richard(1989), *Contingency, Irony, and Solidarity*, Cambridge University Press.

Ruddick, Sara(1989), *Maternal Thinking*, The Women's Press.

Satorius, Rolf(1985), "Utilitarianism, Rights, and Duties to Self", *American Philosophical Quarterly*, vol. 22, no. 3, pp.241-249.

Scanlon, T. M(1975), "Preference and Urgency", *The Journal of Philosophy*.

Scott, Stephen(1988), "Motive and Justification", *The Journal of Philosophy*, pp.479-499.

Scheffler, Samuel(1982), *The Rejection of Consequentialism: A Philosophical Investigation of the Considerations Underlying Rival Moral Conceptions*, Oxford: Clarendon Press.

____(1985), "Agent-centred Restrictions, Rationality, and the Virtues", *Mind*, no. 94, pp.409-419.

____(1987), "Morality Through Thick and Thin: A Critical Notice of Ethics and the Limit of Philosophy", *The Journal of Philosophy*, XCVI, no. 3, pp.411-434.

____ed.(1988), *Consequentialism and Its Critics*, Oxford University Press.

____(1989), "Deontology and the Agent: A Reply to Jonathan Bennett", *Ethics*, October, pp.68-69.

____(1992), *Human Morality*, Oxford University Press.

____(2001), *Boundaries and Allegiances: Problems of Justice and Responsibility in Liberal Thought*, Oxford University Press.

Seigfried, Charlene Haddock(1996), *Pragmatism and Feminism*, Chicago University Press.

Sellars, W. & Hospers, J. ed.(1970), *Readings in Ethical Theory*, 2nd ed., Prentice Hall, Inc.

Sen, Amartya(1988), "Rights and Agency", *Consequentialism and Its Critics*, ed. Samuel Scheffler, Oxford University Press, pp.216-221.

Scheman, Naomi(1989), "Queering the Center by Centering the Queer: Reflections on Transsexual and Secular Jews", *Gender/ Body/Knowledge*, eds. Alison M. Jagger and Susan R. Bordo.

____(1993), *Engendering: Construction of Knowledge, Authority, and Privilege*, Routledge.

____(1997), "Thought This Be Method, Yet There is Madness in It: Parania and Liberal Epistemology", *Feminist Social Thoughts: A Reader*, ed. Diana T. Meyer, Routledge.

Sidgwick, Henry(1907), *The Method of Ethics*, London: Macmillan & Co., Ltd.

Sinnot-Armstrong, W.(1987), "Moral Realism and Moral Dilemmas", *The Journal of Philosophy*, vol. 84.

____ed.(1986), *Applied Ethics*, Oxford University Press.

Smith, Michael(1987), "The Human Theory of Motivation", *Mind*, pp.36-61.

Solomon, David(1988), "Moral Realism and the Amoralist", *Midwest Studies in Philosophy*, vol. XII, *Realism and Antirealism*, eds. Peter A. French et.al., Minneapolis: University of Minnesota Press, pp.377-394.

Stampe, Dennis W.(1987), "The Authority of Desire", *The Philosophical Review*, vol. XCVI, no. 3, pp.335-381.

Stocker, Michael(1973), "Act and Agent Evaluations", *Review of Metaphysics*, vol. XXVII, Sept., pp.42-61.

____(1976), "The Schizophrenia of Modern Ethical Theories", *The Journal of Philosophy*, vol. LXXIII, no. 14, pp.453-466.

____(1981), "Value and Purpose", *The Journal of Philosophy*, vol. LXXVIII, no. 12, pp.747-765.

____(1990), *Plural and Conflicting Values*, Clarendon Press.

Stout, Jeffrey(1981), *The Flight from Authority*, University of Notre Dame Press.

Sturgeon, N.(1974), "Altruism, Solipsism, and the Objectivity of Reason", *The Philosophical Review*.

Sullivan, Roger J.(1983), "The Kantian Model of Moral-Practical Reason", *Monist*, pp.81-105.

Taylor, Paul(1970), "The Justification of Value Judgments: Rational Choice", *Readings in Ethical Theory*, 2nd ed., eds. W. Sellars and J. Hospers, Prentice-Hall, Inc., pp.346-368.

____(1976), "Action and Responsibility", *Action Theory*, eds. Myles Brand and Douglas Walton, Dordrecht-Hollad: D. Reidel Publishing Company, pp.293-310.

Tooly, Michael(1986), "Abortion and Infanticide", *Applied Ethics*, ed. Peter Singer, Oxford University Press.

Trianosky, G. W.(1966), "Supererogation, Wrongdoing, and Vice: On the Autonomy of the Ethics of Virtue", *The Journal of Philosophy*, pp.26-40.

Walker, Margaret Urban(2003), *Moral Contexts*, Rowman & Littlefield Publishers, Inc.

Warnock, G. J.(1971), *The Object of Morality*, Methuen & Co Ltd.

Weinreich-Haste, Helen(1983), *Morality in the Making-Thought, Action, and the Social Context*, John Wiley & Sons Ltd.

Wiggins, David(1987), "Needs, Values, Truth", *Aristotelian Society Series*, vol. 6, Oxford: Basil Blackwell.

____(1980), "Deliberation and Practical Reason", *Essays on Aristotle's Ethics*, ed. Amelie Oksenberg Rorty, University of California Press, pp.221-140.

Williams, Bernard(1972), *Morality: An Introduction To Ethics*, Harper & Row Publishers.

_____(1973), *Problems of the Self*, Cambridge University Press.

_____(1973), "A Critique of Utilitarianism", *Utilitarianism: For and Against*, eds. J. J. C. Smart and B. Williams, Cambridge University Press.

_____(1973), "Moral realism and consistency", *The Problems of the Self*, Cambridge University Press.

_____(1981), *Moral Luck*, Cambridge University Press.

_____(1982), "The Truth in Relativism", *Relativism*, eds. Michael Krausz and Jack W. Meiland, University of Notre Dame Press, pp.175-185.

_____(1982), "An Inconsistent From of Relativism", *Relativism*, eds. Michael Krausz and Jack W. Meiland, University of Notre Dame Press, pp.167-170.

_____(1985), *Ethics and the Limits of Philosophy*, Harvard University Press.

_____(1985), "Ethics and the Fabric of the World", *Morality and Objectivity*, ed. Ted Honderich, Routledge & Kegan Paul, pp. 203-214.

_____(1985), "Relativism and Reflection", *Ethics and the Limit of Philosophy*, Cambridge: Harvard University Press.

William, Benard & Sen, Amery ed.(1982), *Utilitarianism and Beyond*, Cambridge University Press.

Winch, Peter(1972), *Ethics and Action*, Routlege & Kegan Paul.

Wittgenstein L.(1958), *Philosophical Investigation*, trans. G. E. M. Anscombe, Oxford.

Wolf, S.(1980), "Asymmetrical Freedom", *The Journal of Philo-*

*sophy.*

____(1982), "Moral Saints", *The Journal of Philosophy.*

____(1992), "Two Levels of Pluralism", *Ethics*, vol. 102, July.

Wong, David B.(1984), *Moral Relativity*, University of California Press.

____(1992), "Coping with Moral Conflict and Ambiguity", *Ethics*, vol. 102, July.

Young, Iris Marion(1990), *Justice and the Politics of Difference*, Princeton University Press.

찾아보기

[주제어 색인]


[ㄱ]
감정이입 302
개념적 대결 210-211, 213
개성 40, 129, 145, 149, 228, 247,
  255
개인적 관점 21-22, 29, 66, 79, 86-
  87, 92, 118, 163, 178-179, 181-
  183, 186, 189, 192-193, 224-226
개인적 삶 55, 141, 227
개인적 이상 121
객관주의 196-199, 201-202, 204-
  205, 216, 220
결과주의 11, 57-58, 60, 62, 65, 87,
  149-150, 178, 180-181, 188
결정 절차(론) 162-163, 165

경험적 자아 18, 29, 114, 147
공동체 27, 30-31, 76, 148, 204,
  218, 231-235
공리성 65, 156, 161
공리주의 11-12, 23, 29, 36, 55-69,
  79, 85, 116-120, 134, 137, 141-
  142, 148-152, 155-159, 162-171,
  181-182, 187, 195, 249
공적 윤리 284
공정성 36, 66, 81, 121, 280, 286,
  290
공지성의 조건 167-169, 171
공평성 9, 12, 21, 29, 32-33, 36-
  37, 54-56, 62, 66, 68, 70-71, 76-
  81, 142, 157, 164, 172-179, 186,
  189, 195, 224, 231, 233, 273-
  275, 282, 287
관계적 171

관찰자 6, 201-202, 302
권력 13, 15-16, 233-245, 251, 256-257, 265, 272-275, 294-295, 300, 302
근대 11, 17-18, 28-29, 31, 35, 71, 73-76, 79, 85, 92-95, 115, 130, 133, 136, 172-173, 177, 183, 203, 205, 240, 246-249, 256-257, 266, 268-269, 271, 275, 257, 278, 284, 294-295, 302
기초주의 12, 32, 109, 111-114, 196, 209, 219

[ㄷ]
다원적 가치 131, 279-281, 283, 300
다원주의 13-14, 33, 222, 277-281, 283-284, 286-287, 291, 294, 300-301, 303
덕 윤리 30, 74, 76, 110, 115, 279, 292, 294-295
도덕법칙 11, 17, 36-42, 44-45, 49, 55-56, 59, 62-70, 164, 239
도덕운 13; 52-54, 63, 224, 243, 248-249, 251, 257-258
도덕적 갈등 7-8, 20-25, 280, 282-283, 291, 300
도덕적 경험 16, 23, 25-26, 28, 79, 115, 187, 194, 197, 224, 258-259, 271, 275, 291
도덕적 무정부주의 177, 195, 228
도덕적 사실 112, 265, 270, 291
도덕적 상대주의 81, 195, 211

도덕적 성실성 86, 120
도덕적 성질 203
도덕적 소외 11, 55, 62, 65, 70, 76
도덕적 실재론 203-204
도덕적 주관주의 80, 177
도덕적 지식 8, 13, 32, 36, 127, 170, 178, 195-196
도덕지상주의 76, 84
도덕 형이상학 원론 38, 52
동기 21, 42-44, 49, 55, 58, 84-86, 89, 92, 118, 124, 127-129, 132, 134, 143-144, 146, 157, 159, 162-166, 182-183, 192, 201-202, 217, 221, 225, 300

[ㅁ]
맥락주의 112-115, 220
몰개인성 55, 70, 78, 92-93, 173
무조건적 명령 26-27, 39, 44, 230

[ㅂ]
반성적 차원 193, 202, 204-205, 209
보수주의 195, 233, 269, 295, 297
보편화 가능성 77-78, 83
분열적 자아 147, 263

[ㅅ]
사적 윤리 284
사회 정의 212
사회적 실행 213, 291
삶의 가치 12, 20, 24, 30, 32, 70, 85-86, 111, 113, 116-118, 140-

141, 173, 175-176, 205, 217, 222-223, 282, 293

삶의 방식 64, 91, 120, 178, 205, 215, 218, 228, 232-233, 236, 240, 277-289, 294

삶의 원칙 17-19, 79, 83, 109, 120, 144, 147, 154, 156, 175, 227

상황 파악 12, 96, 98, 102-103, 106, 109-110, 115, 252, 257, 294

서술적 요소 199, 202

성긴 개념 198, 212-213, 299

성품 12, 18, 40-41, 78, 82, 86, 92, 94, 100, 102, 104, 108, 119, 121, 141-142, 144-148, 250-259, 267, 270, 274, 292

세계 의존성 214

소극적 책임 12, 141-142, 148-150, 156, 158

숙고 12, 28, 30, 64, 71, 76, 82, 96-105, 107-108, 112, 137, 139, 154, 162, 174, 220, 252-253, 255, 291

실존 12, 16-17, 76-81, 111, 114, 207, 242, 246

실존주의 134, 207, 242

실질적 대결 211, 213

실천 이성 23, 36, 38, 41-47, 55-56, 67, 70, 94, 96, 99, 105, 109, 113-114, 160, 183, 189, 198, 239, 278

실천적 (지식의) 객관성 13, 32, 115, 177, 178

실천적 맥락 26, 30, 76, 100, 287, 294, 301

실천적 인식 12, 27, 36, 74, 103-105

실천적 적용 12, 162, 164

[ㅇ]

여성주의 2, 9, 13, 28, 30, 32-33, 71, 74, 224, 230, 234, 237, 240-243, 258-261, 264-268, 272-276, 279, 302

여성주의 윤리 2, 9, 13, 28, 30, 32-33, 224, 237, 241-243, 259, 264-267, 272-276, 302

연대성 115, 231, 235, 237, 255, 276

우선성의 조건 24, 83-85

우연성 16, 40, 105, 224, 230, 248-249, 272,

원칙주의 11, 35

유교 255, 281, 294

유티프론 70-71

윤리적 지식 93, 196-197, 200-202, 204-205, 207-209, 216, 218

의도 38, 52, 59, 63, 76, 79, 84, 89-90, 129, 151, 153-154, 167, 188, 192, 202, 222, 226-227, 244, 249, 252, 292

의무론 11, 29, 37, 53, 174, 176, 179, 181, 186, 188-190, 196, 229

의지박약 85, 124-126, 129, 136

이기주의 21, 120, 125-126, 172,

175, 178, 190, 194-5

이분법 32, 166, 184-186, 191, 209, 240, 251, 266, 297

이상적 관망자 11, 60-62, 66, 169, 274

이차성질 198, 203-204

이타주의 21

인간적 상황 197

인격적 통합성 19-20, 120, 122-124, 127, 129, 174

인과율 89

인습적 6, 71, 236, 243, 299

일인칭 49, 76, 122

[ㅈ]

자기 기만 263, 299

자율(성) 30, 44-45, 47, 56, 69, 89, 91, 106, 113, 116, 189, 192, 254, 290

적극적 책임 142, 149

정당화 13, 25, 35-36, 50, 53, 57, 82, 84-85, 90, 92, 94, 111-115, 118, 128, 133, 135, 139, 142, 159, 162, 164-168, 171-172, 180, 183, 188, 190-192, 194, 196, 202-204, 206-207, 209, 215-216, 219, 225-226, 229, 234, 242, 256, 267, 271, 273, 282, 286, 299

정체성 17, 27, 32, 83, 105, 135-136, 138-140, 142-144, 149, 175, 194, 222, 231, 261-262, 267, 269, 273

젠더 9, 32-33, 234-235, 254-256, 258

조밀한 개념 290, 292, 294-295

좋은 삶 20, 29, 70-71, 79-80, 85-86, 101, 117, 119

주체성 9, 13, 17, 19-20, 230, 244, 248, 264, 269

중립성 282, 286-287

지각 27, 82-83, 94, 96-98, 100, 102-103, 106, 109-110, 145, 199, 206, 244-245, 252-253, 258, 261, 266, 270, 273, 279, 291, 294, 296, 302

진정성 18, 122, 259-260, 292, 297-298, 301

[ㅊ]

차이 5-8, 14, 19, 26-28, 30-33, 59, 71, 79, 88, 93-94, 105, 119, 168, 183, 185, 204, 217, 242, 245-247, 251, 255-257, 259, 264, 268, 274, 279, 284, 290-294

창조(성) 80, 302

처방적 요소 199, 202

추적 205-206

[ㅌ]

통약불가능성 23, 35, 211

[ㅍ]

편파성 9, 13, 29, 32, 71-72, 190, 231-238

필연성 13, 35-36, 39, 46, 64, 74, 99, 109, 134, 142, 165, 176, 219-220, 222, 226, 230, 267

[ㅎ]

합리성 14, 18, 29, 45, 47, 49, 74, 105, 128, 131, 160-161, 167, 176, 179, 181, 184, 189, 205, 208, 220, 222, 278, 292, 295-298

합의 14, 24, 33, 199, 214-215, 231, 235, 245, 270, 281-283, 285-291, 299-300

행위 기술 88-89

행위성 11, 13, 27-28, 37, 167, 243, 250-251, 259

행위의 동기 43-44, 49, 84, 89, 128, 134, 157, 159, 164-165, 183, 221

행위자 중심 금지 규칙 179

행위자 중심 윤리 12-13, 30-32, 116, 141, 174, 176-179, 197

행위자 중심 허용 규칙 182

혼합이론 192-193

확신 13, 196, 206-209, 218, 266

환원주의 16, 23, 137, 172, 196

[인명 색인]

게티어(Gettier, Edmund) 206

그림쇼(Grimshaw, Jean) 267, 272

길리건(Gilligan, Carol) 243, 245, 297

깁바드(Gibbard, Allan) 197

네이글(Nagel, Thomas) 13, 69, 87, 119, 146, 177, 179, 181, 183-190, 192-193, 202, 205, 209, 225, 249-250, 257-258, 282-283

노만(Norman, Richard) 47

누스바움(Nussbaum, Martha C.) 132

니콜슨(Nicholson, Linda J.) 272

다웰(Darwall, Stephen L.) 183

달(Dahl, Norman O.) 98

데비온(Davion, Victoria M.) 260, 263, 269

데이비스(Davis, Nancy) 195

데카르트 246-247, 271

라라비(Larrabee, Mary J.) 272

라모어(Larmore, Charles E.) 95, 112-113

레몬첵(LeMoncheck, Linda) 303

레셔(Rescher, Nicholas) 287-289

로크(Locke, Don) 77

로티, 리차드(Rorty, Richard) 278

로티, 옥센버그(Rorty, Amelie Oksenberg) 101

롤스(Rawls, John) 168, 170

루곤스(Lugones, Maria) 260-264, 269

마이어(Meyer, Diana T.) 243, 246, 259, 267

맥긴(McGinn, Colin) 204

맥도웰(McDowell, John) 75, 115, 198-199, 203, 292

맥팔(McFall, Lynne) 121, 124, 127, 135, 176, 259-260

밀(Mill, J, S.) 165

베이어(Baier, Annette) 266

베커(Becker, Lawrence C.) 70-71

벤담(Bentham, J.) 56, 79

벤하비브(Benhabib, Seyla) 285

본드(Bond, E. J.) 51

브로워(Brower, Bruce W.) 199

브룩스(Brooks, Richard) 179

브링크(Brink, David O.) 162-163

블룸(Blum, Lawrence A.) 95, 173

비트겐슈타인(Wittgenstein, L.) 115, 122

사토리우스(Satorius, Rolf) 86

설리반(Sullivan, Roger J.) 40

셀레스(Sellars, W.) 60, 77, 133

셰플러(Scheffler, Samuel) 13, 118, 162, 169-172, 177, 178, 180-181, 183, 186, 189-190, 192-193, 212, 214-215, 224-226, 295-297, 299

셰만(Scheman, Naomi) 245-246

스캔론(Scanlon, T. M.) 168

스타우트(Stout, Jeffrey) 103

스토커(Stocker, Michael) 85-86, 173

시즈윅(Sidgwick, Henry) 165

싱어(Singer, Peter) 150, 152-154, 209, 284

아리스토텔레스(Aristotle) 12, 23-24, 30-31, 47, 64-65, 71, 73-76, 92-93, 95-98, 103-104, 106-118, 120, 123, 130, 151, 173, 198, 216-219, 231, 251-253, 281, 294

앤스콤(Anscombe) 73-74, 106, 252

영(Young, Iris, Marion) 268, 275, 290

오킨(Okin, Susan, Moller) 272

왕(Wong, David B.) 51

울프(Wolf, S.) 51, 54, 62

워녹(Warnock, G. J.) 47

워커(Walker, Margaret Urban) 242, 249, 251

위긴스(Wiggins, David) 100-101, 105-106, 198, 203, 210-211

윌리엄스(Williams, Bernard) 12, 32, 48-49, 59-60, 63-65, 87, 94, 118-120, 131, 133-134, 141-142, 144-151, 154, 156-161, 163, 168, 171-174, 176-177, 183, 193-202, 204-220, 224-227, 229, 234, 249, 251, 292

재거(Jaggar, Alison) 275

제이콥슨(Jakobsen, Janet R.) 268-

269

지프리(Geoffrey, Thomas) 65

칸트(Kant, Immanuel) 11, 17, 23,
29-30, 36-56, 58, 61-62, 66-68,
73, 79, 84, 89, 92, 93-96, 103,
109, 113-114, 116-117, 127, 137,
145-147, 164-165, 168, 183-184,
198, 208, 212, 229, 247, 282,
291

컥스(Kekes, John) 79-80, 122-123,
134, 136-137, 174, 286

케간(Kagan, Schelly) 160

코팅햄(Cottingham, John) 274

콘리(Conly, Sarah) 158-160, 162,
183

콜스가드(Korsgaard, Christine M.)
143

퀸(Quinn, Warren) 198

크로우더(Crowder) 280

테일러(Taylor, Paul) 133

툴리(Tooly, Michael) 209

트리아노스키(Trianosky, G. W.) 91

파이퍼(Piper, Adrian) 68, 166

퍼거슨(Ferguson, Ann) 240, 242

퍼스(Firth, Roderich) 60

푸트(Foot, Philippa) 153, 161-162

프라이드(Fried, Charles) 41, 86

프리드만(Friedman, Marilyn)
234-236, 242, 275

플라톤 35, 40, 94, 117, 121, 238

허라금 255, 280

허만(Herman, Barbara) 164

헤어(Hare, R. M.) 77, 83

헬드(Held, Virginia) 256, 259, 302

혼더리치(Honderich, Ted) 153-154,
208

홉스 247

흄(Hume, David) 61, 109, 145, 203

**허라금**은 현재 이화여자대학교 여성학과에 부교수로 재직하고 있다. 여성주의 관점에서 철학적 주제들을 탐구하며, "윤리학의 위기와 페미니즘", "서구 정치사상에서의 공사구분과 가부장적 성차별성", "의미 상실 시대의 윤리학" 등 윤리학과 사회철학 분야에 속하는 다수의 논문과 『여성의 몸에 관한 철학적 성찰』(철학과현실사, 2000), 『유교의 예와 현대적 해석』(청계, 2004) 등의 공저, 그리고 『에로스와 인식』(이대출판부, 1999) 등의 역서를 출간해 오고 있다. 최근에는 현장의 다양한 문제들로 관심을 확장하여 생태 위기, 교육 현실과 관련된 주제의 연구물들도 발표하고 있다. 한국여성학회와 한국여성철학회, 한국철학회, 철학연구회를 비롯한 학회 활동과 더불어 여성문화이론연구소 등에서 여성주의 이론화를 위한 연구동호회 활동에 참여하고 있다.

원칙의 윤리에서 여성주의 윤리로

．

2004년 5월 25일 1판 1쇄 인쇄
2004년 5월 30일 1판 1쇄 발행

지은이 / 허 라 금
발행인 / 전 춘 호
발행처 / 철학과현실사
서울시 서초구 양재동 338-10
TEL 579-5908 · 5909
등록 / 1987.12.15.제1-583호

ISBN 89-7775-489-5 03190
값 12,000원